Herbert Mayr

Schwäbische Alb

Ost

50 ausgewählte Wanderungen zwischen
Uracher Alb und Albuch – Härtsfeld

ROTHER
BERGVERLAG

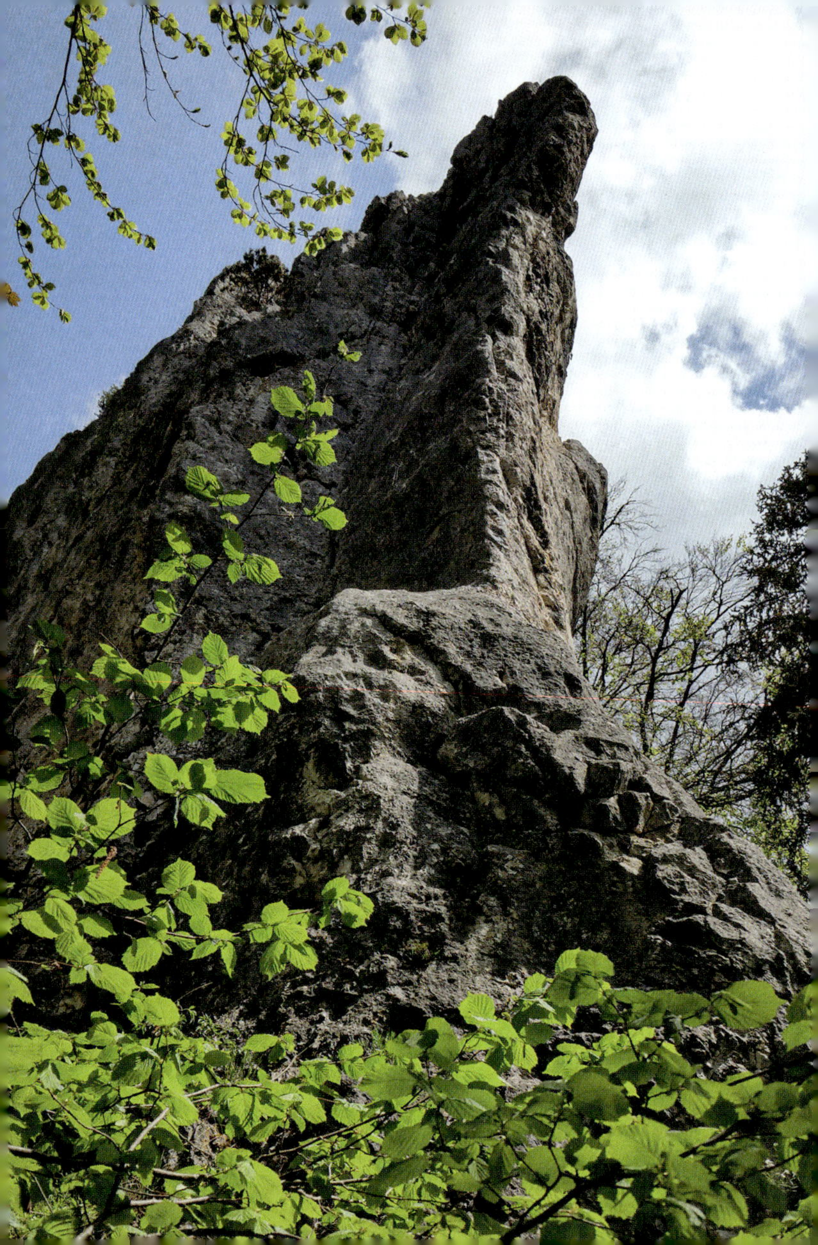

Vorwort

Zwischen der Linie Metzingen – Münsingen – Ehingen im Westen und dem Ries mit der Wörnitz im Osten sowie der Linie Schwäbisch Gmünd – Aalen im Norden und dem Donautal im Süden erstreckt sich ein weites, spannendes Wanderdorado: die Ostalb. Dabei handelt es sich nicht um eine geomorphologische Einheit, die sich durch ihre Entstehungsgeschichte oder ihre Topografie wesentlich von der Westalb abgrenzt (siehe Rother Wanderführer »Schwäbische Alb West«). Wenn hier also von der »Ostalb« gesprochen wird, so ist dies eine vom Autor frei gewählte Gebietsabgrenzung.
Auf jeden Fall gibt es in dieser eigenwilligen, an Natur- und Kulturschätzen reichen Karstlandschaft des Europäischen Geoparks Schwäbische Alb eine Menge zu entdecken. Mit ein bisschen Glück trifft man in einer der albtypischen Wacholderheiden mit ihrem herben Charme noch auf den Wanderschäfer. Verschwiegene Trockentäler und verträumte Streuobstwiesen faszinieren ebenso wie der abwechslungsreiche Gang entlang der Traufkante mit ihren kecken Aussichtsfelsen. Unzählige Höhlen entführen den neugierigen Besucher in die märchenhafte Unterwelt der Ostalb. Geheimnisvolle Quelltöpfe und verspielte Tuffsteinkaskaden, schäumende Wildbäche und erholsame Mischwälder lassen uns den Alltag vergessen. Geschichtsinteressierte finden immer wieder Burgen und Schlösser, Schanzen und uralte Gräber.
Seit 2008 ist der südwestliche Teil der vorgestellten Wanderregion – zwischen Weilheim a. d. Teck und Münsingen sowie zwischen Neuffen und Schelklingen – Bestandteil des Biosphärengebiets Schwäbische Alb mit Entwicklungs-, Pflege- und Kernzonen (ohne wirtschaftliche Nutzung).
Alle vorgestellten Touren können auch von weniger geübten Wanderern durchgeführt werden. Der Schwäbische Albverein hat in Zusammenarbeit mit der Württembergischen Forstverwaltung eine Vielzahl von vorbildlich markierten Wegen geschaffen. Ob leichte Talspaziergänge oder ausgedehnte Rundwanderungen, ob gepflegte Forstwege oder reizvolle Wurzelpfade, jeder wird für seinen Geschmack das Entsprechende finden.
Wer mit offenen Augen wandert, wird den sorgsamen Umgang mit der Natur pflegen, um sie auch für die nachfolgenden Generationen zu erhalten.
Mein ganz besonderer Dank gilt Gerd Kleinewefers aus Ruit bei Stuttgart, der mit außergewöhnlichem Engagement sämtliche Touren dieses Wanderführers, zum Teil mehrmals, nachgewandert ist.

Unterthingau, im Frühjahr 2023 Herbert Mayr

Felsobelisk am Abstieg von der Ruine Günzelburg nach Blaubeuren (Tour 34).

Inhaltsverzeichnis

Symbole

	mit Bahn/Bus erreichbar		Kirche, Kapelle, Kloster
	Einkehrmöglichkeit		Burg, Schloss, Ruine
	für Kinder geeignet		archäologische Stätte
	Bahnhof		Picknickplatz
P	eingerichteter Parkplatz		Aussichtsplatz
	Ort mit Einkehrmöglichkeit	)(	Brücke
	bewirtschaftete Hütte, Gasthaus		Höhle
	Schutzhütte		Quelle
†	Gipfel		Wasserfall

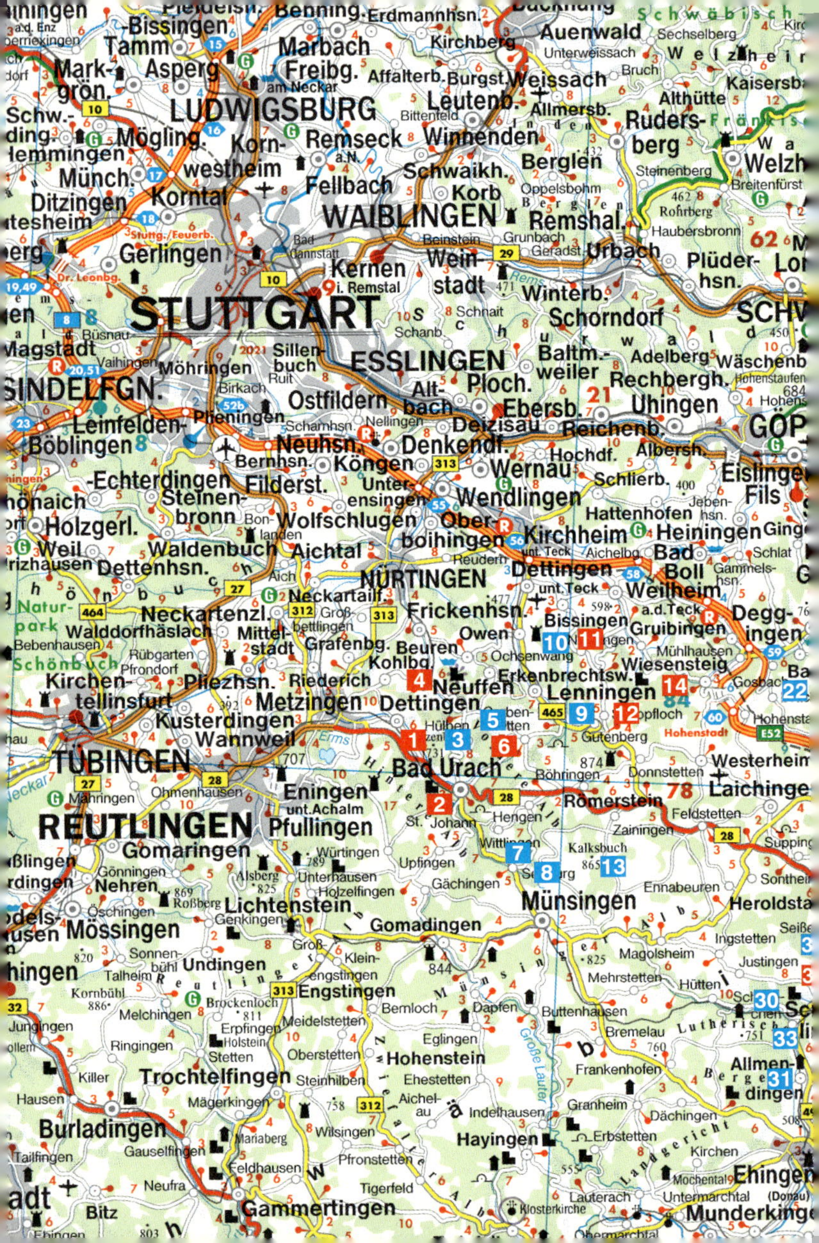

Bissingen
Tamm
Marbach
Erdmannhsn.
Kirchberg
Auenwald
Sechselberg
Unterweissach
Welzheimer
Mark-gröni.
Asperg
Freibg. am Neckar
Affalterb.
Burgst.
Weissach
Bruch
Kaisersb.
LUDWIGSBURG
Leutenb.
Bittenfeld
Allmersb.
Althütte
Schw.-ding.
Möglingen
Korn-westheim
Remseck a.N.
Winnenden
Ruders-berg
Welzh.
Hemmingen
Münch.
Fellbach
Schwaikh.
Berglen
Steinenberg
Breitenfürst
Ditzingen
Korntal
Korb
Oppelsbohm
Rohrberg
WAIBLINGEN
Remshal.
Haubersbronn
Stuttg./Feuerb.
Gerlingen
Bad Cannstatt
Beinstein
Grunbach
Geradst.
Urbach
Plüder-hsn.
Dr. Leonbg.
Kernen i. Remstal
Wein-stadt
Rems
Winterb.
STUTTGART
Schnait
Schanb.
Schorndorf
Büsnau
Magstadt
Vaihingen
Möhringen
Sillen-buch
Ruit
ESSLINGEN
Baltm.-weiler
Adelberg
Wäschenb.
Hohenstaufen
SINDELFGN.
Birkach
Ostfildern
Alt-bach
Ploch.
Rechbergh.
Ebersb.
Uhingen
Leinfelden-
Plieningen
Scharnhsn.
Nellingen
Deizisau
Reichenb.
GÖP.
Böblingen
Neuhsn.
Denkendf.
Bernhsn.
Köngen
Hochdf.
Albersh.
Wernau
Eislinge.
-Echterdingen
Filderst.
Unter-ensingen
Schlierb.
Fils
Steinen-bronn
Wendlingen
Jeben-hsn.
Hattenhofen
Schönaich
Holzgerl.
Bonlanden
Wolfschlugen
Ober-boihingen
Kirchheim
Heiningen
Weil
Waldenbuch
Aichtal
Reudern
unt. Teck
Aichelbg.
Bad Boll
Schlat
Gammels-hsn.
Dettenhsn.
Aich
NÜRTINGEN
Dettingen unt. Teck
Weilheim
Natur-park
Neckartailf.
Frickenhsn.
a.d.Teck
Degg-ingen
Neckartenzl.
Groß-bettlingen
Bissingen
Gruibingen
Walddorfhäslach
Mittel-stadt
Grafenbg.
Beuren
Owen
Ochsenwang
Mühlhausen
Bebenhausen
Rübgarten
Kohlbg.
Erkenbrechtsw.
Wiesensteig
Schönbuch
Pfrondorf
Kirchen-tellinsfurt
Pliezhsn.
Riederich
Neuffen
Lenningen
Gosbach
Metzingen
Dettingen
Kusterdingen
Hülben
Hohenstadt
Wannweil
Erms
Gutenberg
Hohensta.
TÜBINGEN
Bad Urach
Böhringen
Donnstetten
Westerheim
Neckar
Mähringen
Ohmenhausen
Eningen unt. Achalm
Römerstein
Laichinge.
Feldstetten
REUTLINGEN
Pfullingen
St. Johann
Hengen
Zainingen
Gomaringen
Würtingen
Wittlingen
Kalksbuch
Suppinge.
Gönningen
Alsberg
Unterhausen
Upfingen
Sontheim
Nehren
Roßberg
Holzelfingen
Gächingen
Ennabeuren
Öschingen
Lichtenstein
Genkingen
Münsingen
Heroldsta.
Mössingen
Gomadingen
Seiße.
Sonnen-bühl
Ingstetten
Magolsheim
Justingen
Talheim
Undingen
Groß-engstingen
Klein-engstingen
Mehrstetten
Hütten
Kornbühl
Reutlinger Alb
Engstingen
Münsinger Alb
Brockenloch
Bernloch
Dapfen
Buttenhausen
Jungingen
Melchingen
Erpfingen
Meidelstetten
Bremelau
Lutherische Berge
Ringingen
Holstein
Stetten
Eglingen
Oberstetten
Hohenstein
Große Lauter
Killer
Trochtelfingen
Steinhilben
Ehestetten
Frankenhofen
Allmen-dingen
Hausen
Mägerkingen
Aichel-au
Indelhausen
Granheim
Dächingen
Burladingen
Zwiefalter Alb
Mariaberg
Wilsingen
Erbstetten
Gauselfingen
Hayingen
Kirchen
Tailfingen
Feldhausen
Pfronstetten
Landgericht
Mochental
Ehingen (Donau)
Neufra
Tigerfeld
Lauterach
Untermarchtal
Bitz
Gammertingen
Klosterkirche
Munderkinge.
Obermarchtal

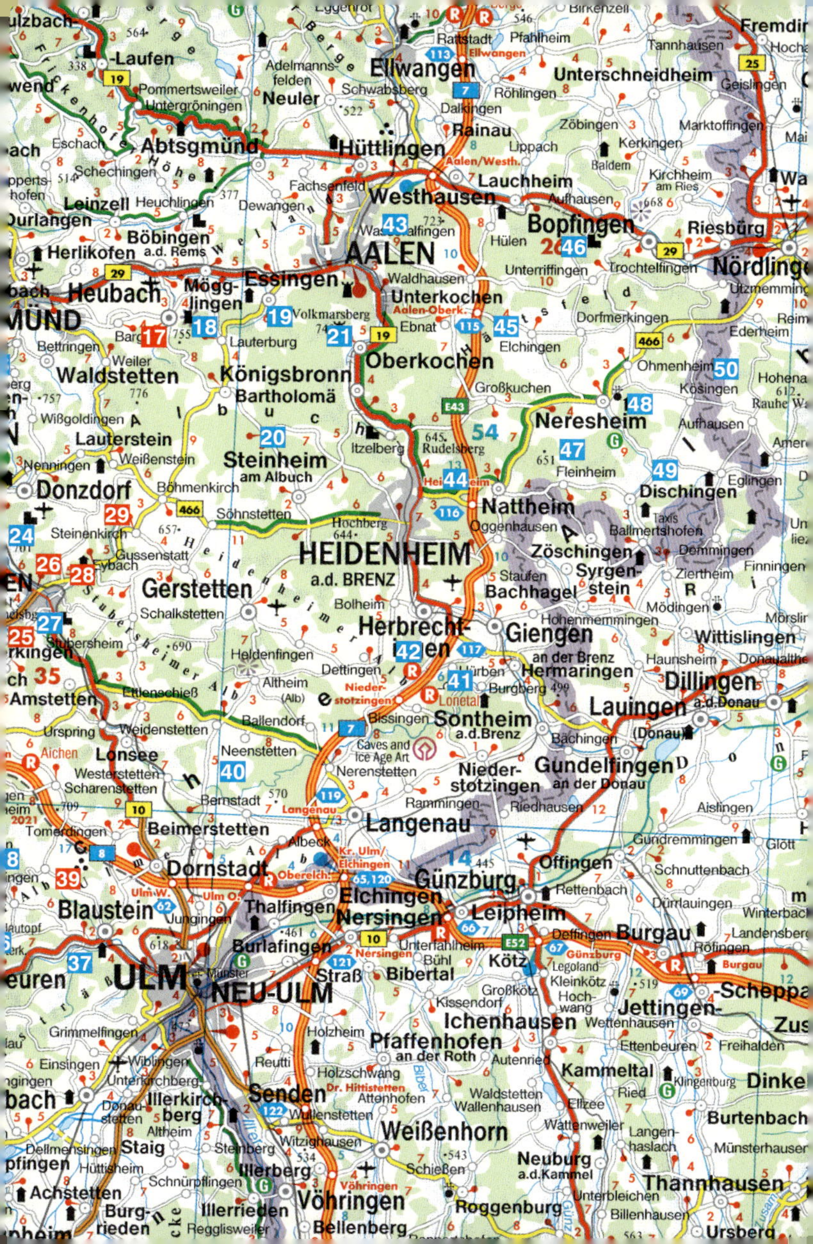
Ellwangen
Rattstadt
Pfahlheim
Tannhausen
Fremdingen
Unterschneidheim
Geislingen
Laufen
Pommertsweiler
Untergröningen
Adelmannsfelden
Neuler
Schwabsberg
Röhlingen
Dalkingen
Rainau
Zöbingen
Marktoffingen
Abtsgmünd
Eschach
Hüttlingen
Lippach
Kerkingen
Baldern
Schechingen
Aalen/Westh.
Lauchheim
Kirchheim am Ries
Fachsenfeld
Westhausen
Aufhausen
Leinzell
Heuchlingen
Dewangen
Bopfingen
Riesbürg
Durlangen
Böbingen a.d. Rems
Wasseralfingen
Hülen
Herlikofen
AALEN
Unterriffingen
Trochtelfingen
Nördlingen
Heubach
Mögglingen
Essingen
Waldhausen
Unterkochen
Utzmemmingen
Aalen-Oberk.
Ebnat
Volkmarsberg
Dorfmerkingen
Ederheim
Bettringen
Bargau
Lauterburg
Elchingen
Oberkochen
Ohmenheim
Weiler
Waldstetten
Königsbronn
Großkuchen
Kösingen
Bartholomä
Wißgoldingen
Neresheim
Aufhausen
Lauterstein
Weißenstein
Steinheim am Albuch
Itzelberg
Rudelsberg
Fleinheim
Nenningen
Donzdorf
Böhmenkirch
Dischingen
Eglingen
Heidenheim
Nattheim
Söhnstetten
Hochberg
Oggenhausen
Ballmertshofen
Steinenkirch
Taxis
Zöschingen
Demmingen
Gussenstatt
Eybach
HEIDENHEIM a.d. BRENZ
Syrgenstein
Finningen
Staufen
Ziertheim
Gerstetten
Bachhagel
Schalkstetten
Bolheim
Herbrechtingen
Hohenmemmingen
Mödingen
Giengen an der Brenz
Wittislingen
Stubersheim
Heldenfingen
Dettingen
Haunsheim
Hürben
Hermaringen
Burgberg
Dillingen a.d. Donau
Altheim (Alb)
Ettlenschieß
Amstetten
Niederstotzingen
Lonetal
Sontheim a.d. Brenz
Lauingen (Donau)
Ballendorf
Urspring
Weidenstetten
Bissingen
Bächingen
Aichen
Lonsee
Neenstetten
Caves and Ice Age Art
Westerstetten
Nerenstetten
Niederstotzingen
Gundelfingen an der Donau
Scharenstetten
Bernstadt
Rammingen
Riedhausen
Aislingen
Tomerdingen
Beimerstetten
Langenau
Gundremmingen
Glött
Albeck
Kr. Ulm/Elchingen
Offingen
Schnuttenbach
Dornstadt
Oberelch.
Günzburg
Rettenbach
Ulm W.
Ulm O.
Elchingen
Dürrlauingen
Blaustein
Jungingen
Thalfingen
Nersingen
Leipheim
Winterbach
Burlafingen
Unterfahlheim
Deffingen
Burgau
Landensberg
Röfingen
Straß
Bühl
Kötz
Günzburg
Legoland
Burgau
ULM
NEU-ULM
Münster
Bibertal
Kleinkötz
Großkötz
Hochwang
Jettingen-Scheppach
Kissendorf
Wettenhausen
Ichenhausen
Grimmelfingen
Holzheim
Pfaffenhofen an der Roth
Ettenbeuren
Freihalden
Einsingen
Wiblingen
Reutti
Autenried
Kammeltal
Unterkirchberg
Holzschwang
Klingenburg
Dr. Hittistetten
Attenhofen
Waldstetten
Wallenhausen
Ried
Donaustetten
Illerkirchberg
Senden
Ellzee
Burtenbach
Wullenstetten
Wattenweiler
Altheim
Weißenhorn
Langenhaslach
Dellmensingen
Staig
Steinberg
Witzighausen
Münsterhausen
Hüttisheim
Illerberg
Schießen
Neuburg a.d. Kammel
Achstetten
Schnürpflingen
Unterbleichen
Thannhausen
Vöhringen
Burgrieden
Illerrieden
Vöhringen
Roggenburg
Billenhausen
Regglisweiler
Bellenberg
Ursberg
Iller
Biber
Günz

Die Top-Touren in der Ostalb

Hohenurach und Uracher Wasserfall

Klassische Rundtour zum hoch thronenden, einstmaligen Sitz der Grafen von Hohenurach und weiter zu den bezaubernden Uracher und Gütersteiner Wasserfällen (Tour 2, 3.30 Std.).

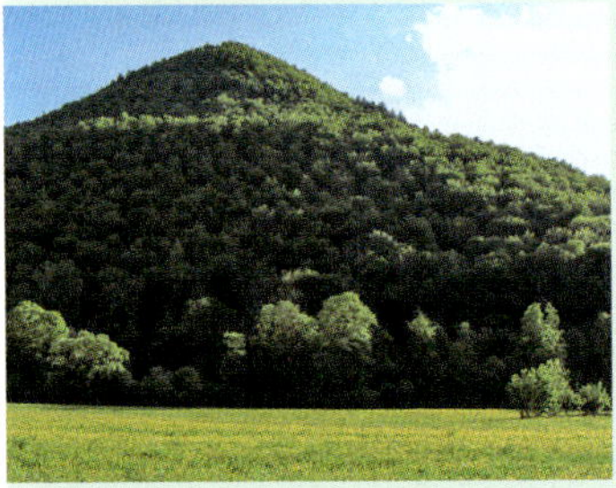

Hörnle und Hohenneuffen

Der an Buchten reiche Neuffener Albtrauf vom Sattelbogen zur fast 750 m hoch gelegenen größten Burgruine der Schwäbischen Alb ermöglicht eine ausgiebige und stille Höhenwanderung mit herrlichen Talblicken (Tour 4, 4.30 Std.).

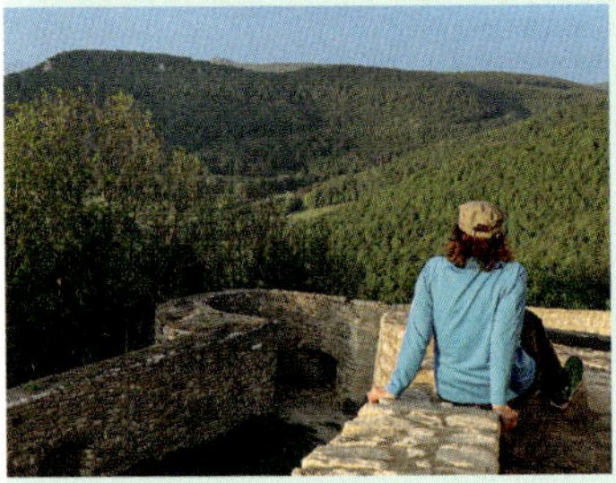

Hohenwittlingen und Fischburgtal

Auf den Spuren des Rulamans in der mit den mannigfaltigsten Felsszenerien bezaubernden Uracher Alb durch zwei prächtige Waldtäler (Tour 7, 3.45 Std.).

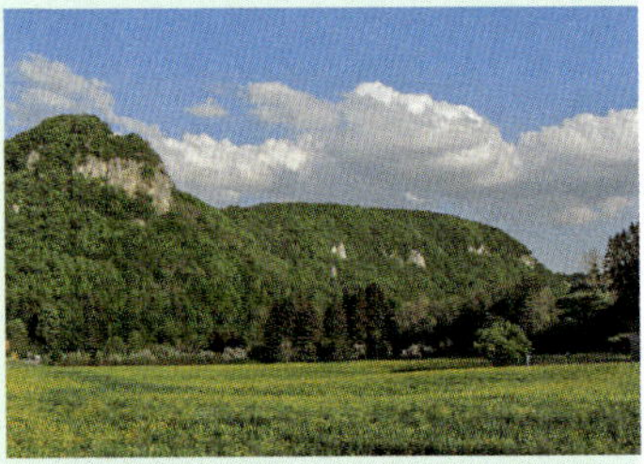

Teck und Gelber Fels

Nur noch durch eine »Nabelschnur« ist der schlanke Höhenzug der bei Naturfreunden beliebten Teck über dem Kirchheimer Vorland mit der Albmutter verbunden, was dem Wanderer eine reizvolle Gratwanderung mit schönem Panorama beschert (Tour 10, 2.45 Std.).

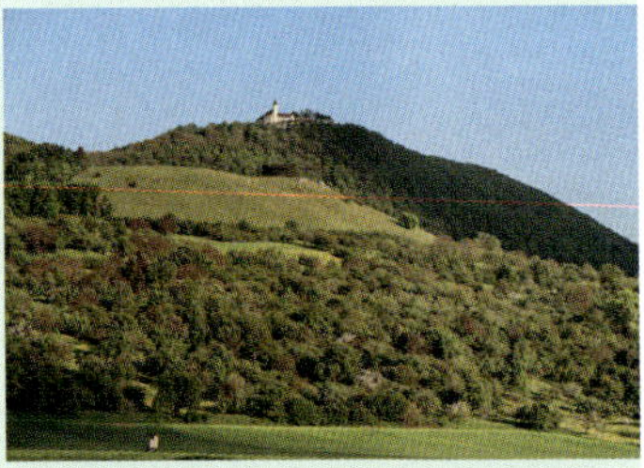

Teufelsklinge und Finsteres Loch

Stürzende Karstwasser und tiefe Tobelgründe, jähe Kletterfelsen und verschiedenartige Höhlenwelten locken im nördlichen Albuch unternehmungslustige Wanderer (Tour 18, 4.15 Std.).

Oberbergfels und Tierstein

Über wallenden Mischwaldhängen, zu Füßen das frische Tal der Fils, geht es von Aussichtskanzel zu Aussichtskanzel und zum Schluss noch auf den Turm der Ruine Hiltenburg (Tour 22, 4.15 Std.).

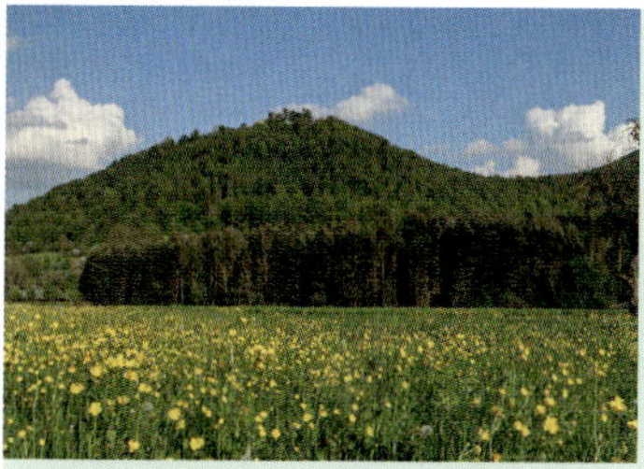

Ruine Helfenstein und Geiselstein

Beiderseits der Geislinger Steige lassen sich am spannenden Hochrand der Alb eine ganze Reihe von Glanzpunkten zu einer unvergesslichen Tagestour verbinden (Tour 27, 5.00 Std.).

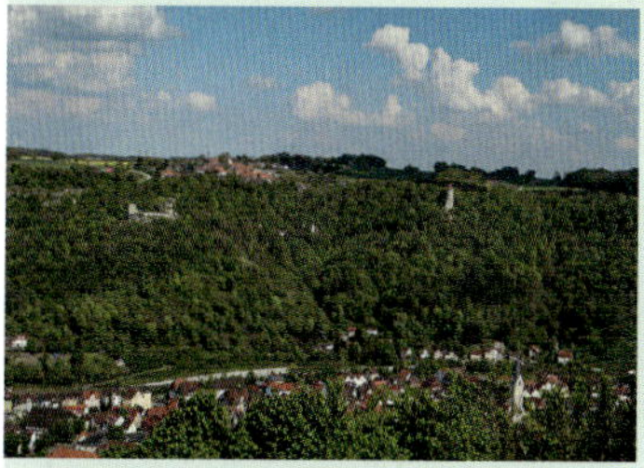

Mordloch und Magental

Mit bizarren, mysteriösen Talschlünden, einer engen, schummrigen Unterwelt, aber auch mit sonnigen Höhen begeistert diese abwechslungsreiche Entdeckungsroute (Tour 29, 3.45 Std.).

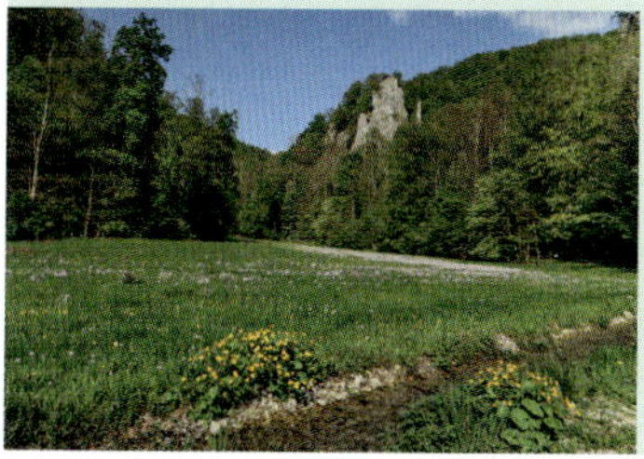

Sontheimer Höhle und Günzelburg

Mitten in der Blaubeurer Alb führt eine gepflegte Langstreckenwanderung durch das romantische Tiefental zu bizarren Tropfsteinskulpturen und passiert am Rückweg einen knutschenden Schweinerüssel aus Stein (Tour 34, 6.15 Std.).

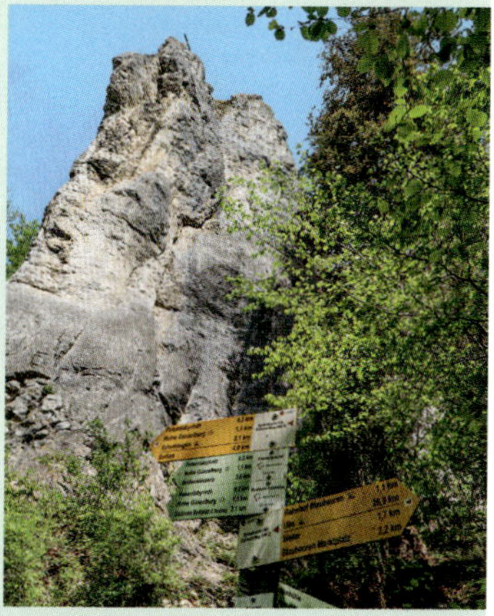

Buigen und Spitzbubenhöhle

Erlebnisreicher, stadtnaher Talausflug an der landschaftlich eindrucksvoll gelegenen und geschützten Eselsburger Brenzschleife. Schanzen und Wälle, Höhlen und Burgen erzählen vom Leben vor langen Zeiten (Tour 42, 3.00 Std.).

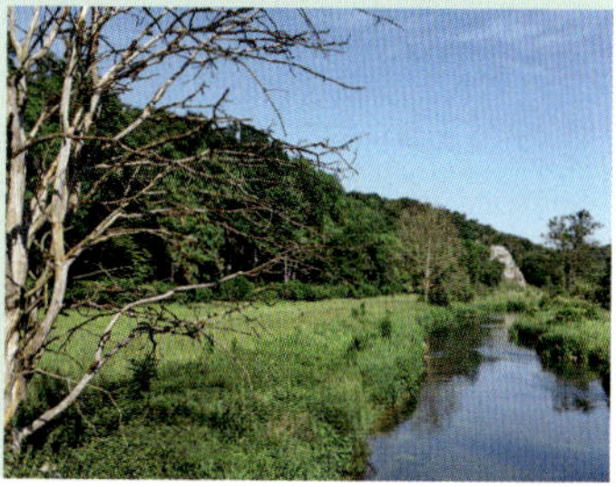

Allgemeine Hinweise

Anforderungen

Unter »Anforderungen« in der Kurzinfo finden Sie detaillierte Angaben zu den Wegen (Zustand, Markierungen, Beschilderung etc.). Zur besseren Einschätzung der Anforderungen sind die Wanderungen (Tournummern) zudem mit entsprechenden Farben gekennzeichnet. Die Zuordnung sagt jedoch nichts über die Länge einer Unternehmung aus. Unsere Schwierigkeitsangaben beziehen sich auf trockene Wege in gut begehbarem Zustand. Je nach Jahreszeit und Witterungseinflüssen können die Anforderungen auch steigen.
Bei den jeweiligen Touren werden folgende zwei Schwierigkeitsgrade unterschieden:

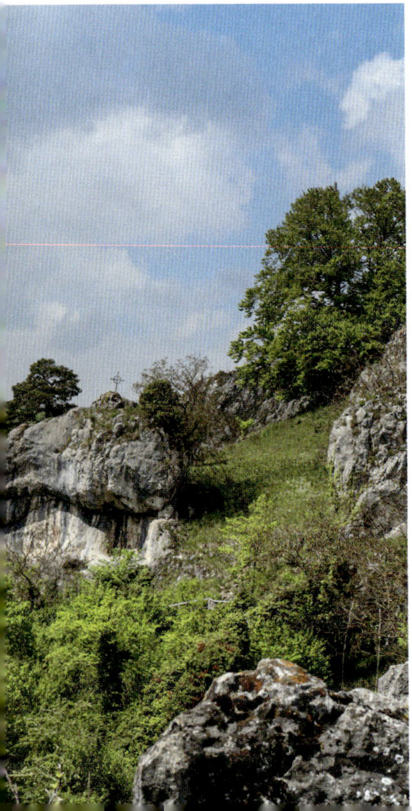

Leicht Diese Touren führen über Wirtschafts- und Forstwege sowie über Pfade, die in der Regel gut bezeichnet sind (meist lückenlos markiert und zudem ausreichend beschildert). Maximal mittlere Steigungen, eventuell mit steilen Aufschwüngen. Auch für Senioren geeignet; für Kinder nur empfehlenswert, wenn die für kurze Beine ermüdende Strecke nicht zu lang ist (siehe auch S. 15).

Mittel Touren für geübtere Wanderer. Längere mittelsteile oder steile Pfade und mitunter sehr steile Aufschwünge setzen Ausdauer und den Verhältnissen angepasste Ausrüstung voraus. Kurze unmarkierte und Orientierungssinn erfordernde Unterbrechungen können vorkommen. Abgesehen von ausgedehnten Touren für sportlich eingestellte Albliebhaber sind sie bei entsprechender Vorsicht auch für Kinder geeignet.

Abenteuerlicher Stadtrand von Schelklingen im Süden der Blaubeurer Alb (Tour 32).

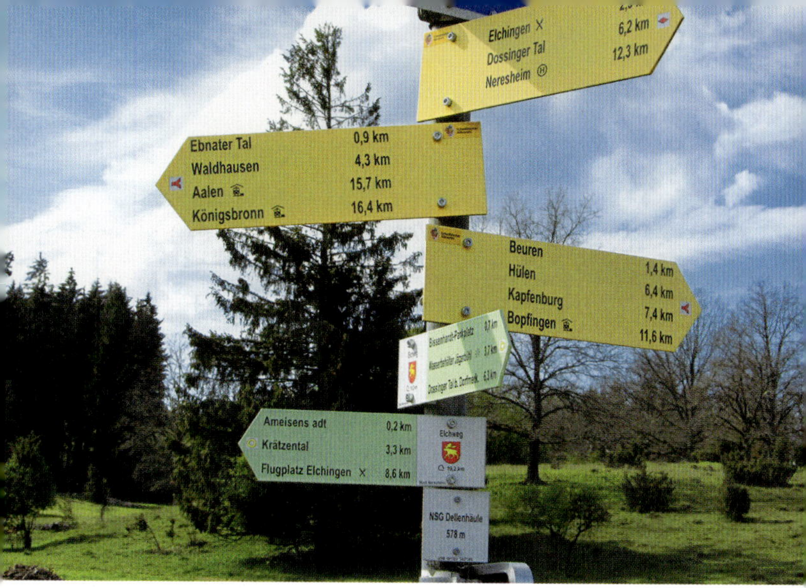

Das zuverlässige »neuzeitliche« Wegweisersystem der Schwäbischen Alb.

Gehzeiten, Höhenunterschiede und Wege

Die im Tourenkopf und im Höhenprofil angegebenen Gehzeiten können lediglich als grobe Richtwerte für durchschnittlich trainierte Wanderer gelten. Angesetzt werden etwa 4 bis 5 km in der Stunde auf ebenen Wegen oder Abstiegen und etwa 3 km in der Stunde auf Anstiegen. Jahreszeit, Wetter, persönliche Verfassung und andere Faktoren bestimmen jedoch zusätzlich die insgesamt benötigte Zeit. Rastzeiten sind nicht miteingerechnet. Beim angegebenen Höhenunterschied handelt es sich um eine Kumulierung aller Höhendifferenzen der Anstiege inklusive Gegensteigungen.
Die vorgeschlagenen Touren sind meist beschildert und markiert. In der Kurzinfo oder in der Routenbeschreibung mit »wegloser Abschnitt«, »Gras-« oder »Wiesenspur« bezeichnete Passagen gelten generell als Bestandteil offizieller Wanderwege. Besonders an solchen Unsicherheitsstellen sollte man auf die Markierungen achten. Vereinzelte, vorwiegend im Spätsommer und Herbst möglicherweise etwas verwachsene Teilstücke verlangen manchmal etwas Aufmerksamkeit unterwegs. Bei Wanderungen, die mangels Markierungen oder aufgrund wegloser Abschnitte mehr Orientierungssinn erfordern, ist eigens darauf hingewiesen. Die Höhenunterschiede sind problemlos zu bewältigen: Einzelanstiege mit mehr als 250 Höhenmetern sind die Ausnahme, mehr als 500 Meter werden nur mit Gegensteigungen erreicht.

Ausrüstung

Selbst bei reinen Talwanderungen sind Trekking- oder Leichtbergschuhe mit griffiger Sohle vorteilhaft. Sie bieten ausreichenden Halt und bewahren vor Verletzungen im Knöchelbereich durch spitze Äste und scharfe Steine.
Außer einem Regenschutz und einem Erste-Hilfe-Set sind Teleskopstöcke besonders im Abstieg zwecks Gelenkentlastung sehr empfehlenswert. Bei Nässe bieten sie eine zusätzliche Sicherheit. Auch den Flüssigkeitsnachschub sollte man nicht vergessen. Auf der Alb ist Trinkwasser so rar wie in südeuropäischen Ländern. Hat man das Glück, auf einen Brunnen zu stoßen, muss man von einem hohen Nitratgehalt ausgehen. Am besten, man nimmt eine wiederbefüllbare robuste Trinkflasche mit. Man kann sie an jeder Wirtschaft nachfüllen und hinterlässt keinerlei Abfall.

Klima und Wanderzeit

Die meisten Niederschläge bekommt der bei Föhn begünstigte Albtrauf ab. Das Donautal verzeichnet eher trockenes, kontinentales Klima – im Herbst und Winter hält sich dort hartnäckig der Nebel.
Am besten für Wanderungen eignen sich die Monate Mai bis September. Bedingt durch die geringe Höhenlage und die schneearmen Winter kann man jedoch fast das ganze Jahr über auf der Alb wandern (Achtung: häufig vereiste Wege!) – nur in ost- und nordgerichteten Tälern liegt der Schnee manchmal bis Ende März. Ein besonderes Wandervergnügen bescheren Inversionswetterlagen: eine dicke Nebeldecke im Tal und Sonne pur auf den Albhöhen. Bereits im März zieren herrliche Blütenmeere die Buchenmischwälder, die gegen Ende April grünen. Ab Oktober hält sich die Feuchtigkeit auf schattigen Wegen und verlangt vom Wanderer erhöhte Aufmerksamkeit.

GPS-Tracks und Koordinaten der Ausgangspunkte

Auf **gps.rother.de** stehen zu diesem Wanderführer GPS-Tracks und die Koordinaten der Ausgangspunkte zum kostenlosen Download bereit. Dieser QR-Code führt direkt zum Download.
8. Auflage, Passwort: 411708stf
Die GPS-Tracks können in die **Rother App** importiert werden. In der App kann man unterwegs stets sehen, wo man gerade ist und wo es langgeht. **Anleitungen dazu: rother.de/gps**
Trotz sorgfältiger Prüfung können wir Fehler und zwischenzeitliche Veränderungen nicht ausschließen. Verlassen Sie sich für die Orientierung niemals einzig und allein auf die GPS-Daten, sondern beurteilen Sie die Verhältnisse vor Ort.

Der Umwelt zuliebe ...

Auch beim Wandern hinterlassen wir einen ökologischen Fußabdruck, aber im Einklang mit der Natur unterwegs zu sein, ist gar nicht so schwer!

VORBEREITUNG UND ANFAHRT

- Sich vorab informieren, worauf in Bezug auf Natur und Umwelt in der jeweiligen Wanderregion besonders zu achten ist.
- Soweit möglich mit Bahn und Bus anreisen, Wander- und Rufbusse nutzen.
- Ist eine Anfahrt mit dem Auto nötig, Fahrgemeinschaften bilden.
- Bei weiten Anfahrten Mehrtagestouren planen oder von einem Quartier vor Ort aus mehrere Touren absolvieren.
- Flugreisen möglichst reduzieren und durch Beiträge zu Klimaschutzprojekten kompensieren.

KLEIDUNG UND AUSRÜSTUNG

- Beim Kauf von Outdoor-Kleidung auf umweltfreundliche und faire Herstellung achten und Kleidungsstücke möglichst viele Jahre nutzen.
- Ausrüstung kann man eventuell auch gebraucht kaufen oder ausleihen.
- Reparieren statt neu kaufen.

VERPFLEGUNG

- Beim Einkauf Bio-Ware, regionale und saisonale Erzeugnisse bevorzugen.
- Hütten und Gasthäuser auswählen, die regionale Produkte verwenden.
- Auf Einwegflaschen und Plastikverpackungen verzichten, stattdessen wiederverwendbare Trinkflaschen und Brotzeitboxen benutzen.

ÜBERNACHTUNG

- Bei lokalen Anbietern buchen, damit Menschen vor Ort profitieren.
- Auf Hütten und in anderen Unterkünften Strom und Wasser sparen.

UNTERWEGS

- Wege benutzen und Abkürzer vermeiden.
- Sperrungen von Wegen und Schutzgebieten respektieren.
- Keine Blumen pflücken und keine Pflanzen entnehmen.
- Waldbrandgefahr beachten.
- Müll wieder mit nach Hause nehmen und dort entsorgen.
- Toilettengänge in freier Natur möglichst vermeiden.
- Lärm vermeiden.
- Hunde an die Leine nehmen.

ROTHER
BERGVERLAG

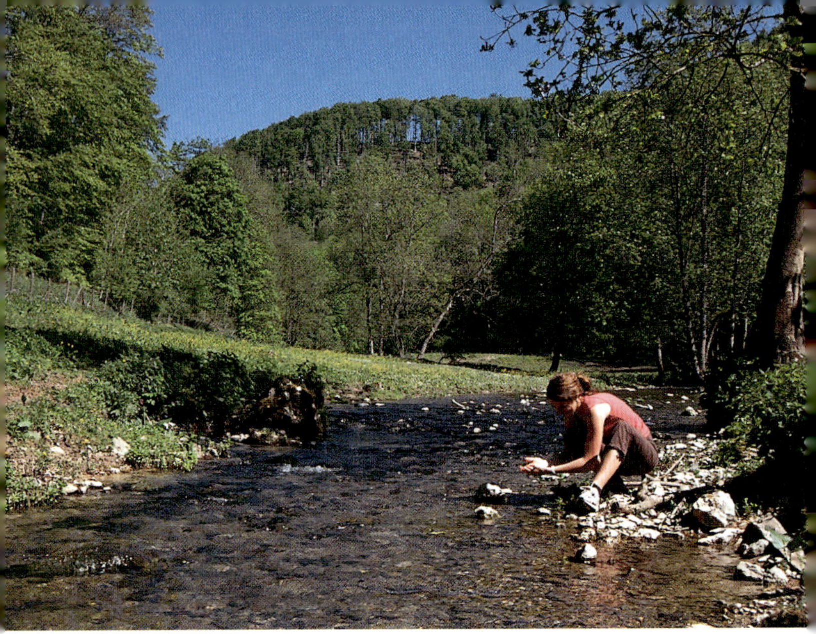

Rast an der Eyb im Roggental bei Geislingen (Tour 29).

Landkarten

Die bei den Touren abgebildeten Kartenausschnitte, 47 im Maßstab 1:50.000 und drei im Maßstab 1:75.000, mit eingetragenen Routen sind ein zuverlässiges Hilfsmittel. Um bei eventuellen Abweichungen von der vorgeschlagenen Wegen nicht auf verlorenem Posten zu stehen und um lohnende Abstecher zu ermöglichen, sind die Kartenausschnitte großzügig genug gewählt. Wer auf eigene Entdeckung gehen möchte, der wählt vorzugsweise die Freizeitkarten des Landesvermessungsamtes im Maßstab 1:50.000. Dieses Werk mit großzügigem und im Vergleich zur regulären topografischen Karte kostengünstigerem Blattschnitt ist an Genauigkeit und Zuverlässigkeit sowie an Informationsgehalt von keinem anderen Kartenwerk zu schlagen. Die Blätter 521 bis 527 decken die gesamte Schwäbische Alb ab. Das Werk beinhaltet einen Eintrag der Wanderwege des Schwäbischen Albvereins mit den entsprechenden Markierungen und ein UTM-Gitter.

Ein kostenloses Verzeichnis mit allen amtlichen Karten von Baden-Württemberg erhält man beim Landesamt für Geoinformation und Landentwicklung (Landesvermessungsamt) Baden-Württemberg, Büchsenstr. 54, 70174 Stuttgart, Tel. +49 711 959800, lgl-bw.de.

Mit Kindern unterwegs

Ob sich Touren für Kinder eignen (auch als Symbol im Tourenkopf angegeben) oder nicht, hängt nicht so sehr von der Länge der Anstiege oder der Ausgesetztheit der Wege ab, sondern vielmehr vom Abwechslungsreichtum einer Wanderung. Je größer der Anteil breiter Forst- und Wirtschaftswege ist, als desto langweiliger empfinden Kinder die »Hatscherei«.

Routen auf abenteuerlichen Waldpfaden zu Höhlen und Wildbächen, zu Wasserfällen, Aussichtsfelsen und Ruinen stoßen immer auf große Akzeptanz beim Nachwuchs. Erfreulicherweise finden die Kleinen in der Schwäbischen Alb oftmals auch Spielplätze, die für eine willkommene Unterbrechung sorgen.

Gefahren

Wer vor der Tour den Wetterbericht verfolgt, wird in den seltensten Fällen feuchte Überraschungen erleben. Bei Nebel oder nach Regengüssen verwandeln sich besonders steinige oder felsdurchsetzte Wege in heimtückische Rutschbahnen. Bei Gewittern gilt: Aussichtstürme und Felsvorsprünge (auch deren Unterstandshütten) sofort verlassen, weg von Drahtseilen oder Eisengeländern, keine einzeln stehenden Bäume aufsuchen.

Auf Angaben über die Erfordernis von Trittsicherheit und Schwindelfreiheit wurde grundsätzlich verzichtet. Jeder Wanderer weiß, dass ein Fehltritt auf einem Aussichtsfelsen böse Folgen haben kann. Wer nicht ganz schwindelfrei ist, wird nicht ausgerechnet an einer senkrecht abbrechenden Felskante

An Felsabbrüchen wie hier bei der Ruine Reußenstein ist besondere Vorsicht geboten (Tour 14).

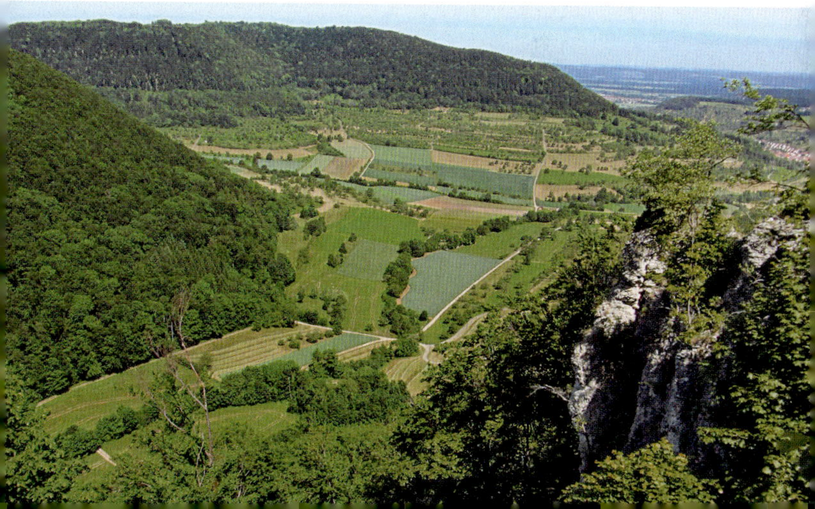

Informationen

Geopark

UNESCO Global Geopark Schwäbische Alb e. V., Marktstraße 17, 89601 Schelklingen, Tel. +49 7394 24870, geopark-alb.de. Infostellen des UNESCO-/Europäischen/Nationalen Geoparks u. a. in Blaubeuren (Urgeschichtliches Museum), Dischingen (Burg Katzenstein), Giengen-Hürben (HöhlenErlebnisWelt), Laichingen (an der Tiefenhöhle), Münsingen (Zentrum für Natur, Umwelt und Tourismus im Bahnhof), Steinheim am Albuch (im Meteorkratermuseum).

Dem Fernwanderer erleichtern Wanderheime des Albvereins und Naturfreundehäuser die Etappenplanung. Zehn Hauptwanderwege durchqueren oder berühren die Schwäbische Alb.

Schwäbische Alb Tourismusverband

Bismarckstraße 21, 72574 Bad Urach, Tel. +49 7125 939300, schwaebische-alb.de.

Schwäbischer Albverein e. V.

Hauptgeschäftsstelle, Postfach 104652, 70041 Stuttgart, Tel. +49 711 225850, albverein.net.

Sonstige Unterkünfte

Landesverband der Campingplatzunternehmer in Baden-Württemberg e.V., Untere Schlosshalde 17c, 78351 Bodman-Ludwigshafen, Tel. +49 7773 937519, camping-bw.de.

Urlaub auf dem Bauernhof in Baden-Württemberg, Merzhauser Straße 111, 79100 Freiburg im Breisgau, Tel. +49 761 27133600, urlaub-bauernhof.de.

Naturfreundejugend Württemberg, Neue Straße 150, 70186 Stuttgart, Tel. +49 711 481077, wuerttemberg.naturfreundejugend.de.

vespern; Schutzgeländer findet man nur selten. Selbstverständlich setzen Pfade im steilen oder zusätzlich gar noch feuchten Gelände ein gewisses Maß an Trittsicherheit voraus. Eigenverantwortliches Handeln und die Erziehung der Kinder dazu ist oberstes Gebot. Unterhalb von Aussichtsfelsen wiederum sollte man an die Steinschlaggefahr beispielsweise durch oberhalb spielende Kinder denken.

Beim Besuch unbeleuchteter Höhlen ist eine zweckmäßige Ausrüstung angesagt. Eine Stirnlampe (Ersatzakkus nicht vergessen) ist einer gewöhnlichen Taschenlampe vorzuziehen. Nur wer beide Hände frei hat, kann sich sicher vorwärtsbewegen. Auch wenn man nicht vorhat, weit in eine Höhle einzudringen, kann eine Befahrung bereits während der ersten Meter gefährlich werden. Manche Höhlen fallen unmittelbar nach einem nicht selten glitschigen Eingangsboden steil ab, Tropfsteine und sinterüberzogene Wände sind sehr schmierig, an anderen Stellen ist der Fels scharfkantig. Ein gewissenhaftes vorangehendes Ausleuchten bewahrt da vor Unfällen. In unübersichtlichen Höhlen, deren Gänge sich mehrmals verzweigen, ist das Abrollen einer Schnur für die Orientierung unverzichtbar!

Ein Klettern an brüchigen Ruinenmauern verbietet allein schon der Denkmalschutz. Auch eine mögliche Einsturzgefahr ist zu bedenken.

Im stimmungsvollen Donntal des Lenninger Ortsteils Gutenberg (Tour 12).

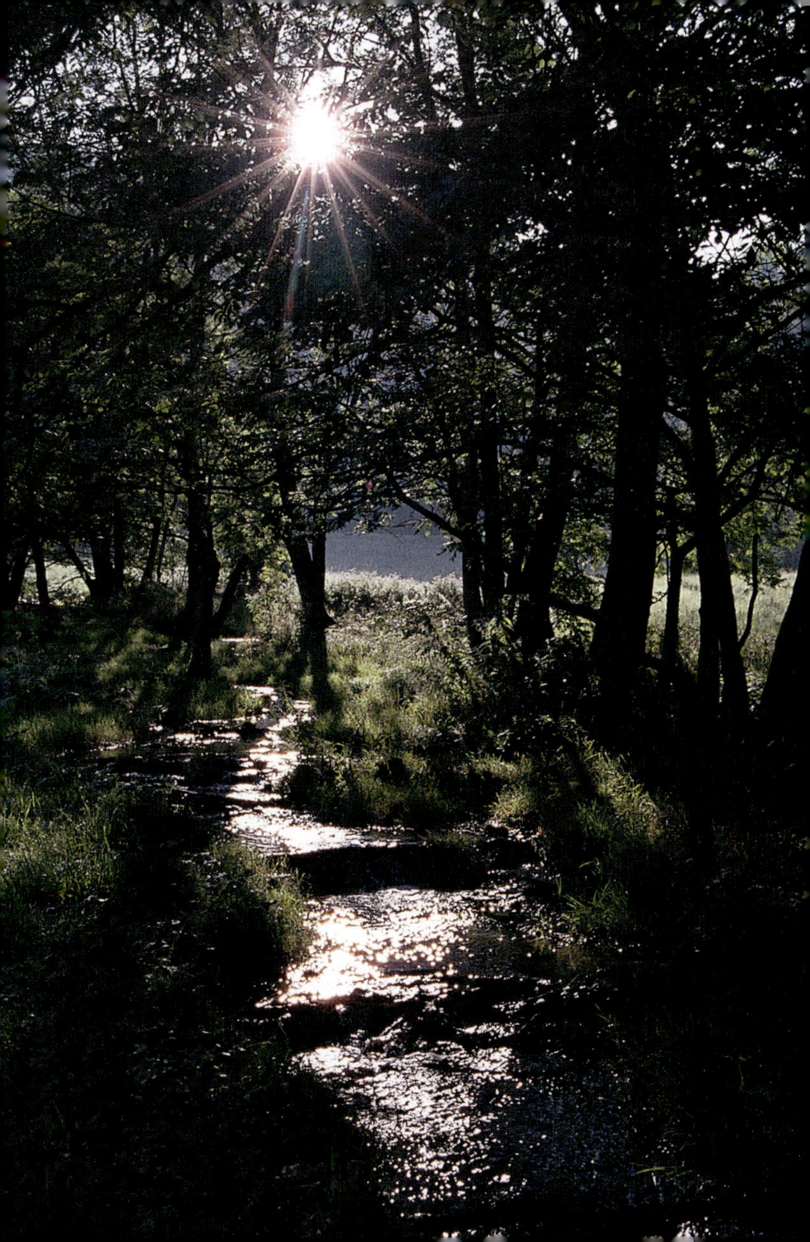

Wissenswertes zur Ostalb

Geografie

Die östliche Schwäbische Alb gliedert sich in die donauseitige Flächenalb und die hoch gelegene Kuppenalb. Die nach Osten hin auslaufende Klifflinie des Tertiärmeeres trennt beide Höhenstufen voneinander. Im Norden bricht der Schwäbische Jura, wie die Alb von den Geologen wegen ihres Gesteins aus der Jurazeit bezeichnet wird, mit dem von Tälern zerschnittenen, unbesiedelten und in dichte Mischwälder gekleideten Albtrauf zum flachen Vorland hin ab – ein Paradies für Wanderer: Weithin leuchtende Felsstotzen, Burgen und Höhlen bereichern hier das Landschaftsbild. Vor dem Steilabfall erzählen aussichtsreiche Zeugenberge von einer Zeit, als die Alb noch wesentlich weiter nach Norden reichte. Rückschreitende Erosion hat ständig an der Gebirgsstirn genagt.

Im Gegensatz zu anderen deutschen Mittelgebirgen ähnelt die Schwäbische Alb aus der Vogelperspektive einem gekippten Hochland. Die Albtafel selbst ist von einem Mosaik aus steinigen Äckern, Wiesen und Wäldern mit eingestreuten Dörfern gekennzeichnet, eine uralte Kulturlandschaft. Die Städte und die meisten großen Gemeinden mit industriellem Leben versammeln sich im verkehrsbegünstigten Tiefland nördlich des Albrandes, im Donautal und in den Haupttälern. Als solche sind in der Ostalb zu nennen: das Ermstal, das Tal der Lenninger Lauter, das Filstal, das Kocher- und Brenztal sowie die beiden einst von der Urdonau durchflossenen Täler der Schmiech und der Blau. Die größten Höhenunterschiede erwarten den Wanderer aus dem unteren Ermstal, dem Kirchheimer Raum und dem Remstal bei Schwäbisch Gmünd.

Die Ostalb weist außer der bereits erwähnten Klifflinie noch ein paar andere Besonderheiten auf, die der Westalb fehlen. Gewaltige Meteoriteinschläge schufen den mächtigen Rieskrater an der Nordostecke der Alb und das Steinheimer Becken im Albuch. Als Einzelfälle auf der gesamten Alb gelten das Schopflocher Moor, entstanden auf dem wasserundurchlässigen Basalttuff eines ehemaligen Vulkangebietes, und die Moorgebiete Rauhe Wiese sowie die auf Feuersteinlehm ruhenden Weiherwiesen auf der Heidenheimer Alb. Im Vergleich zum westlichen Teil kommen in der Ostalb auch wesentlich mehr Zeugen- oder Ausliegerberge vor. Eine besondere Art sind die Härtlinge, ehemalige Vulkanberge.

Ein vollständig verändertes Bild zeigt die Donau auf ihrem Lauf ab Höhe Sigmaringen. Während der junge Fluss mit seinen Versickerungsstellen ein gewaltiges Tal durch die Tafel der Westalb geschnitten hat, weist er als südliche Begrenzung der Ostalb außer ein paar Altwasserarmen, Auwaldstreifen und natürlich einigen sehenswerten Orten nichts Nennenswertes mehr für Wanderer auf.

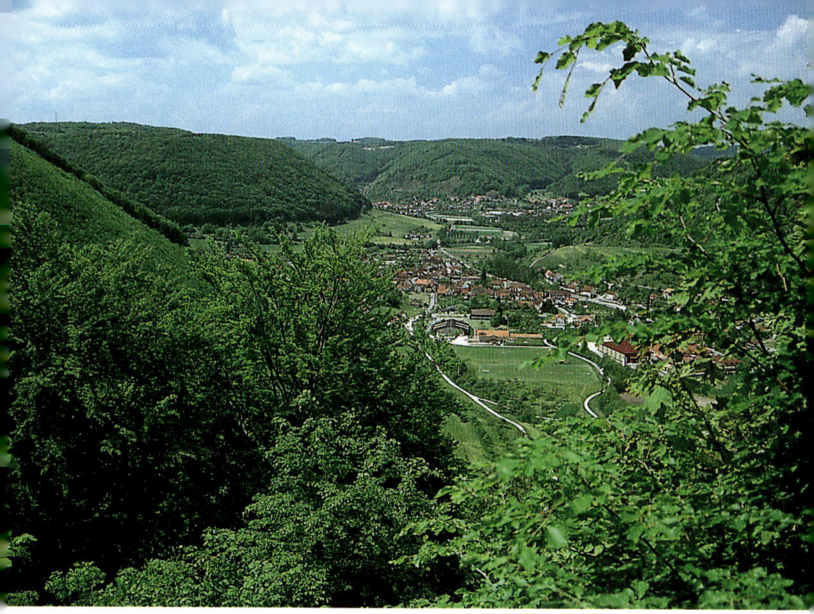

Tiefblick von der Ruine Hiltenburg aufs Filstal mit Gosbach (Tour 22).

Fauna und Flora

Die Pflanzenwelt der Schwäbischen Alb ist recht vielfältig und birgt so manche Raritäten. Vielerorts begleiten den Wanderer noch die Hecken aus der guten alten Zeit: Hagebutten, Schlehen und Weißdorngebüsch, Haselnussstauden und Heckenrosen. Die Traufwälder sind alles andere als Monokulturen: Zu Buchen und Eichen gesellen sich Ahorn, Ulmen, Kiefern, Fichten und Lärchen.

Ganz spezielle Lebensgemeinschaften findet man in den Schluchtwäldern vor. Außerhalb der Waldungen haben sich teilweise noch Flecken mit Steppenheide-Charakter erhalten. Auf den Streuobstwiesen erfreut eine bunte Blütenvielfalt die Welt der Schmetterlinge. Die romantisch verklärte, einst so charakteristische Wacholderheide gibt leider nicht nur Anlass zum Schwärmen. Seit dem starken Rückgang der Schafzucht ist sie deutlich vom Aussterben bedroht. Nur dank einer sorgsamen Pflege von Menschenhand kann vermieden werden, dass hier der Wald die Oberhand gewinnt.

Die Tierwelt ist nicht sehr artenreich. Abgesehen von Reh, Fuchs, Hase und Eichhörnchen sowie einer fröhlich zwitschernden Vogelwelt, gelegentlich einem Graureiher, dürfte der Waldbesucher nicht viele Bekanntschaften machen. Die seltenen Wanderfalken und Uhus lassen sich kaum blicken.

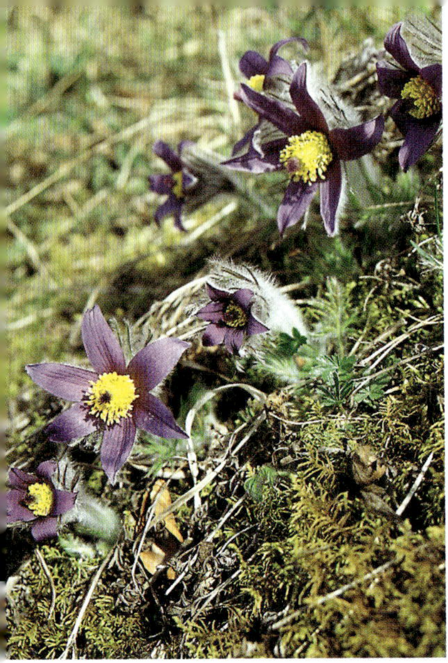

Frühlingsboten auf der Ostalb.

In sogenannten »Fledermaushöhlen« verbringen die meisten der heimischen, allesamt vom Aussterben bedrohten Fledermausarten ihren Winterschlaf. Wenn die Tiere in ihrer Winterruhe gestört werden, verlieren sie wichtige Reserven an Körperenergie und können eventuell den Winter nicht überstehen. Der Besuch von Höhlen sollte deshalb am besten zwischen Ende April/Anfang Mai und Ende Oktober angesetzt werden. Viele Höhlen sind außerhalb dieses Zeitraums ohnehin geschlossen.

Karstphänomene

Die insgesamt über 2000 bekannten Höhlen der Schwäbischen Alb – einige davon mit sehenswerten Tropfsteinbildungen und Sinterschmuck sind als Schauhöhlen erschlossen – machen das Mittelgebirge zu einer der höhlenreichsten Regionen in Deutschland. Die meisten Höhlen sind Karsterscheinungen, nur wenige entstanden bereits während der Gesteinsbildung. Die geheimnisvollen Gewölbe gelten zudem als die ersten Wohnstätten der Albbewohner. Mancherorts findet der aufmerksame Naturfreund noch Hülben, die einst zusammen mit den Zisternen die Menschen und das Vieh auf der Karsthochfläche mit Trinkwasser versorgten. Viele dieser Wasserlöcher entstanden auf den tuffgefüllten, ehemaligen Durchschlagsröhren von Vulkangebieten. Den mit 1200 m beachtlichsten Durchmesser der in der Regel kleinen Gas-Förderröhren, Vulkanembryonen genannt, findet man im längst wieder ausgelaufenen Randecker Maar.

Die im Zeitalter des Pleistozäns mit dem Fallen des Karstwasserspiegels entstandenen Trockentäler führen nur gelegentlich nach starken Niederschlägen oder bei gefrorenem Boden Wasser. Gewöhnlich versickert das Wasser in Schlucklöchern, auch Lösungsdolinen genannt. Die in der Alb vielerorts vorkommenden Dolinen sind meist kreisrunde Geländevertiefungen und werden auch Erdfälle oder Erdtrichter genannt. Sie entstehen beim Einstürzen unterirdischer Hohlräume in Karstgebieten.

Die Schopflocher Alb ist bekannt für ihre kühnen Felstürme.

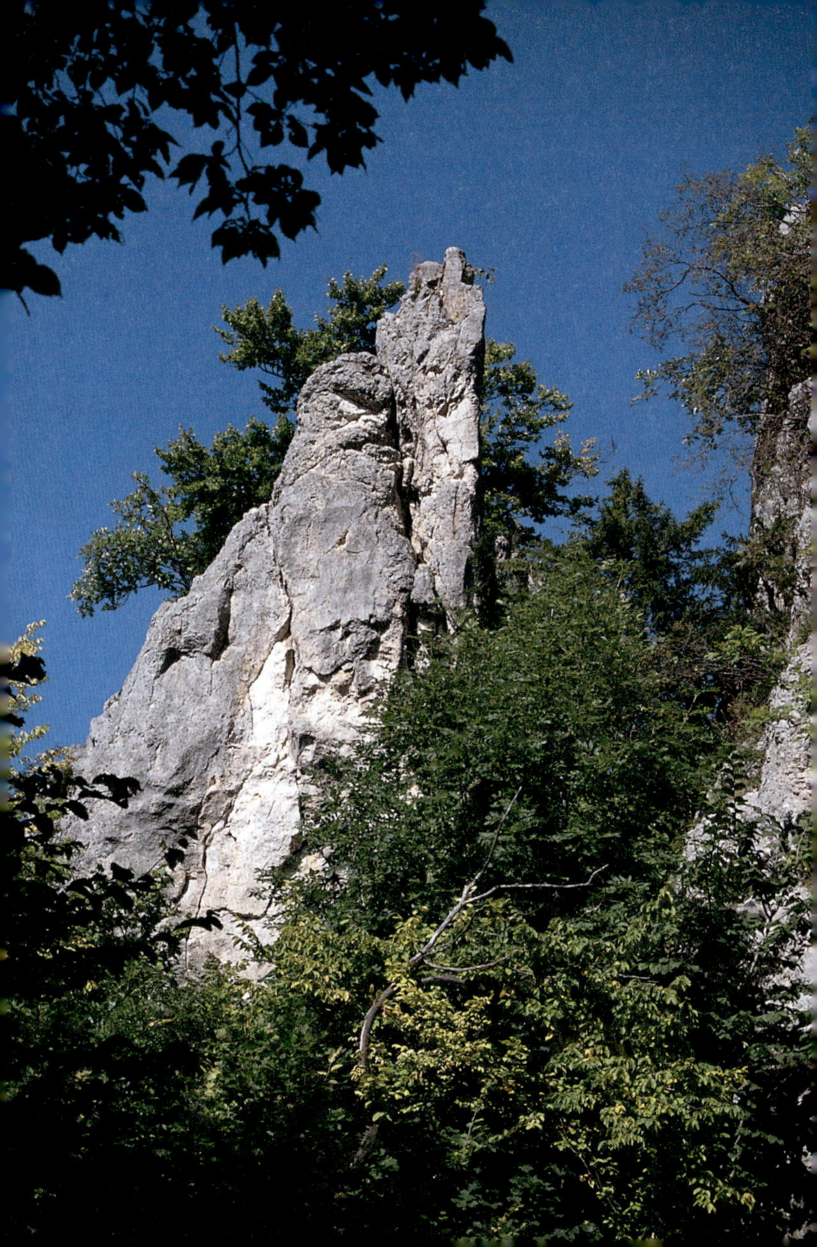

Wanderregion Ostalb

Die Wandergebiete

Die Tourenvorschläge für die Ostalb sind in diesem Wanderführer nach folgenden vier Gebieten gegliedert:

Uracher und Schopflocher Alb

Die Vordere Alb zwischen dem Ermstal und dem Lenninger Tal und die Hintere Alb zwischen dem Ermstal und St. Johann gestalten zusammen das abwechslungsreichste Wandergebiet des östlichen Schwäbischen Juras: die Uracher Alb. Im Südosten wird das Gebiet durch den ehemaligen Truppenübungsplatz Münsingen (Betreten nur auf ausgewiesenen, gelb markierten und meist asphaltierten Wegen erlaubt) abgeriegelt, auch Hardt genannt. Östlich der Lauter schließt sich die kleinräumige Schopflocher Alb an. Vergleichbar den Fangarmen eines Tintenfisches, greift das Flusssystem der Erms rings um das freundliche Fachwerkstädtchen Urach in die Albtafel hinein. Das schönste unter den Tälern um Urach ist vielleicht das romantische Seeburger Tal. Obwohl die Industrie weder im Ermstal noch im Tal der Lenninger Lauter zu übersehen ist, begeistern beide Täler gleichsam mit einer Fülle von reizvollen Wandermöglichkeiten.

Die bis zu 400 m aufsteigenden Traufhöhen erwarten den Besucher mit grandiosen Tiefblicken und interessanten Ruinen. Die informativsten Ausblicke gewinnt man vom Hohenurach, vom Hohenneuffen, vom Aussichtsturm Römerstein sowie im Randbereich von der Teck und vom Breitenstein. Die Uracher Alb wartet auch mit ein paar Besonderheiten auf. Um Bad Urach liegt beispielsweise das Zentrum des ehemaligen Urach-Kirchheimer Vulkangebietes mit zahlreichen Tuffschloten, von denen der größte das bekannte Randecker Maar ist. Das auf der gesamten Alb einzige Moor, sogar mit Urwaldcharakter, findet man in der Torfgrube bei Schopfloch.

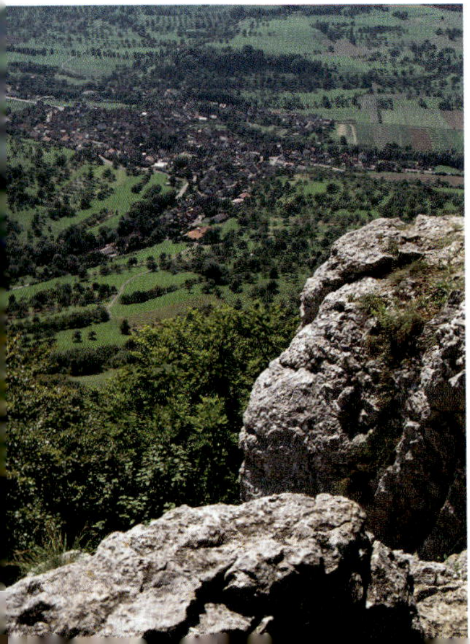

Links: Der Gelbe Fels an der Teck (Tour 10). Rechts: Weitblick von der Ruine Helfenstein auf die Fünftälerstadt Geislingen (Touren 27/28).

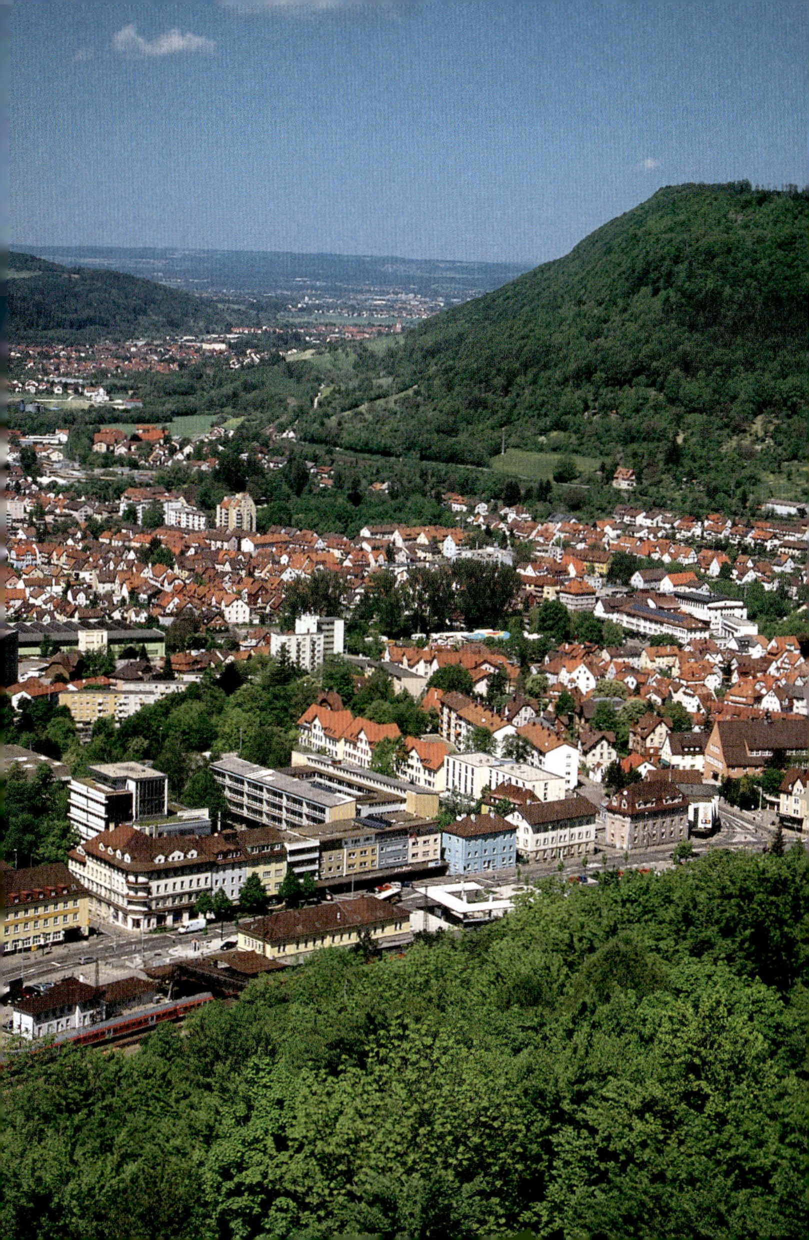

Und wo gibt es die begehrtesten Wasserfälle der Schwäbischen Alb? Natürlich ebenfalls bei Urach. Der 37 m hohe Uracher Wasserfall und die Gütersteiner Fälle liegen in unmittelbarer Nachbarschaft. Bei Gutenberg und Donnstetten warten herrliche Tropfstein-Schauhöhlen auf den Wanderer. Man fand darin nicht nur Knochen von Wildpferd, Höhlenlöwe, Höhlenbär und Nashorn, sondern auch von Gibraltaraffe und Alpenwolf. Die bisher auf einer Länge von 5000 Metern erforschte Falkensteiner Höhle im hintersten Pfäler Tal ist die längste Höhle der Schwäbischen Alb. Die Gegend um Urach ist überhaupt eines der höhlenreichsten Gebiete der gesamten Alb. Zum Schluss noch eine Besonderheit, die uns nach gelungener Tour erfreut: der Neuffener Silvaner, der in den sonnigen Weinbergen direkt unter der stolzen Burgruine gedeiht.

Kaiserberge, Albuch und Geislingen

Mitunter die größten Höhenunterschiede der Ostalb erwarten den Wanderer in einem Gebiet, das durch die Erosionskräfte schon fast ganz von der Albtafel abgetrennt wurde. Es ist das geschichtsträchtige Land der westlich vom Schurwald begrenzten Kaiserberge zwischen der Rems im Norden und der Fils und der Donzdorfer Lauter im Süden. Die berühmten, verhältnismäßig isoliert dastehenden Zeugenberge Hohenstaufen, Rechberg und Stuifen sind nur noch durch eine schmale »Nabelschnur« mit der »Albmutter« verbunden. Die Aufstiege aus den beiden verkehrsbegünstigten und industriereichen Haupttälern ins hügelige Reich der Staufer gestalten sich allerdings bei Weitem nicht so steil wie jene in den westlicheren Gebieten der Alb.
Im östlich anschließenden, relativ waldreichen Albuch finden wir wieder eine geschlossene Alblandschaft vor. Kaum Täler, abgesehen von ein paar kleineren Trockentälern, von denen das Wental mit seinen Felsgestalten die größte Ausstrahlung auf den Besucher ausübt. Der in der Heubacher Gegend steile Trauf hält einige Höhepunkte bereit. Allein um den beliebten Rosenstein versammeln sich viele Höhlen und Aussichtspunkte und manche besuchenswerte Stätten vor- und frühgeschichtlicher Besiedlung.
In dem versteckten und sagenumwobenen Wasserfall Teufelsklinge finden wir ein aufgeschlagenes Buch der Erdgeschichte vor. Eine weitere Rarität des Albuchs ist das beeindruckende, durch einen Meteoriteinschlag entstandene Kraterbecken bei Steinheim, in dem Archäologen reiche Entdeckungen machten. Weitere hervorzuhebende Wanderziele sind die Quelltöpfe der Brenz und des Schwarzen Kochers. Das Albvorland und die natürliche östliche Gebietsbegrenzung, das heute von Brenz und Kocher gemeinsam durchflossene Tal der Urbrenz, werden deutlich von der Industrie geprägt.
Südlich der Kaiserberge und des Albuchs schließt eine ungemein zergliederte Ecke mit einigen der schönsten Höhenwegen der Alb an: Geislingen und das weit in den Albkörper hineingreifende Filstal. Der Gegenpol zur ruhigen, sich östlich fortsetzenden Stubersheimer- und Heidenheimer Alb. In

Geislingen treffen fünf Täler zusammen. Eines der romantischsten Albtäler überhaupt ist das Roggental mit seinen märchenhaften, fast schon alpin anmutenden Seitentälern, in denen sich Fuchs und Hase gute Nacht sagen. Der landschaftliche Reiz dieses zentralen Teils der Ostalb ist kaum zu überbieten; er wetteifert mit der Uracher- und Reutlinger Alb um die Gunst des Wanderers. Urige Schluchten mit teilweise anpruchsvollen Wegen, Wasserfälle, anregende Felsbalkone, sonnige Wacholderhänge – ein prachtvolles Gesamtbild. Allerdings, zimperlich geht's nicht gerade her, wenn man etwa aus dem Filstal durch die fesselnden Mischwälder hinauf zum Steilrand steigt. Da erspart so manch neckischer Aufstieg abends die Sauna. Alles in allem: In Geislingen lohnt es sich, Urlaub zu machen und ringsum seiner Neugierde freien Lauf zu lassen.

Wanderschäferei ist auch im Albuch kein selbstverständliches Bild mehr.

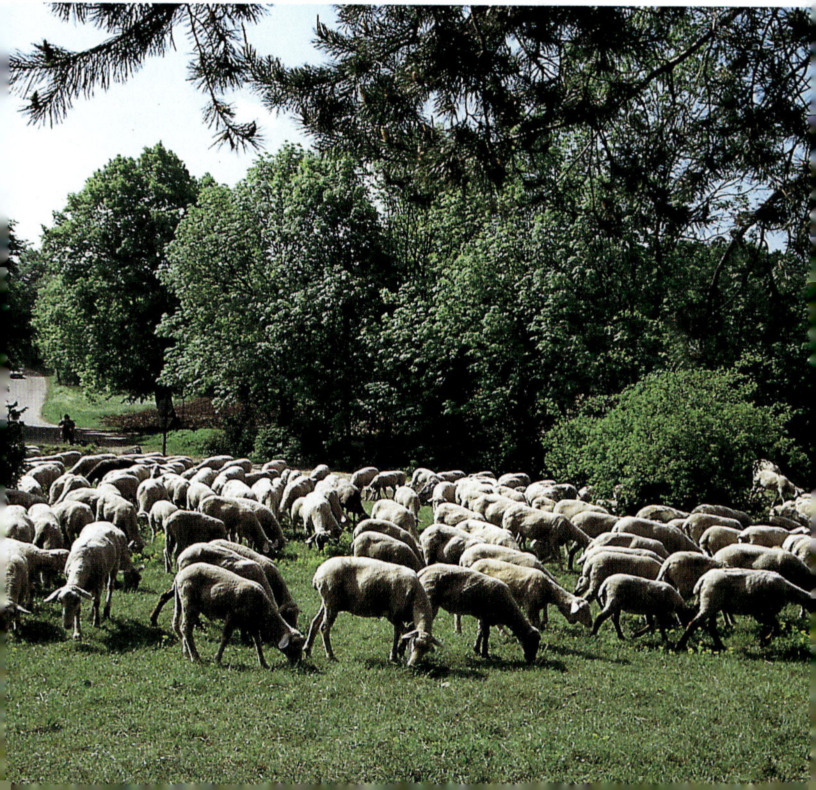

Blaubeurer Alb und Hochsträß

Zwischen dem oberen Schmiechtal und der Ulmer Alb dehnt sich das attraktive Wandergebiet der Blaubeurer Alb aus. Die Ach und die Blau – beide Flüsse benützen das Urstromtal der Donau – trennen die Blaubeurer Alb vom Hochsträß, der zwischen Ehingen und Ulm die Ostalb nach Süden hin abschließt. Die Höhenunterschiede zwischen den Talsohlen und der Karsthochfläche liegen nur bei maximal 200 m. Dennoch weisen manche Anstiege, abgesehen vom sanft gewellten Südteil des Hochsträß und den ebenfalls gemütlichen Lutherischen Bergen westlich von Allmendingen, kräftige Steigungen auf.

Bis auf das nicht besonders abwechslungsreiche Donautal und das von der Industrie gezeichnete untere Schmiechtal bieten sich die meist recht einsamen Täler mit den beschaulichen Wanderwegen für erholsame Spaziergänge an. Besonders hervorzuheben ist das Blautal und das Kleine Lautertal nordöstlich von Blaustein mit der idyllischen Karstquelle.

Zwei der berühmtesten Schauhöhlen finden sich in der Blaubeurer Alb: die Sontheimer Höhle und die Laichinger Tiefenhöhle mit ihren senkrechten Klüften. Aber auch eine Unmenge kleinerer Höhlen – in manchen kamen Funde von Mammutjägern zum Vorschein – sowie manche sehenswerte Ruinen verstecken sich in den reizvollen Mischwäldern dieses Wandergebietes. Bei Schmiechen lädt das Vogelschutzgebiet des ehemaligen Schmiechener Sees zu einem Ausflug ein.

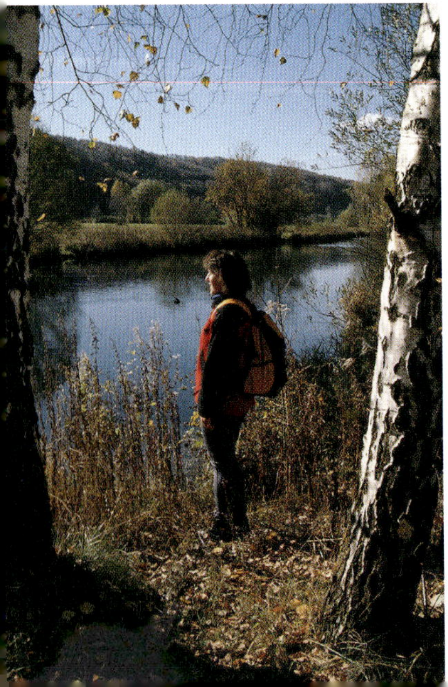

Rund um Blaubeuren und den anmutigen Umlaufberg drängen sich viele Höhepunkte landschaftlicher sowie kultureller Art auf engstem Raum. Die Hauptattraktion ist natürlich der Blautopf mit seiner kraftvollen Schüttung. Gleich nebenan stehen die alte Hammerschmiede und das Kloster. Ehrwürdige Fachwerkbauten und ein nicht alltägliches Museum gibt es in dem heimeligen Städtchen zu bestaunen. Blaubeuren ist alles andere als ein schnelles Ausflugsziel für einen Tag.

Links: Am Ufer der Blau bei Herrlingen (Tour 37).

Rechts: Noch recht naturnah gestaltet sich der Stadtrand von Blaubeuren (Tour 36).

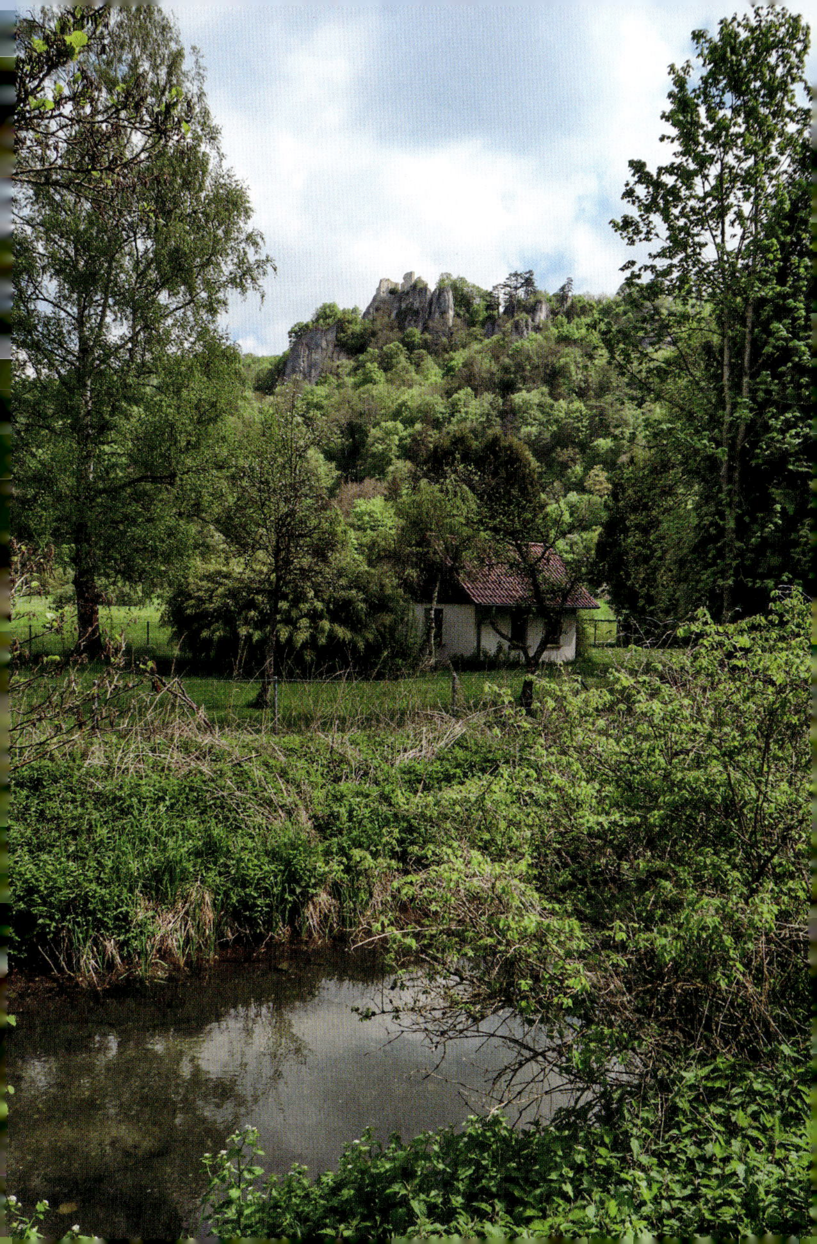

Heidenheimer Alb und Härtsfeld

Die östlich an die Blaubeurer Alb anschließende Ulmer Alb bietet hauptsächlich in ihrem bewegten Westteil zum Lautertal hin empfehlenswerte Wanderwege. Auch die Niedere Alb nördlich davon gilt nicht gerade als rühmenswertes Wandergebiet. Zwischen diesen beiden etwas monotonen Landstrichen allerdings zieht das Lonetal, das südwestlich der Heidenheimer Alb ins Tal der Hürbe und kurz darauf ins Brenztal mündet, die Aufmerksamkeit des leidenschaftlichen Albwanderers auf sich. Hier haben wir ein geheimnisvolles Flüsschen vor uns, dem ein ähnliches Schicksal beschieden ist wie der jungen Donau. Der durchlässige Karstboden entzieht der ohnehin nicht besonders kräftigen Lone den Lebenssaft und leitet ihr Wasser der Nau zu. Verspielte Talschlingen, einsam daliegende Wiesenauen und verschwiegene Burgplätze verleihen dem Lonetal eine eigenwillige Ausstrahlung. Hinzu kommen einige Höhlen, von denen besonders die Charlottenhöhle bei Hürben, längste Schauhöhle der Schwäbischen Alb, die Besucher anlockt.

Am Ostrand der Heidenheimer Alb kommt allmählich wieder mehr Leben in die Landschaft. Die gestaltungsreiche Brenzschleife bietet viele Wanderziele: Ruinen, Höhlen, Wacholderheiden, Felsszenerien, Schanzen und keltische Wälle. Östlich des Urstromtals der Brenz läuft der lange Mittelgebirgs-

Stimmungsvoller Spätherbst auf dem Härtsfeld.

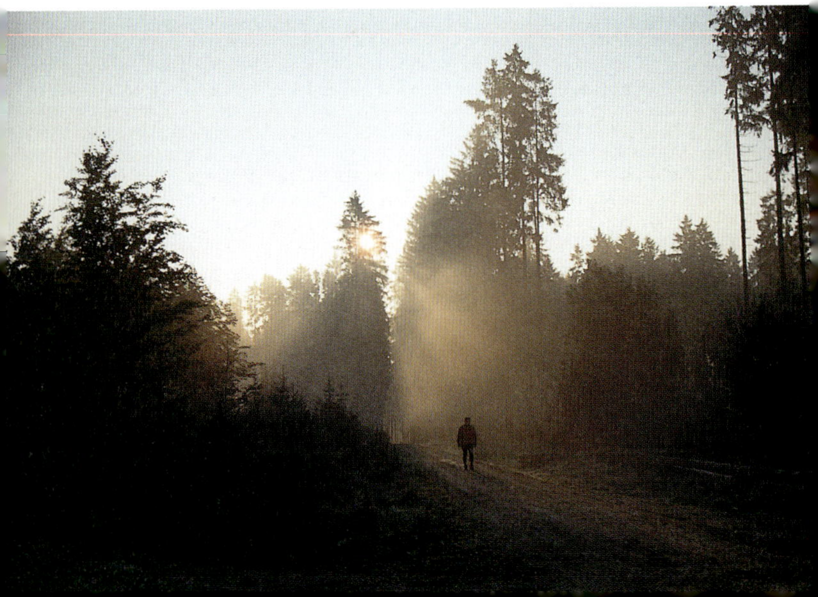

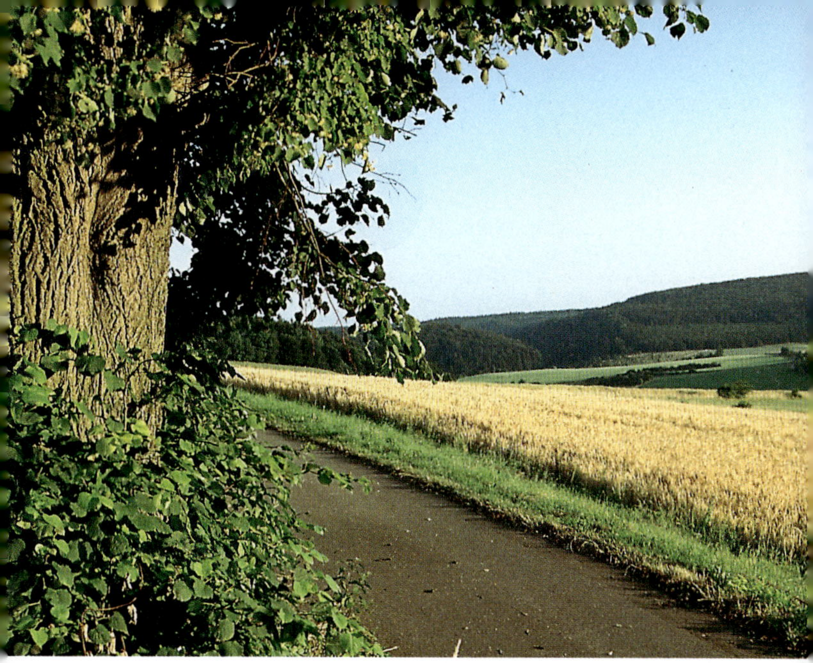

Oben: Das Härtsfeld bei Dischingen (Tour 49).
Nächste Doppelseite: Seen sind eine Seltenheit auf der Schwäbischen Alb: das Naturschutzgebiet Weiherwiesen westlich von Tauchenweiler bei Essingen (Abstecher bei Tour 19).

zug der Schwäbischen Alb im sanftgewellten Hügelland des Härtsfeldes allmählich aus. Sowohl der Trauf im Norden als auch die Klifflinie im Süden verlieren an Deutlichkeit. In den Wäldern, die früher für die Bohnerzverhüttung herhalten mussten, herrscht ausnahmsweise die Fichte vor.
Das Härtsfeld bietet eine große Auswahl vergnüglicher Bummeltouren zu kleinen Höhlen, vorgeschichtlichen Befestigungsanlagen und Gräbern sowie ehemaligen Erzgruben. Beliebte Ausflugsziele sind beispielsweise der Weiße Kocherursprung bei Unterkochen, die Egerquelle bei Bopfingen, das berühmte Kloster Neresheim und Schloss Taxis. Im Nordosteck der Alb findet sich nochmals ein spektakulärer Höhepunkt. Ein gewaltiger Meteoriteinschlag hat den beeindruckenden Rieskrater mit einem Durchmesser von 20 km geschaffen. Die Anstiege im Härtsfeld sind meist recht gemütlicher Art. Aus dem Donautal und am bayerischen Ostrand der Alb bereiten die kleinen Aufschwünge längst keine Schweißausbrüche mehr.

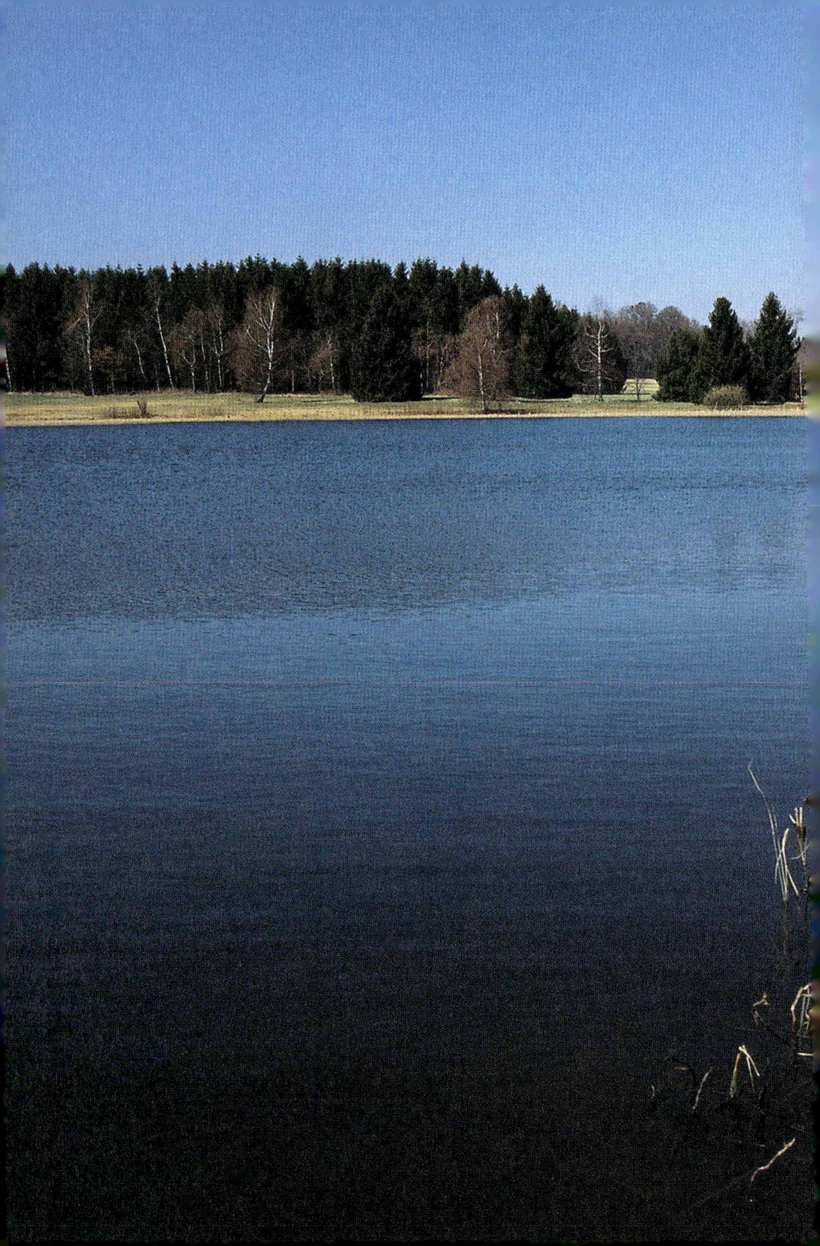

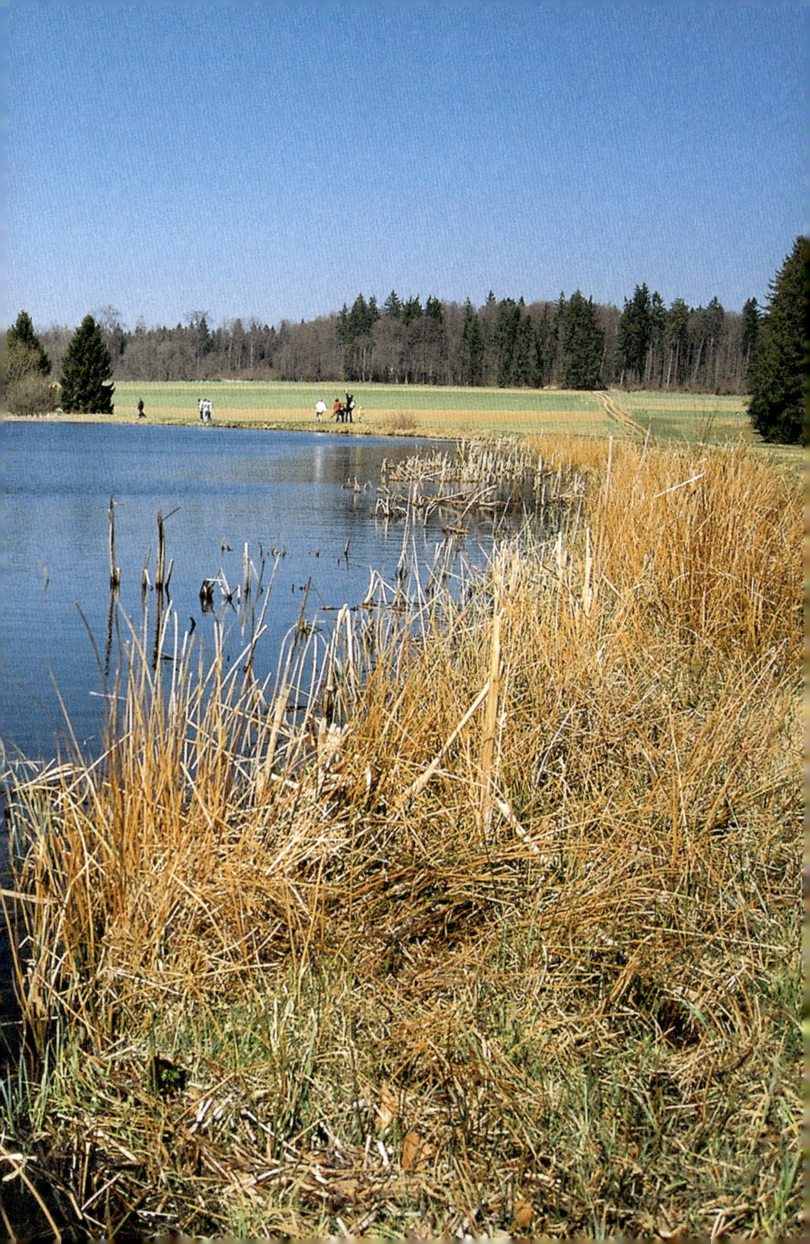

1 Dettingen – Gütersteiner Wasserfälle – Bad Urach

4.30 Std.

Erlebniswandern über dem Ermstal

Der deutlich ausgeprägte Albtrauf zwischen Dettingen und Bad Urach, westlich der Erms, erfreut den Wanderer mit einem mannigfaltigen Landschaftscharakter und einer Fülle von Sehenswürdigkeiten – zu viel für nur einen Tourentag!

Ausgangspunkt: Dettingen a. d. Erms, Ortsmitte (Bus von Metzingen), 398 m.
Höhenunterschied: 420 m.
Anforderungen: Überwiegend markierte Wanderpfade, Forstwege und Wirtschaftssträßchen, teilweise steiler Aufstieg (Vorsicht bei Nässe!).
Einkehr: In Dettingen und Bad Urach.

Wir verlassen in **Dettingen (1)** die Straße Richtung Bad Urach auf dem Keckbronnenweg und queren das Bahngleis. So gelangt man über die Ortsumgehungsstraße und hält auf den kleinen ehemaligen Vulkanschlot des **Calverbühls (2)** zu. Ein mit *blauem Dreieck* markierter Wanderpfad leitet über seinen höchsten Punkt, 509 m, und mündet oberhalb des nahen Grillplatzes links in einen Forstweg. Diesem folgen wir bis zum Kinderspielplatz, wo sich unser Kurs, anfangs in steilen Pfadkehren, zuletzt auf einem breiten Waldweg, durch den Traufwald empor zu den **Höllenlöchern (3)** schwingt, einer gewaltigen, durch zwei Eisenleitern zugänglich gemachten Felsenkluft mit kleinen Höhlen.

Kalktuffformationen am oberen Gütersteiner Wasserfall.

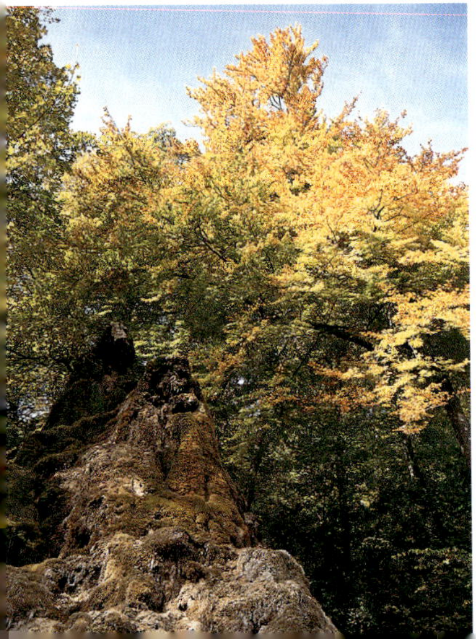

Die nun mit *rotem Dreiblock* bezeichnete Route leitet uns von der Unterstandshütte auf einem reizvollen Wanderweg, zweimal durch Forstwegabschnitte unterbrochen, über eine Kuppe und am Aussichtspunkt **Gelber Fels (4)** vorbei, stets am Trauf entlang Richtung Urach. Auf der Höhe des Fohlenhofs folgen wir dem Wanderpfad talwärts zu den **Gütersteiner Wasserfällen (5)**. Angesichts der etwas verwirrenden Wegevielfalt ins Maisental achten wir an der ersten Gabelung besonders auf die Markierung und wählen

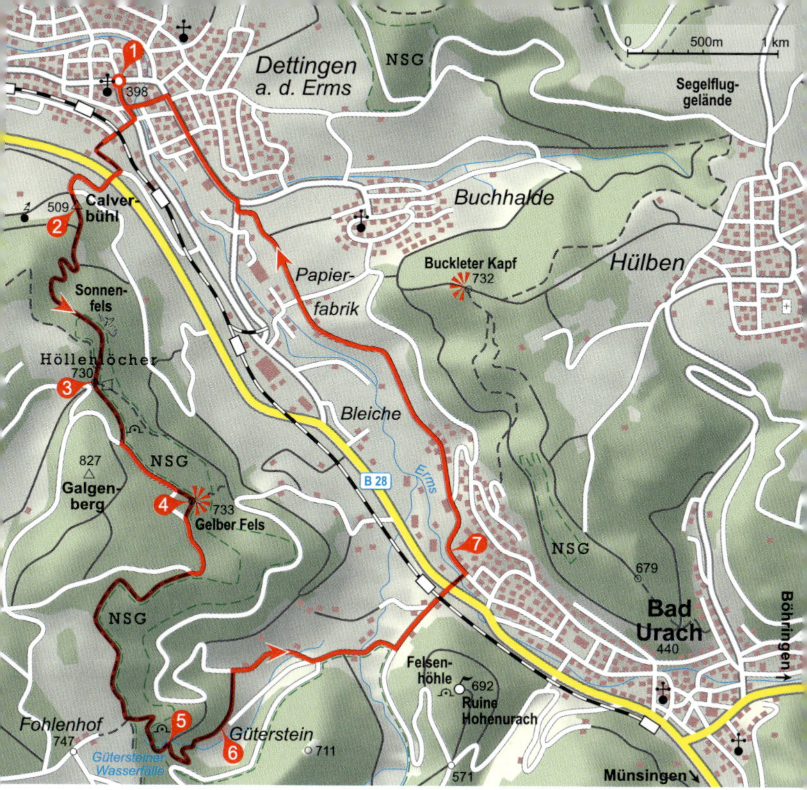

an der zweiten den flachen Weg an der Kapelle Güterstein vorbei zu den oberen Fällen mit Wasserbassin. Auf der Kalktuffterrasse stand früher ein Zisterzienserkloster. Im Bereich der Wasserfälle befinden sich mehrere kleine Höhlen. Ein Waldweg führt uns an den unteren Fällen entlang zum **Gutshof Güterstein (6)**, wo uns ein im weiteren Verlauf asphaltierter Fahrweg aufnimmt, der auf die Ruine Hohenurach zuhält. Auf einem Fußgängerweg die Bundesstraße unterquerend, geht es nun am westlichen Rand von **Bad Urach (7)** über die Ermsbrücke und nach den Kuranlagen auf dem Radweg zurück nach **Dettingen (1)**.

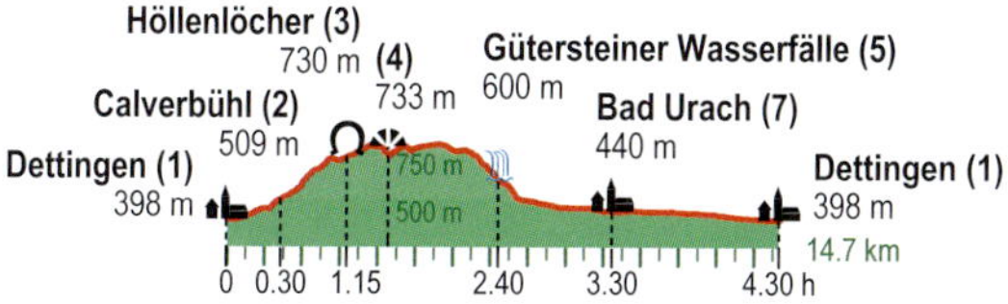

TOP **2**

Bad Urach – Ruine Hohenurach, 692 m – Uracher Wasserfall

3.30 Std.

Glanzpunkte der Uracher Alb

37 m hoch wirft der berühmte Uracher Wasserfall seine sprühenden Schleier von der Hochwiese hinunter auf die moosigen Kalktuff-Stufen. Vor seinem Besuch erwartet uns der faszinierende Stadt-Tiefblick von der Ruine Hohenurach mit der teilweise noch gut erkennbaren Raumaufteilung. Die Grafen von Urach errichteten die eine Zeitlang als Staatsgefängnis verwendete Burg bereits im 11. Jahrhundert. Herzog Ulrich von Württemberg baute sie im 16. Jahrhundert zur Landesfestung aus.

Ausgangspunkt: Bad Urach, Bahnhof Wasserfall am westlichen Stadtrand (Bus vom Bahnhof Metzingen), 455 m.
Höhenunterschied: 500 m.
Anforderungen: Hervorragend markierte Wanderpfade und Forstwege, teilweise steile Aufstiege.
Einkehr: Kiosk am Uracher Wasserfall, kurzer Abstecher Richtung St. Johann-Bleichstetten zur Rohrauer Hütte.

Am Stadtrand von Bad Urach spazieren wir ab dem **Bahnhof Wasserfall (1)** Richtung Uracher Wasserfall bald am Brühlbach entlang durch das anmutige Wiesental und nehmen nach gut 1 km den Forstweg, der in einer weiten Schleife den steilen Waldhang zur **Kreuzhütte (2)** überwindet. Nach einem kräftigen Aufschwung von der Einsattelung haben wir die **Ruine Hohenurach (3)** erreicht. Westlich davon liegt die Felsenhöhle versteckt. Wieder an

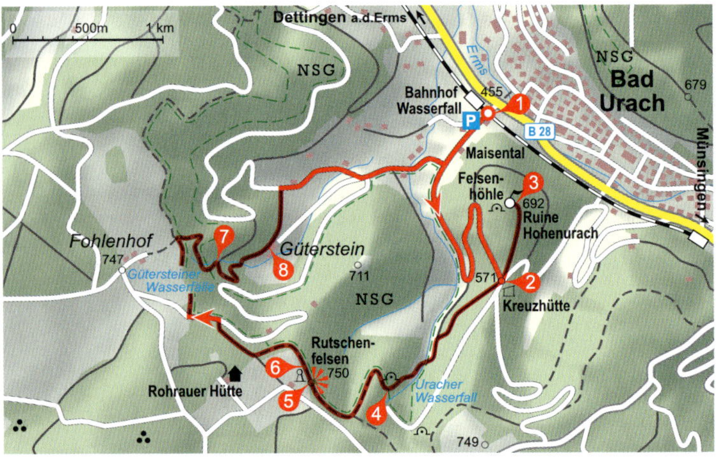

der Unterstandshütte, nehmen wir rechts bergab den taleinwärts haltenden Ziehweg zurück zum Brühlbach und folgen vom Talschluss dem mit *rotem Dreieck* markierten Wanderpfad Richtung Rutschenfelsen. Dieser leitet uns über unendlich viele Steintreppen stets rechts des **Uracher Wasserfalls (4)** kräftig bergan. Über diesem liegt etwas abseits der Kiosk. Nun wandern wir deutlich weniger anstrengend in Kehren durch den prächtigen Mischwald empor. Das *rote Dreieck* weist uns oben rechts am Trauf entlang mit herrlichen Tiefblicken in die »Hölle« zum **Rutschenfelsen (5)**, 750 m, und weiter zum **Camererstein (6)**, 750 m. Ein kleines Stück geht es auf einem Forstweg (Abstecher zur Rohrauer Hütte möglich) Richtung Fohlenhof. Man folgt dem Wanderpfad noch kurz am Trauf entlang und nimmt auf der Höhe des Fohlenhofs die Route *(roter Dreiblock)* talwärts zu den **Gütersteiner Wasserfällen (7)**. Angesichts der etwas verwirrenden Wegevielfalt ins Maisental achten wir an der ersten Gabelung auf den Dreiblock und wählen an der zweiten den flachen Weg an der Kapelle Güterstein vorbei zu den oberen Fällen mit Wasserbassin. Ein Waldweg trägt uns an den unteren Fällen entlang zum **Gutshof Güterstein (8)**, wo uns ein Fahrweg zurück zum **Bahnhof Wasserfall (1)** leitet.

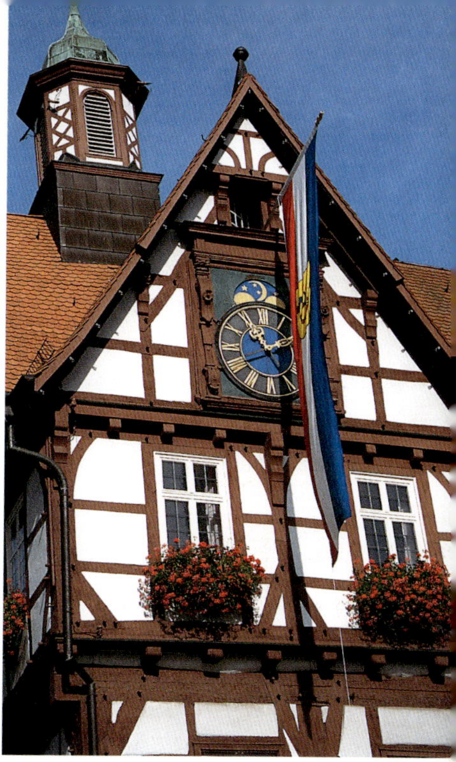

Das schmucke historische Fachwerk-Rathaus von Bad Urach.

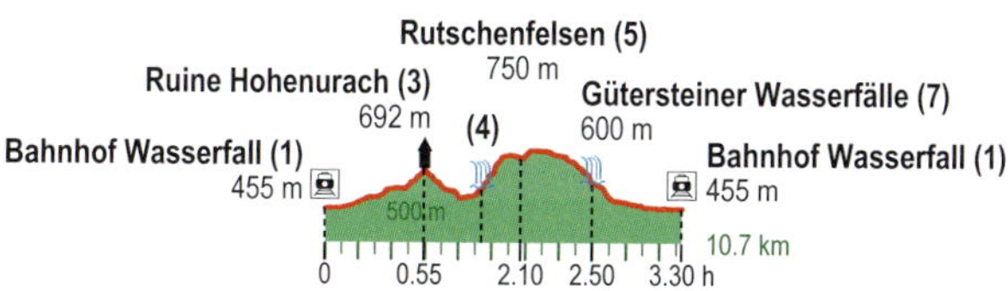

3 Hülben – Buckleter Kapf, 732 m – Nägelesfelsen

2.00 Std.

Vergnüglicher Traufspaziergang

Der Bucklete Kapf erfreut den Besucher nicht nur mit einem herrlichen Tiefblick aufs Ermstal, auch das Hügelland um Metzingen lässt sich von hier oben vorzüglich betrachten. Besonderer Blickfang aber ist der imponierende Steilabfall zwischen Dettingen und Bad Urach.

Ausgangspunkt: Hülben, Rathaus (Bus vom Bahnhof Metzingen), 713 m.
Höhenunterschied: 60 m.
Anforderungen: Gut markierte Wanderpfade und Wirtschaftswege.
Einkehr: In Hülben, unterwegs keine.

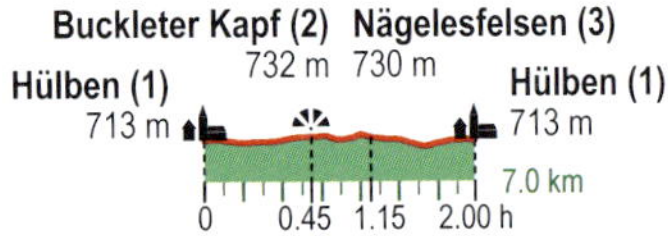

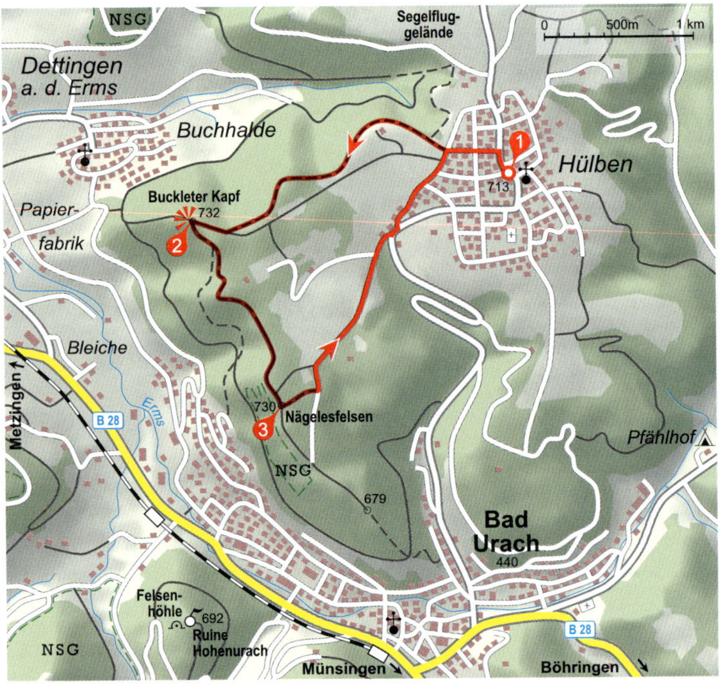

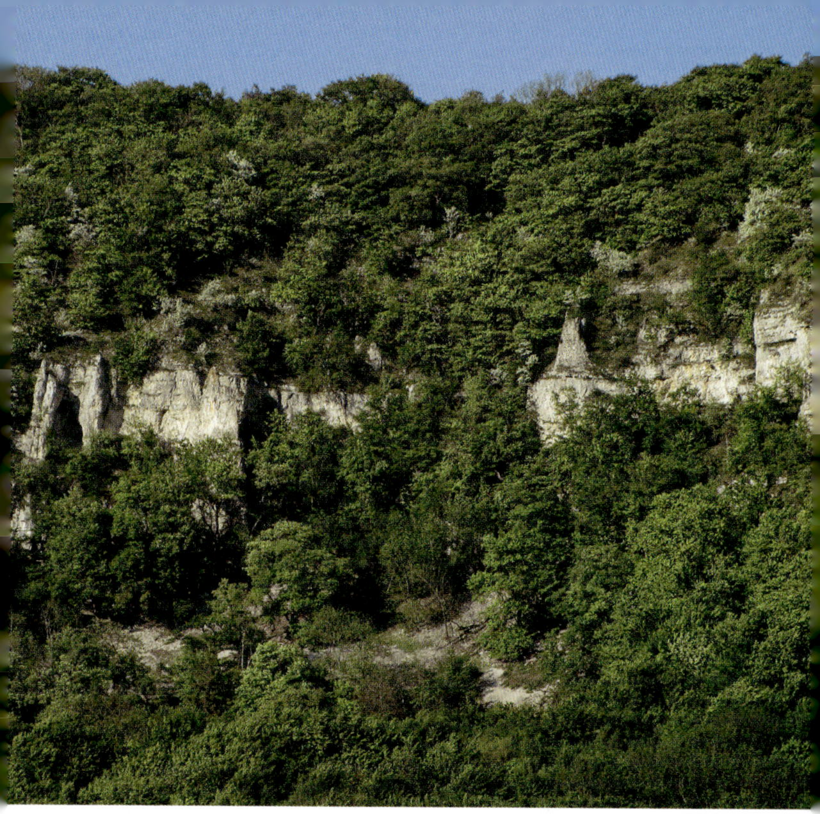

Hülbener Albtrauf mit Nägelesfelsen.

In **Hülben (1)** spazieren wir von der ansteigenden Neuffener Straße in die Robert-Kempel-Straße. Am Ende dieser Straße weist uns der *rote Dreiblock* geradeaus auf einen talwärts führenden Feldweg. Im Wald folgen wir links dem reizvollen Traufweg, der ohne spürbaren Anstieg zum Aussichtspunkt **Buckleter Kapf (2)** leitet.
Wir halten uns weiter an den Wanderpfad, der an der Traufkante entlang verläuft. Dieser wechselt bald in einen breiteren Waldweg. Vom Bannwald **Nägelesfelsen (3)**, einem Naturschutzgebiet, schwenken wir links auf den Wanderpfad in Richtung Hülben ab. Kurz darauf nimmt uns ein Forststräßchen auf und führt uns, im weiteren Verlauf asphaltiert, zur Hülbener Kläranlage. Dort nehmen wir das Wirtschaftssträßchen zurück ins Dorf **Hülben (1)**.

TOP 4 Neuffen – Hörnle – Hohenneuffen

4.30 Std.

Rund ums Neuffener Talbecken

Auf dem Waldkegel des Hohenneuffen thront die nach dem Hohentwiel höchste Burgruine Süddeutschlands. Die ansehnliche Festung diente zwischenzeitlich als Staatsgefängnis und bietet dem Wanderer einen informativen Tiefblick auf das Steinachtal mit dem Städtchen Neuffen. Hauptblickfang ist das geometrische Muster der Weinberge zu Füßen der Burg. Dort reift in sonniger Lage der von Kennern geschätzte Neuffener Sylvaner.

Ausgangspunkt: Neuffen, Mitte, nahe des Bahnhofs (Züge von Nürtingen), 400 m.
Höhenunterschied: 510 m.
Anforderungen: Gut markierte Wanderpfade, Forst- und Wirtschaftswege, ein längerer, aber leichter Anstieg und ein paar Steilaufschwünge.
Einkehr: Burggaststätte Hohenneuffen (Mo/Di Ruhetag).

Wir verlassen in **Neuffen (1)** die Reutlinger Straße in Richtung Metzingen auf dem Gaisweg, den Wanderwegweiser zum Sattelbogen beachtend. Die Beschilderung »Viehweide« lenkt uns auf ein mit *blauem Dreieck* markiertes Wirtschaftssträßchen, das geradewegs durch blühende Streuobstwiesen

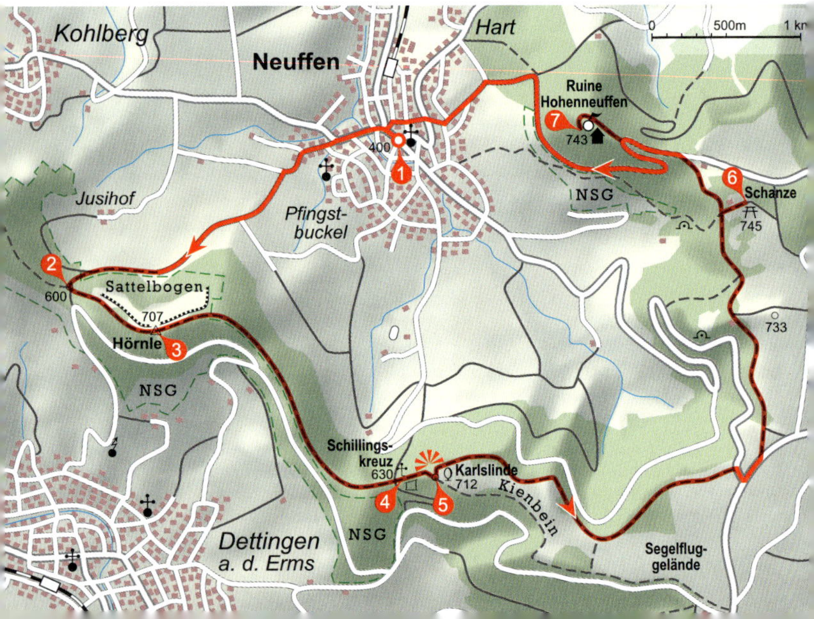

auf die Riesenwunde des Hörnles zuführt – die Nordflanke des Berges ist fast ganz dem Zementwerk zum Opfer gefallen. Ab dem Ende des geteerten Sträßchens leitet uns anfangs ein Forstweg und im weiteren Verlauf ein Wanderpfad hinauf zum **Sattelbogen (2)** und links über einen Aufschwung zum Gipfel des **Hörnles (3)**.

Weiter geht es an der Abrisskante des Steinbruchs entlang und nach einem kurzen Abstieg stets auf dem bewaldeten Kamm zum **Schillingskreuz (4)** mit Unterstand, 630 m. Wir folgen nun dem mit *blauem Dreieck* bezeichneten Forstweg bergan und steigen über ein paar Pfadkehren empor zum Naturdenkmal **Karlslinde (5)** auf dem Kienbein-Bergsporn, ein herrlicher Picknickplatz. Der linke wurzelige Traufpfad führt uns am Kienbein-Unterstand vorbei, bevor wir einen Forstweg erreichen, der uns zu einem Wanderparkplatz leitet. Wir spazieren kurz auf der Straße Richtung Ulm und folgen dem mit *rotem Dreieck* markierten Pfad, der ab dem Heidengraben in den gewohnten Traufwanderweg wechselt. Auf diesem erreichen wir, am Unterstand geradeaus haltend, die **Schanze (6)** auf dem Kohlhau mit dem Rastplatz (ganz kurzer Abstecher). Beim Wanderparkplatz geht es links auf die Straße, die leicht fallend in einen Fahrweg übergeht. Von der Wegspinne ist es nicht mehr weit durch den Tunnel hinauf zu der mächtigen Festung **Hohenneuffen (7)** mit der Burggaststätte.

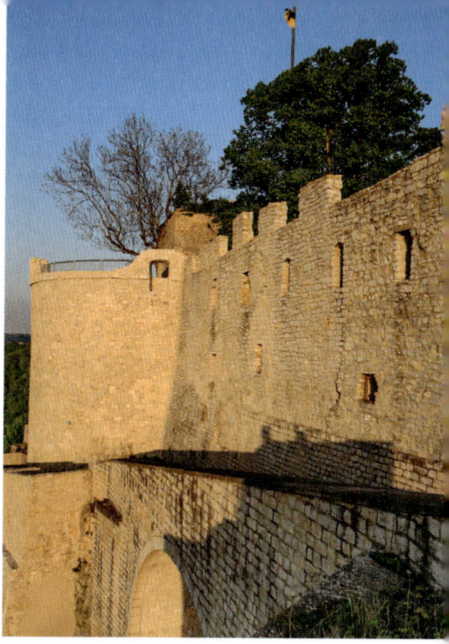

Ruine Hohenneuffen im letzten Abendlicht.

Auf dem Abstieg von der Festung beachten wir bei der Wegspinne die Beschilderung zum Bahnhof Neuffen und wandern auf dem Forstweg hinunter zum Bad. Von dort führt uns das Sträßchen zurück in den mittelalterlichen Stadtkern von **Neuffen (1)** mit seinen schönen Fachwerkhäusern.

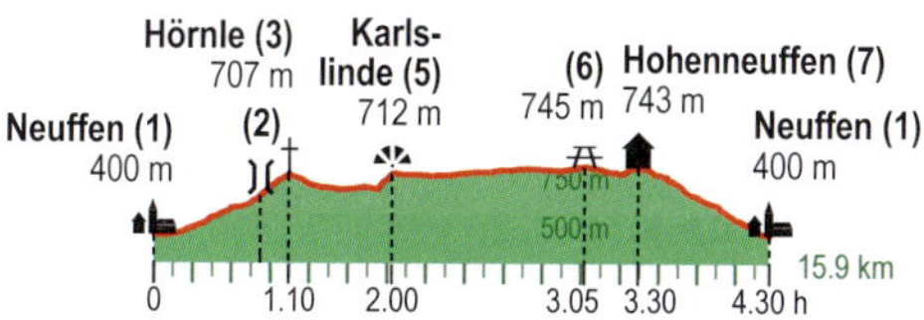

5 Bad Urach – Heidengraben – Kaltental

3.30 Std.

Gemütlicher Ausflug zur Wehranlage aus der Keltenzeit

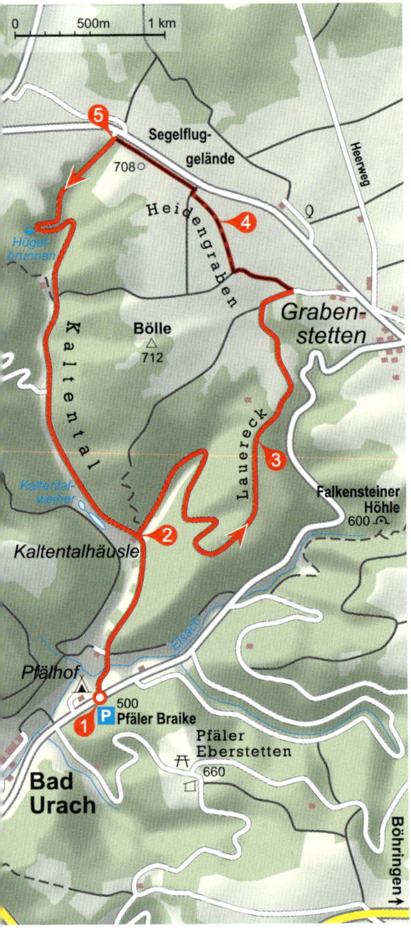

Die Befestigung des Heidengrabens – mehrere Wälle sind noch gut erkennbar – riegelte die »Grabenstetter Halbinsel« von der Albhochfläche ab. Der Römer Gaius Julius Cäsar nannte diese keltischen Stätten, in denen Märkte und politische Kundgebungen stattfanden, »oppida«. Das Grabenstetter Oppidum, mit der Elsachstadt westlich des Dorfes als Zentrum, ist mit 1616 ha das größte dieser Art in Europa.

Ausgangspunkt: Wanderparkplatz Pfäler Braike, 500 m; von Bad Urach auf der Landstraße Richtung Ulm/Grabenstetten bis zum Ende des Campingplatzes im Pfäler Tal.
Höhenunterschied: 210 m.
Anforderungen: Zum Teil markierte Forst- und Wirtschaftswege, kurze Pfadspur, anhaltender, aber nur mäßig steiler Aufstieg.
Einkehr: Keine.

Vom Wanderparkplatz **Pfäler Braike (1)** nehmen wir das Wirtschaftssträßchen über die Elsachbrücke und folgen an der Gabelung geradeaus dem mit *roter Raute* gekennzeichneten Forststräßchen Richtung Kaltentalweiher. Am **Kaltentalhäusle (2)** mit dem alten Fachwerk biegen wir rechts in das Seitental mit dem Kohlteichweiher ab.
Wir halten uns stets an die gemächlich steigende Hauptroute und erreichen nach dem Anstieg an der Kreuzung am Waldende die Anhöhe des **Lauerecks (3)**. 1 km weiter

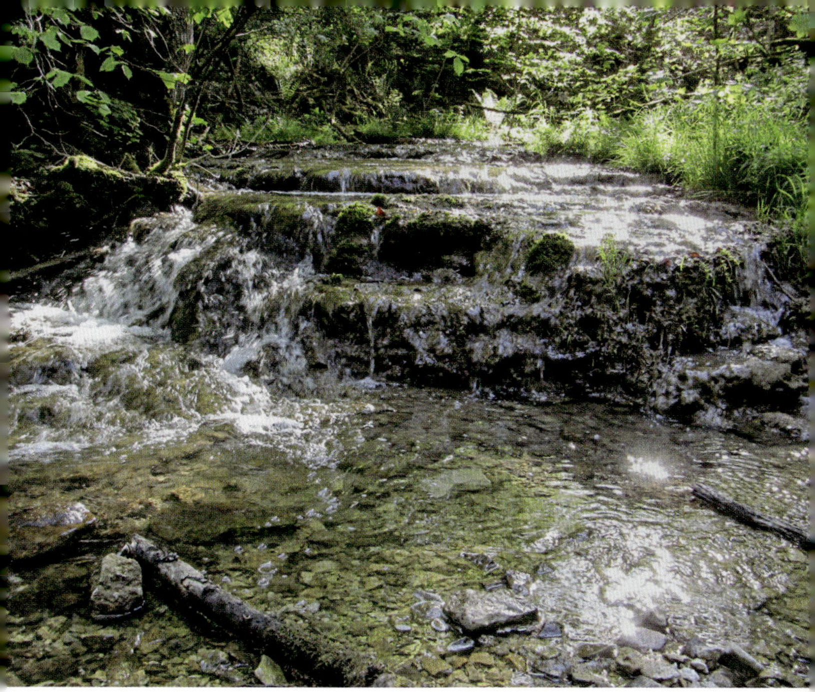

Verspielt plätschert der Ausfluss des Kaltentalweihers.

schwenken wir rechts in das Teersträßchen ein und wählen an der folgenden Gabelung links den Grabenweg. Am Ende eines Wäldchens wandern wir rechts auf der Pfadspur des **Heidengrabens (4)** zum Parkplatz.
Nun folgen wir zwischen dem Heidengraben und der Kreisstraße ein kurzes Stück dem Radweg in Richtung Hülben zum **Segelfluggelände (5)**. Dort nehmen wir den Forstweg hinunter ins **Kaltental**. Nach den beiden glasklaren Kaltentalweihern mündet die gemütliche Runde in den bereits bekannten Kurs am **Kaltentalhäusle (2)**, auf dem wir zurück zum Parkplatz **Pfäler Braike (1)** gelangen.

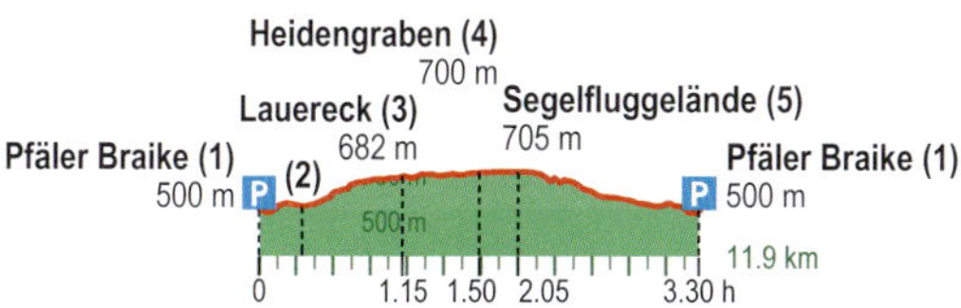

6 Bad Urach – Pfäler Tal – Falkensteiner Höhle

4.30 Std.

Leichte Waldrunde zur längsten Höhle der Schwäbischen Alb

Die berühmte Falkensteiner Höhle mit ihren acht Seen ist der eigentliche Elsachursprung und bisher auf einer Länge von rund 5 km erforscht. Insgesamt dürfte sie etwa 12 km lang sein. Eine Befahrung ist für nicht fachkundige Besucher nur auf den ersten 400 m möglich.

Ausgangspunkt: Bad Urach, Stadtmitte, 464 m (Bus vom Bahnhof Metzingen).
Höhenunterschied: 290 m.

Anforderungen: Meist unmarkierte Forstwege, ein längerer leichter Anstieg.
Einkehr: Nur in Bad Urach.

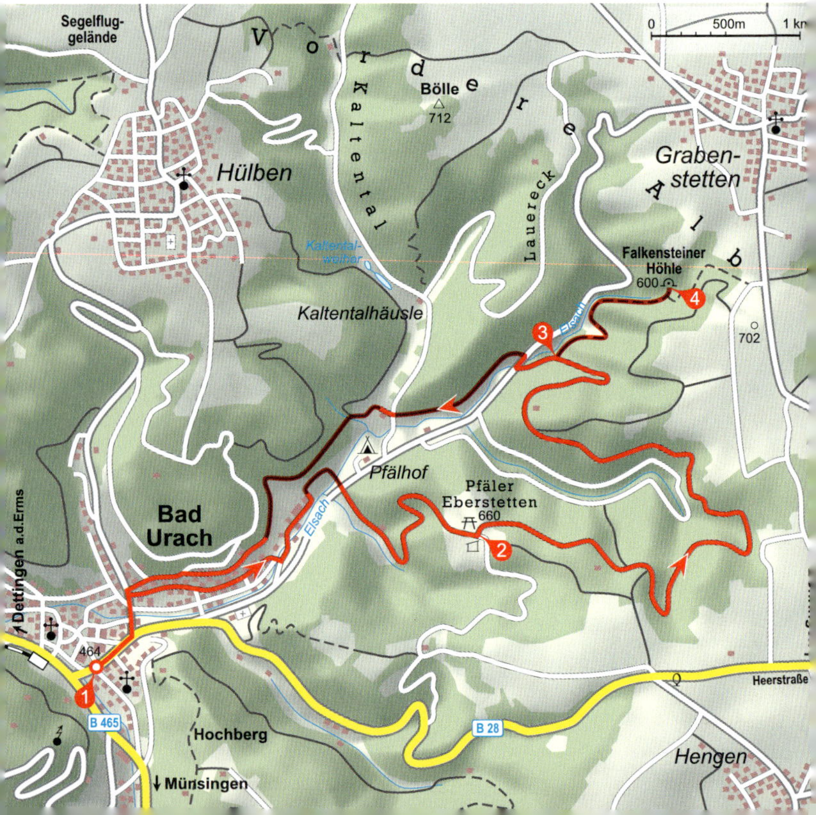

Wir verlassen **Bad Urach (1)** in Richtung Ulm und folgen der Abzweigung nach Neuffen. Wo auch die Straße »Am Mahlensteig« abzweigt, nehmen wir die Ostendstraße und spazieren bis zu deren Ende. Dort gehen wir über die Brücke und gleich wieder zurück ans linke Ufer, weiter entlang der reizvollen Elsach. Nach dem kurzen Wiesenweg-Abschnitt überqueren wir abermals eine Brücke und kreuzen anschließend die Hauptstraße. Der Forstweg, mit *»Schwäbische-Alb-Radweg«* beschildert, windet sich aus dem »Langen Grund« hinauf zur Anhöhe **Pfäler Eberstetten (2)**. Bei der Unterstandshütte links abzweigend, schreiten wir in leichtem Auf und Ab durch dichten Buchenwald zum höchsten Punkt der Tour, 700 m. Der Weg schlängelt sich – an einer Verzweigung halten wir uns rechts – um das gesamte Seitental und führt hinüber zu einer Gabelung vor einer winzigen Forsthütte. Dort wenden wir uns links über den Abhang talwärts. Im eng eingeschnittenen oberen **Pfäler Tal (3)** folgen wir vor der Einmündung in die Straße rechts dem Waldweg *Nr. 8*, am Elsachufer entlang. Bevor der Weg nach Grabenstetten anzusteigen beginnt, halten wir kurz auf dem Wanderpfad zum Eingangsportal der langen **Falkensteiner Höhle (4)**, die keine für Besucher erschlossene Schauhöhle ist, hinauf. Sie ist am Sockel der mächtigen Felsenwand leicht zu finden.

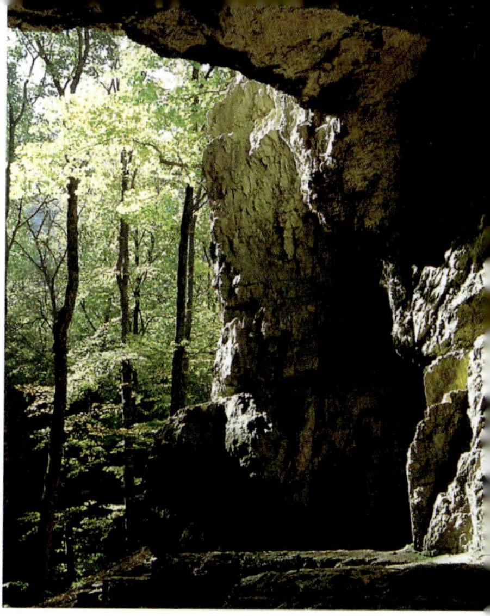

Am Portal der Falkensteiner Höhle, der längsten erforschten Albhöhle.

Für den Rückweg nehmen wir zunächst die bekannte Route talauswärts bis ins **Pfäler Tal (3)**, schwenken rechts in die Straße ein und folgen gleich nach der Elsach-Querung links dem Forstweg flussabwärts. An der Kreuzung beim Pfälhof weist uns die Beschilderung »Bad Urach« auf den mit *rotem Dreiblock* markierten Waldweg, der zurück nach **Bad Urach (1)** führt.

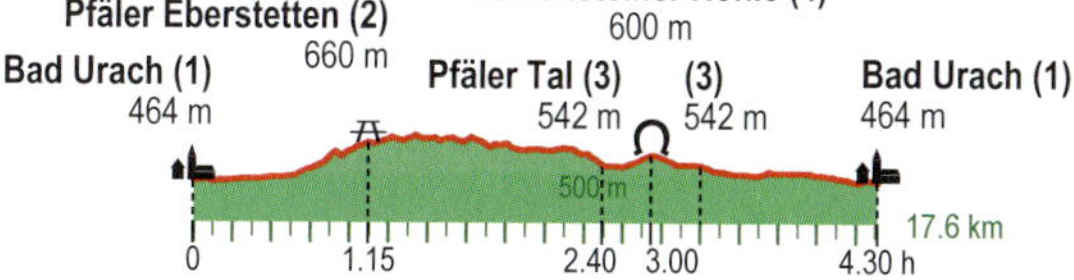

TOP **7**

Wittlingen – Ruine Hohenwittlingen – Seeburg – Fischburgtal

3.45 Std.

Auf den Spuren des Rulamans

Im Hofgut Hohenwittlingen, unweit der gleichnamigen Ruine, schrieb David Friedrich Weinland seinen »Rulaman«. Theodor Heuss nannte das 1878 erstmals erschienene und nach wie vor von Jung und Alt gleichermaßen begeistert gelesene Buch über die »Zeit des Höhlenmenschen und des Höhlenbären« einmal das »beste deutsche Jugendbuch«. Viele der in diesem Werk vorkommenden Schauplätze finden sich in der Umgebung von Bad Urach.

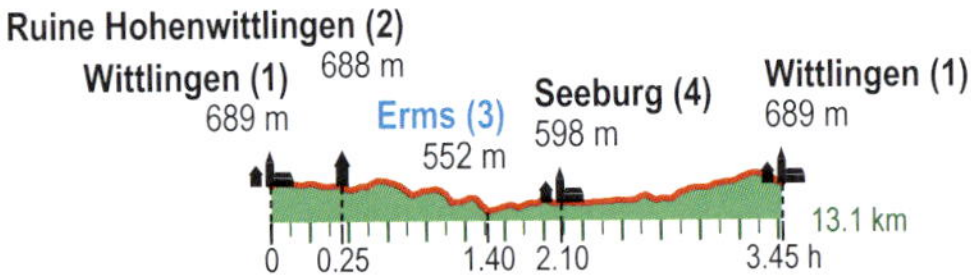

Ausgangspunkt: Wittlingen, Rathaus (mit dem Bus vom Bahnhof Metzingen erreichbar), 689 m.
Höhenunterschied: 280 m.

Anforderungen: Gut markierte Pfade, Wirtschafts- und Waldwege, kurzzeitig ruhige Sträßchen, leichte Anstiege.
Einkehr: In Wittlingen und Seeburg.

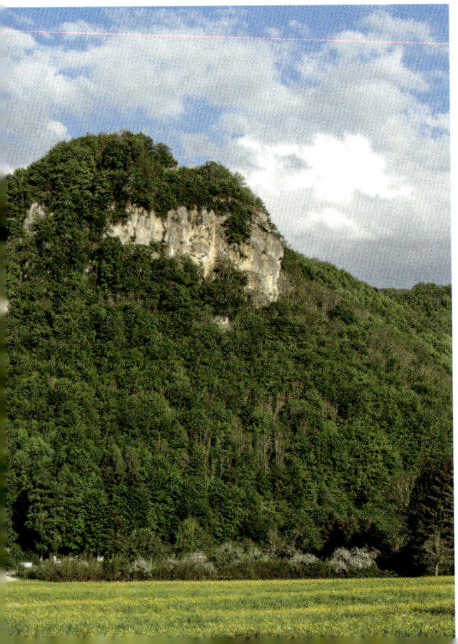

Von **Wittlingen (1)** aus dirigiert uns der Wegweiser »Hohenwittlingen« auf ein Wirtschaftssträßchen an einem Rastplatz vorbei. Nach der Kurve wechselt die Route in einen vorzüglichen Wanderpfad durch Mischwald, hoch über dem Faiteltal. An der Gabelung lohnt sich der Abstecher zur Schillerhöhle. Der *gelbe Dreiblock* leitet uns nun zur erstaunlich gut erhaltenen **Ruine Hohenwittlingen (2)**. Unter uns liegt das Seeburger Tal, trotz des Autoverkehrs eines der schönsten Albtäler.
Wir richten uns nach dem Wegweiser »Seeburg« und genießen den

Felsenstirn an der Einmündung des Faiteltals ins Seeburger Tal.

vergnüglichen Gang auf dem Rulamanweg, einem Waldpfad, mit einem kaum spürbaren Gegenanstieg am Hang entlang. An einer Kreuzung leitet der *gelbe Dreiblock* auf einen talwärts haltenden Forstweg, wobei in der ersten Kehre die erneute Pfadabzweigung zu beachten ist. Unsere Route quert im Seeburger Tal die Bundesstraße und anschließend auf einem Holzsteg die junge **Erms (3)**. An einem Rastplatz vorbei führt uns der Waldweg nach **Seeburg (4)**, einem charakteristischen Albdörfchen.
Wir spazieren in Richtung Hengen und nehmen am Rathaus die Straße »Bei der Kirche«. Ein mit gelbem Dreieck markierter Wirtschaftsweg schlängelt sich unter mehreren Felswändchen hindurch ins romantische Fischburgtal hinein. Der bald nur noch schmale Waldweg steigt am Fischbach entlang unmerklich bergan. Kurzzeitig müssen wir mit der Straße vorliebnehmen, dann geht es auf dem mit *gelber Raute* bezeichneten Forstweg an einem Wildbach entlang, durch das Seitentälchen hinauf nach **Wittlingen (1)**. Auf dem Wirtschaftssträßchen über die Kuppe, 735 m, genießt man eine weite Aussicht auf die Albhöhen.

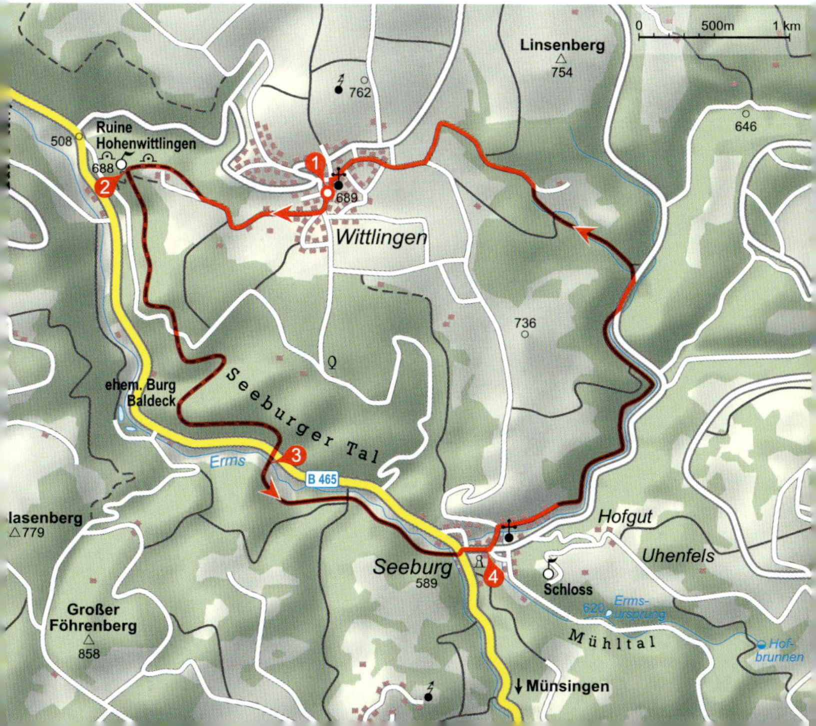

8 Seeburg – Ermsursprung – Trailfingen

2.00 Std.

Begeisternde Bummelei durch die Trailfinger Schlucht

Kaum zu glauben, dass sich früher die Landstraße von Urach nach Münsingen durch das weltabgeschiedene Mühltal zwängte. Später verlegte man die Uracher Straße über den viel zu steilen Bergsporn des Burgbergs, ebenfalls keine geschickte Lösung. Heute bleiben beide Routen glücklicherweise dem Wanderer vorbehalten.

Ausgangspunkt: Seeburg, Ortsmitte (Bus vom Bahnhof Metzingen), 589 m.
Höhenunterschied: 140 m.
Anforderungen: Markierter Forstweg, leichter Anstieg.
Einkehr: Nur in Seeburg.

Wir spazieren kurz in Richtung Hengen und nehmen dann rechts den markierten Trailfinger Weg hinein ins Mühltal. Auf **Seeburg (1)** zurückblickend, zeigt sich ein typisches Albdörfchen unter dem markanten, unter Landschaftsschutz stehenden, felsigen Hartberghang mit seinen Weidebuchen und Wacholdersträuchern.
Auf dem Forstweg wandern wir nun am **Ermsursprung (2)** vorbei, einer Karstquelle bei einer Wehranlage. Im weiteren Verlauf der Tour drängen sich wilde Felsbäuche an den Rand des Weges heran, der durch die Trailfinger Schlucht führt. Diese bequeme Route inmitten einer faszinierenden Felsszenerie lässt der Phantasie freien Lauf: als schlage man ein Märchenbuch auf.

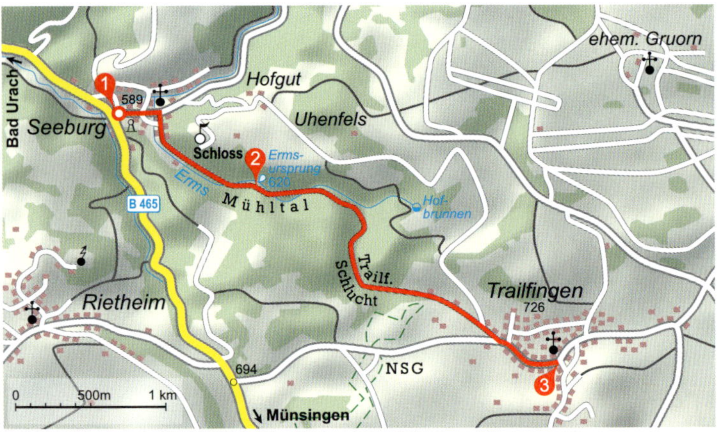

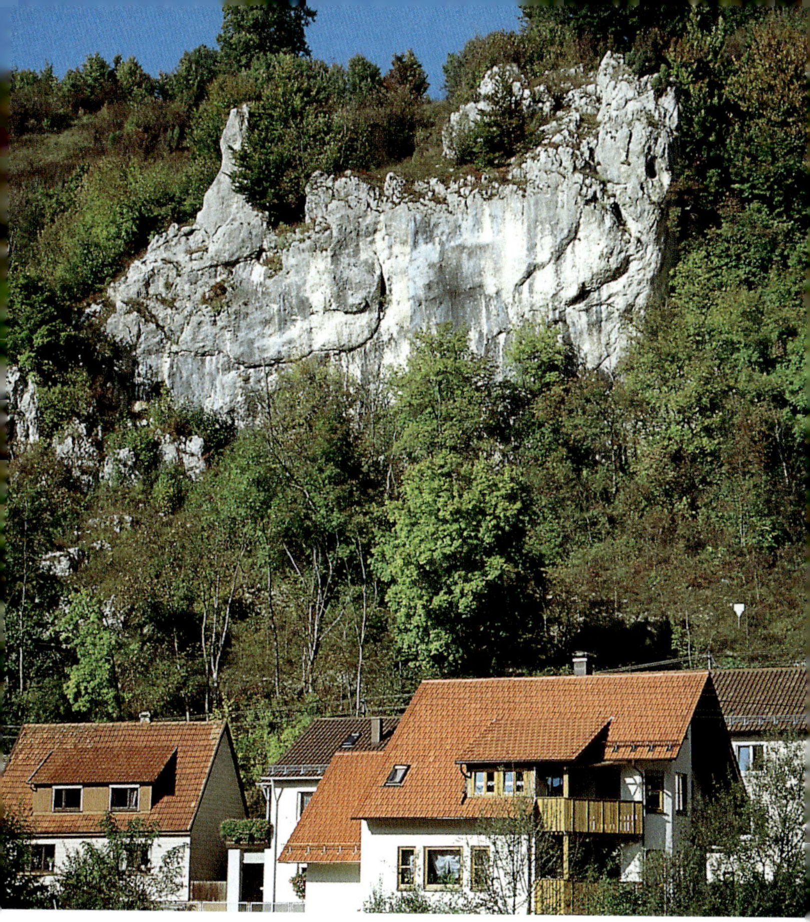

Seeburg mit dem Hartberg-Felshang ist ein typisches Alb-Idyll.

Bald öffnet sich der düstere Talschlund, Hecken säumen den Wegrand. Wir treten hinaus auf sonnige Wiesen und kommen nach **Trailfingen (3)**. Von dem abgelegenen Dorfflecken wählen wir als Rückweg nach **Seeburg (1)** bei mittlerweile geänderter Beleuchtung nochmals den schummrigen Schluchtweg.

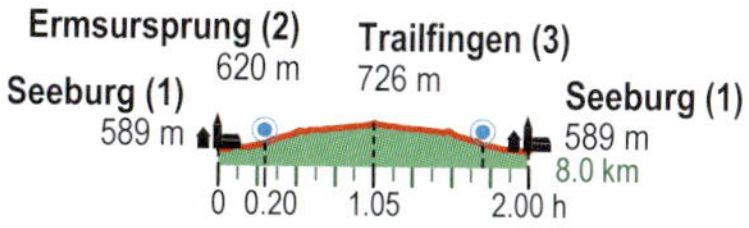

9 Unterlenningen – Hohgreutfels, 739 m – Oberlenningen

4.00 Std.

Entdeckungsreich über dem Tal der Lenninger Lauter

Wer genügend Neugierde und Zeit mitbringt, kann zwischen der abgeschiedenen Ruine Rauber und dem Aussichtspunkt Hohgreutfels stundenlang auf Höhlenexkursion gehen.

Ausgangspunkt: Ortsmitte von Unterlenningen (Bus vom Bahnhof Kirchheim), Abzweigung »Friedhof«, 425 m.
Höhenunterschied: 400 m.

Anforderungen: Meist gut markierte Wanderpfade und Wirtschaftswege, anhaltender Aufstieg.
Einkehr: In Unter- und Oberlenningen.

In **Unterlenningen (1)** nehmen wir die Engelhofstraße und am Knick deren gerade Verlängerung, einen geteerten Wirtschaftsweg *(roter Dreiblock)*, über die sonnigen Hänge hinauf zum **Sattelbogen (2)**. Bei der Wasserversorgung weist uns das *rote Dreieck* rechts auf einen Waldpfad, der in einem kurzen Anstieg zur sehenswerten restaurierten **Ruine Rauber (3)** inmitten dichter Baumbestände und mit einem Grillplatz führt. In der Nähe liegen zudem die beiden kleinen Rauberhöhlen versteckt. Am Torbogen trägt uns

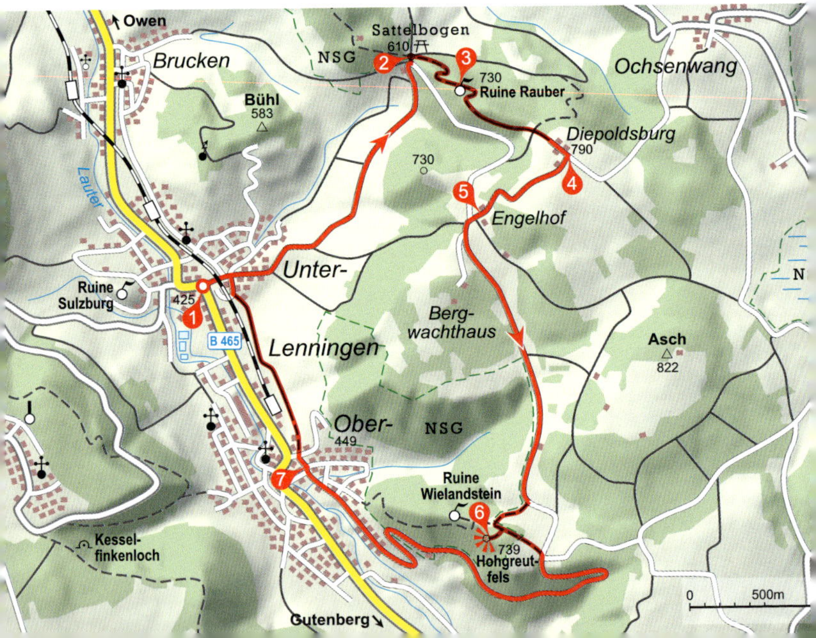

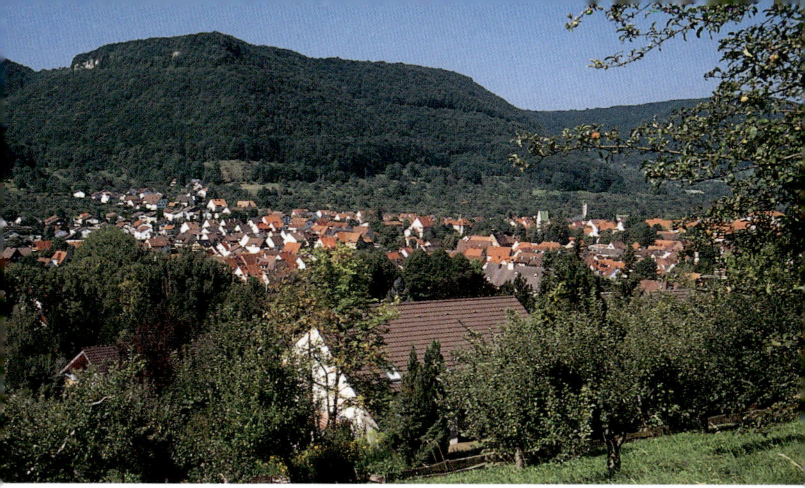

Albtrauf bei Oberlenningen.

eine Holzbrücke über den Burggraben. Vorbei an der Rauberweghöhle geht es auf dem Waldweg hinauf zum denkmalgeschützten Diepoldsburger Miniatur-Friedhof. Eine Wiesenspur leitet uns nun zur Tagungsstätte **Diepoldsburg (4)**, wo wir auf dem Sträßchen nicht mehr weit zum Weiler **Engelhof (5)**, 745 m, haben. Abseits des Wirtschaftswegs Richtung Oberlenningen, entlang dem weglosen Albtrauf und in den Hangfelsen oberhalb des Tobeltals könnte man sich den Rest des Tages mit der Suche nach zahllosen Höhlen vertreiben. Zuletzt folgen wir auf einem Pfad der *roten Raute* Richtung Wielandsteine und zweigen vom Rastplatz am Waldrand zum gleich danach hoch über dem Lautertal gelegenen Aussichtspunkt **Hohgreutfels (6)** ab. Nach einem herrlichen Blick auf den lang gezogenen Albtrauf gehen wir am Rastplatz rechts zu einem Wegdreieck. Die Oberlenninger Steige, ein Wirtschaftssträßchen, führt uns anschließend durch den Traufwald hinunter nach **Oberlenningen (7)**, wo wir den Radweg am Bahnhof vorbei zurück nach **Unterlenningen (1)** nehmen.

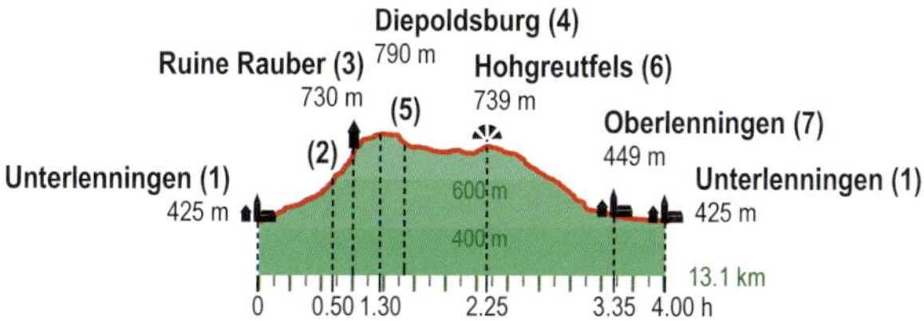

TOP **10**

Bissingen – Hörnle, 602 m – Teck, 775 m – Sattelbogen

2.45 Std.

Anregende Gratwanderung vor dem Albtrauf

Dank der vom Albkörper fast ganz abgetrennten Lage erfreut die Teck den Wanderer mit freien Ausblicken auf die Städte und Dörfer des Vorlandes. Besonders beeindruckend präsentiert sich der mächtige Trauf am Breitenstein. Im Nordosten grüßt der Kegel der Limburg, im Südwesten dehnt sich der wallende Mantel der Bassgeige aus.

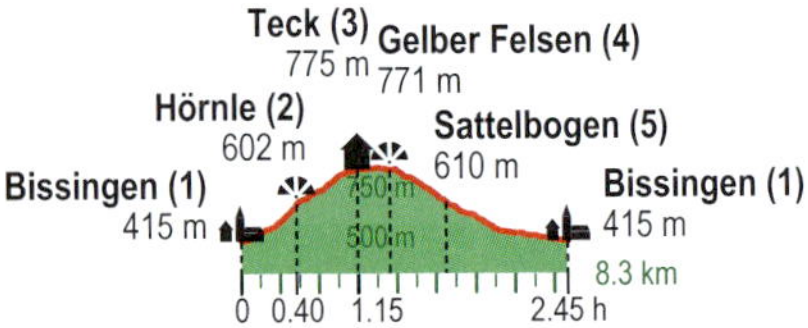

Ausgangspunkt: Bissingen/Teck, Kirche (Bus vom Bahnhof Kirchheim), 415 m.
Höhenunterschied: 400 m.
Anforderungen: Meist markierte Wanderpfade und Wirtschaftswege, anhaltender, aber meist mäßig steiler Aufstieg.
Einkehr: Bissingen, Wirtshaus Teck.

Beeindruckender Tiefblick vom Gelben Felsen auf das Städtchen Owen.

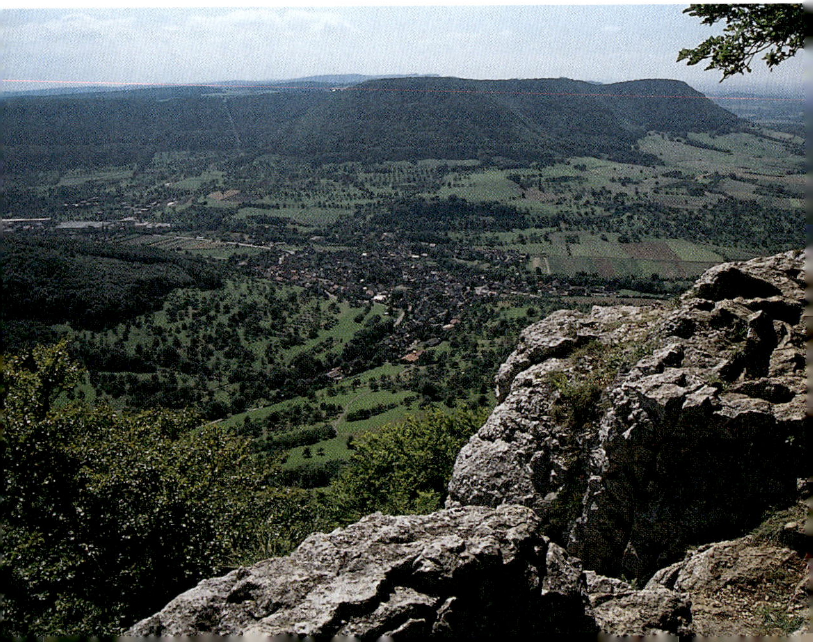

In **Bissingen (1)** spazieren wir am sehenswerten ehemaligen Fachwerk-Gemeindehaus vorbei und beachten am Dorfbrunnen den Wegweiser »Hörnle«. Bergan wandernd leiten uns ein Fußgängerweg, der Stuberweg und ein Wirtschaftsweg über Obstwiesen direkt auf das Hörnle zu. Vom Ende der Betonfahrbahn führt eine schwach ausgeprägte, einen Fahrweg kreuzende Grasspur geradeaus steil hinauf zum Aussichtspunkt **Hörnle (2)**.
Vom Parkplatz nehmen wir das Natursträßchen empor zur **Teck (3)** mit dem ersehnten Wirtshaus und dem Aussichtsturm. Ein angelegter Weg leitet unter dem alten Burggemäuer zum Fuße des Felsengartens, wo wir die kleine Sibyllenhöhle finden. Dieser einstige Bärenunterschlupf soll einer Legende nach später Wohnstatt der weisen und wohltätigen Sibylle von der Teck gewesen sein. Unweit dieser Höhle existieren auch noch die verschlossene Sibyllen-Gegenhöhle und die Kleine Teckberghöhle.
Wir gehen auf dem Sträßchen ein kurzes Stück zurück und folgen dem mit rotem Dreieck markierten Wanderweg, durchs Naturschutzgebiet Teck zum **Gelben Felsen (4)**. Unterhalb des Aussichtspunktes liegt die Veronikahöhle versteckt. In deren Gewölben soll einstmals eine Hexe mit ihren beiden Buben gelebt haben. Sie endete, den Überlieferungen nach, auf dem Scheiterhaufen. Der markierte Pfad fällt nun ab zum **Sattelbogen (5)** mit Grillplatz. Höhlenfreunde finden in der Umgebung auch noch weitere geheimnisvolle Gewölbe. Ein mit *blauem Dreieck* bezeichneter Feldweg führt uns anschließend über Viehweiden hinunter in ein kleines Tal, wo wir einem betonierten Wirtschaftsweg am Gießenaubach entlang zurück nach **Bissingen (1)** folgen.

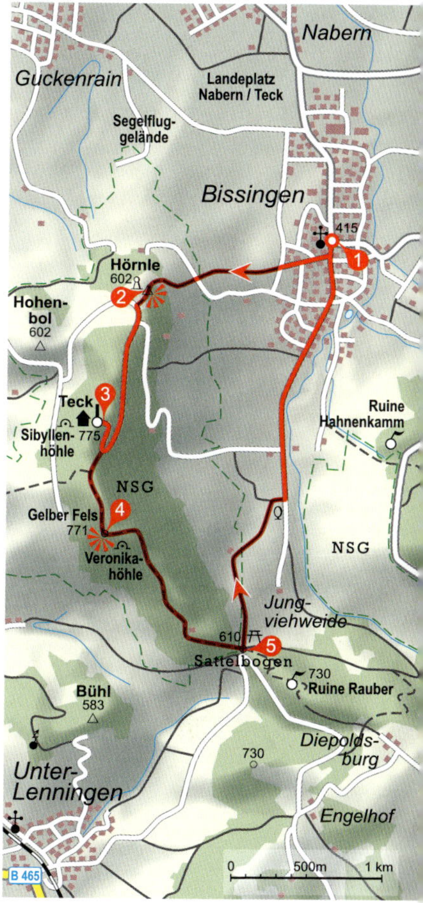

11 Bissingen – Breitenstein, 812 m – Randecker Maar

4.00 Std.

Auf steilen Pfaden zum Vulkankrater

Den Grund des Randecker Maars – es ist der größte Tuffschlot des »Schwäbischen Vulkans« – bedecken 100 m dicke Ablagerungen eines Sees, der im Tertiär die wasserundurchlässige Basalttuffschüssel ausfüllte. Durch die Erosion bedingt »wanderte« der Albtrauf im Laufe der Zeit zurück. Der Zipfelbach grub sich immer tiefer ein und brachte den See schließlich zum Auslaufen. Manche der an den oberen Maarhängen verstreuten Felsblöcke sind hochgeschleuderte Trümmergesteine.

Ausgangspunkt: Bissingen/Teck, Kirche (Bus vom Bahnhof Kirchheim), 415 m.
Höhenunterschied: 510 m.
Anforderungen: Meist markierte Pfade, Wirtschafts- und Forstwege, anhaltender und teilweise steiler Aufstieg. Vorsicht bei Nässe!
Einkehr: Nur in Bissingen.

Der Wegweiser »Breitenstein« leitet uns in **Bissingen (1)** auf der Vorderen Straße am großen Dorfteich vorbei. Wir achten auf die Abzweigung eines Wirtschaftswegs und biegen gleich darauf links auf den mit *blauem Dreieck*

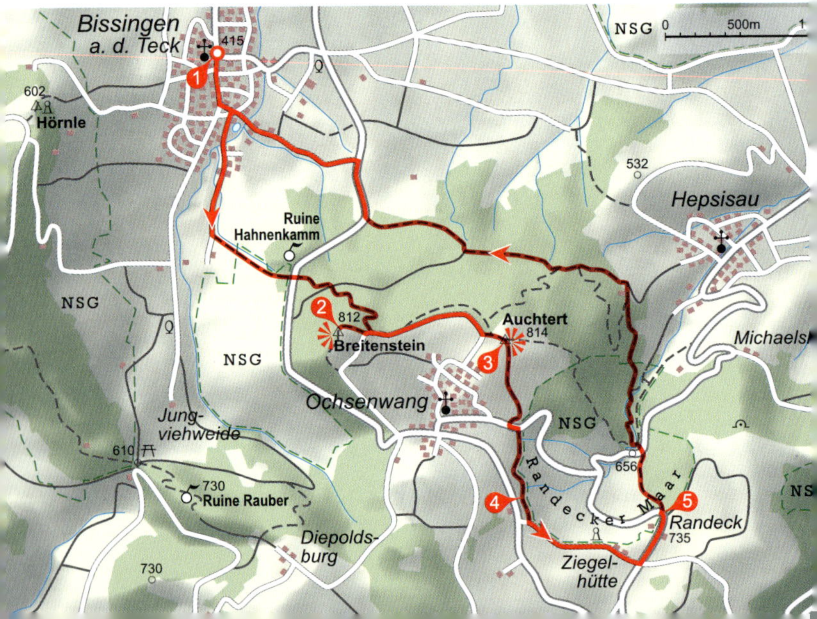

markierten alten Ziehweg ab. Mit Querung der Kreisstraße klettert ein Pfad in zahlreichen Kehren durch den Traufwald hinauf zum **Breitenstein (2)**.

Wir wandern kurz zurück, nehmen das Wirtschaftssträßchen am Trauf entlang und steigen dem benachbarten **Auchtert (3)** aufs Dach. Wenige *rote Dreiecke* zeigen uns südwärts (rechts) den weglosen Kurs über die Steppenböden zu einem geteerten Wirtschaftsweg. Danach queren wir die Kreisstraße und beachten die Abzweigung Richtung »Bahnhöfle«. Ein Fußpfad führt uns durchs Naturschutzgebiet am **Randecker Maar (4)** entlang, hinüber zu einem Sträßchen. Diesem folgen wir links zum Salzmannstein am Südrand des Vulkantrichters.

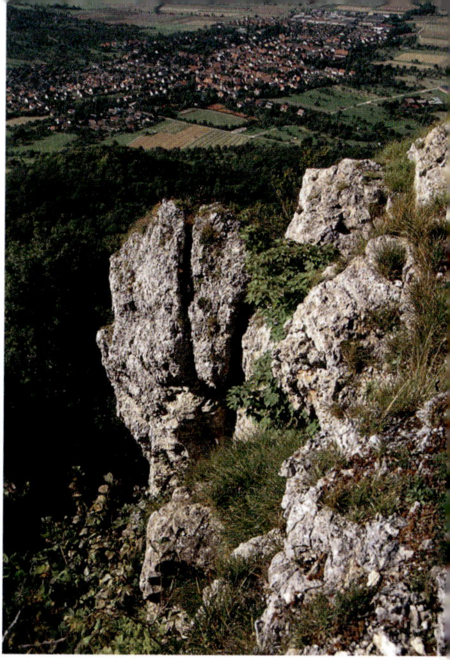

400 Meter sind es von Bissingen empor zum aussichtsreichen Breitenstein.

Hinter Ziegelhütte geht es links auf der Landstraße kurz talwärts nach **Randeck (5)**. Direkt in der scharfen Kurve begeben wir uns auf den geradewegs bergab leitenden Pfad. Nach einer Fahrwegquerung treffen wir wieder auf die Straße. Diese kreuzen wir und wählen den Pfad über den Bachsteg und am plätschernden Zipfelbach entlang. An der Verzweigung nach einem weiteren Bachsteg halten wir uns links. Wenig später folgen wir dem ansteigenden Waldweg und gleich an der nächsten Gabelung dem rechten flachen und bald fallenden Forstweg am unteren Rand der Kernzone Mörikefels des Biosphärengebiets. An einem Aussichtspunkt mit Grillplatz geht es links allmählich bergan, weiter auf dem mit *blauer Raute* markierten Pfad, und an der anschließenden Wegspinne, 645 m, erneut auf einem Forstweg talwärts zur Straße Bissingen – Ochsenwang. Dieser folgen wir kurz bergab und nehmen links den geteerten Wirtschaftsweg zurück nach **Bissingen (1)**.

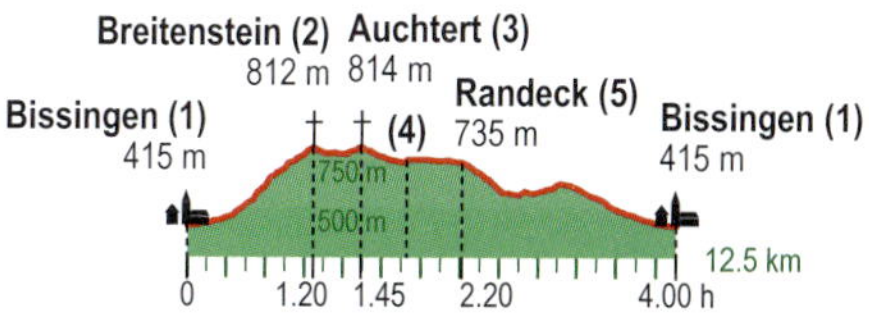

12 Gutenberg – Heimenstein – Torfgrube – Gutenberger Höhle

4.00 Std.

Beliebte Höhlen und eine Moorlandschaft mit Urwaldcharakter

Einzigartig für die Alb ist das Schopflocher Moor, auch »Torfgrube« genannt, mit seinen reichen Birkenbeständen. Der wasserundurchlässige Basalttuff des einstigen Vulkangebietes förderte die Entstehung eines Hochmoores, von dem wegen des langen Torfabbaus leider nur zwei Torfhügel übrig sind.

Ausgangspunkt: Gutenberg, Kirche (Bus vom Bahnhof Kirchheim), 532 m.
Höhenunterschied: 290 m.
Anforderungen: Gut markierte Pfade und Wirtschaftssträßchen, kurzer Steilaufstieg; mit Drahtseilen gesicherte Stellen verlangen Trittsicherheit.
Einkehr: Otto-Hofmeister-Haus.

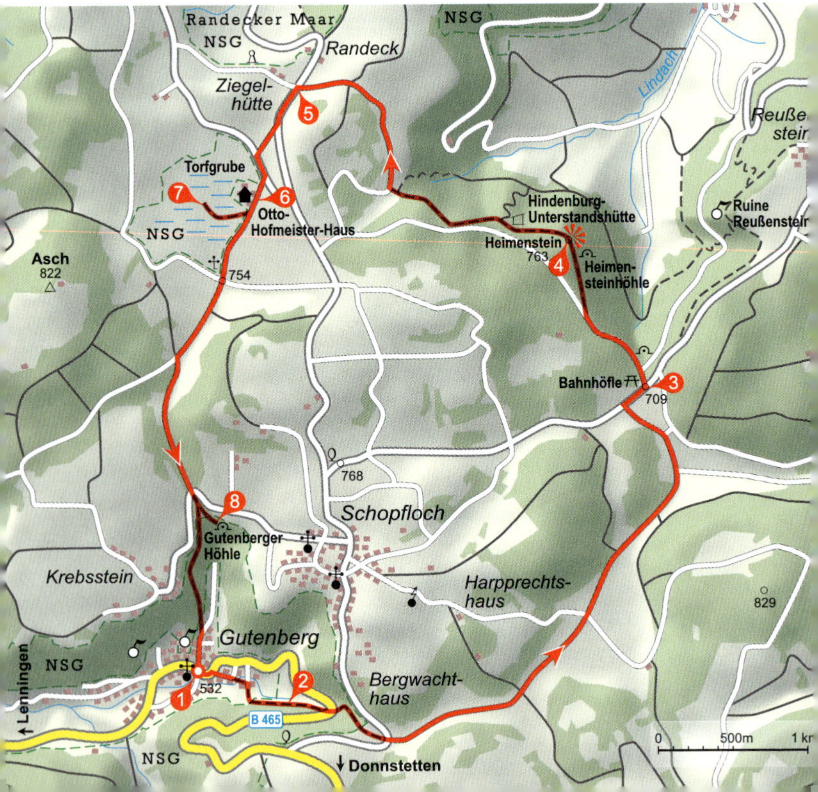

In **Gutenberg (1)** biegen wir von der bergwärts führenden Hauptstraße rechts auf die Obere Mühlstraße Richtung Pfulb ab und wandern auf einem Forstweg am Lauter-Oberlauf entlang. Am **Ursprung (2)** des Flüsschens folgen wir dem zunehmend felsigen Pfad geradeaus durch den Wald hinauf (*roter Dreiblock*). Nach Querung der B 465 klettert die Route teils drahtseilgesichert in Kehren, unter einer imposanten Felswand hindurch, empor zur Albhöhe. Wir überqueren nochmals eine Straße und nehmen vom Pfulb-Wanderparkplatz den asphaltierten Wirtschaftsweg an den Skiliften vorbei. Erholsam geht es nun über flache Wiesengründe zum jenseitigen Albtrauf mit dem Rastplatz **Bahnhöfle (3)**, den wir zuletzt rechts in die Straße einschwenkend erreichen. – Wir nehmen nun den Forstweg und folgen alsbald dem mit *rotem Dreieck* markierten Traufweg Richtung Randecker Maar, zur Heimensteinhöhle, 763 m, einer begehbaren Durchgangshöhle. Früher stand hier auf dem Aussichtspunkt **Heimenstein (4)** auch eine Burg. Die Markierung weist uns an der Hindenburg-Unterstandshütte vorbei und stets durch prächtigen Buchenwald weiter an der Traufkante entlang. Nach dem Wald wechselt unsere Route auf einen geteerten Wirtschaftsweg, der nach einer Kuppe das **Randecker Maar (5)** erreicht. An der Straßeneinmündung vor Ziegelhütte halten wir uns Richtung Schopfloch, wenden uns an der Gabelung nach 300 m rechts, schwenken links in die Landstraße ein und spazieren nach 200 m auf dem Privatsträßchen zum **Otto-Hofmeister-Haus (6)**. Nach dem Abstecher auf der Wiesenspur und dem breiten Holzschwellenweg zur **Torfgrube (7)** folgen wir weiter dem Sträßchen und dort, wo unser Kurs auf die öffentliche Straße trifft, dem Wanderweg bergab zur 220 m langen **Gutenberger Höhle (8)**, 660 m, und zur benachbarten Gußmannshöhle (beide elektrisch beleuchtet). Gleich zu Beginn des Pfadabstiegs bietet sich dabei der kurze Abzweig auf dem Felssteiglein zur Wolfschluchthöhle an. Auch die beiden Krebssteinhöhlen und die Belemnitenhöhle warten noch auf eine Entdeckung. Der mit *roter Raute* markierte Pfad führt uns schließlich über einen steilen Berghang hinunter zum Sportheim, von wo aus wir auf einem Sträßchen wieder zurück nach **Gutenberg (1)** wandern.

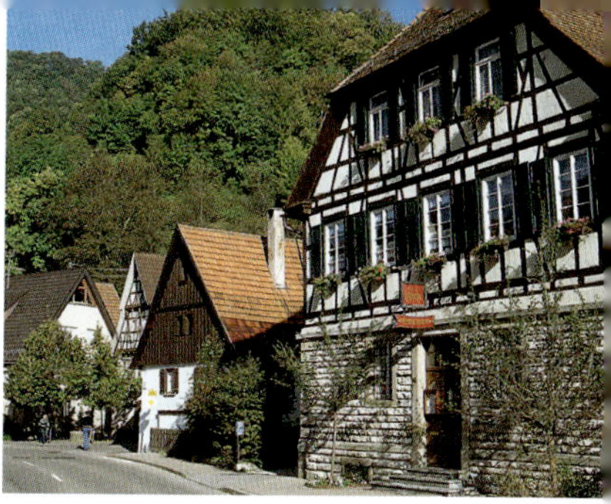

In Gutenberg, im Osten der Uracher Alb.

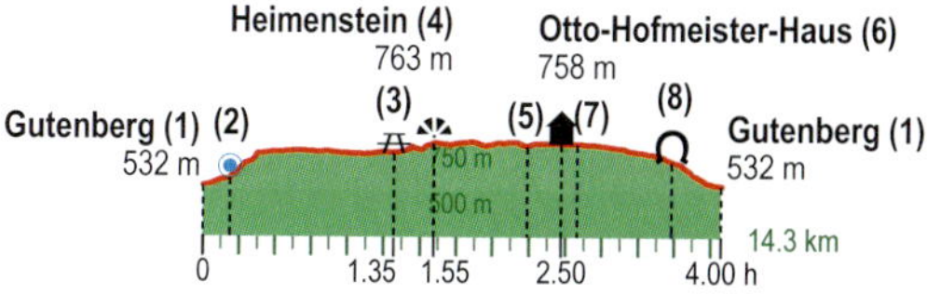

13 Auingen – Gruorn – Gänsewag, 861 m

3.45 Std.

Wandern wo einst Panzerketten rollten

Eingegliedert in das von der UNESCO geadelte Biosphärengebiet Schwäbische Alb locken heute öffentlich zugänglich gemachte Wege des ehemaligen Truppenübungsplatzes Münsingen den Spaziergänger. Wo vormals ohrenbetäubende Panzer querfeldein pflügend rasselten und durchdringend Schüsse hallten, empfängt uns jetzt auf Anhieb eine auffallende Stille. Wohltuend friedliches Albhochland statt aggressives, naturzerstörendes Kriegsspiel. Und die Natur kehrt zurück, hier und dort in veränderter Form, und heilt Wunden.

Ausgangspunkt: Auingen (Münsingen), Kirche (Bus von Metzingen), 741 m. **Höhenunterschied:** 220 m. **Anforderungen:** Bestens markierte Wirtschaftswege und Anliegersträßchen, kurz auf einem Pfad, nur leichte Steigungen. Die gelb markierten Wege nicht verlassen! **Einkehr:** Schulhaus in Gruorn (Sonn- und Feiertage; von Allerheiligen bis Ostern Winterpause, ggf. an schönen Sonntagen geöffnet, Infos Tel. +49 7125 1480).

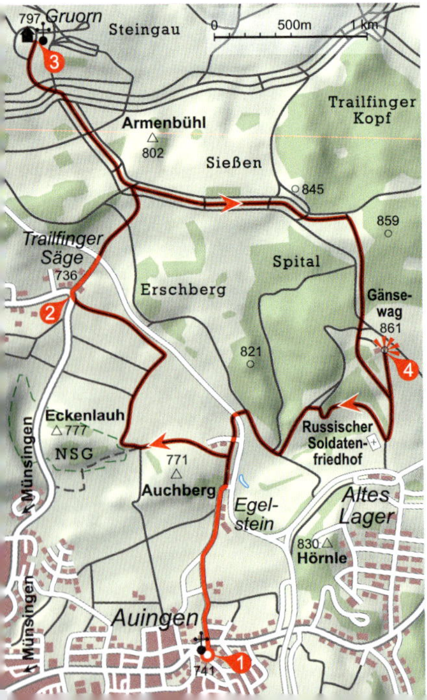

Wir queren bei der Kirche im östlichen Münsinger Stadtteil **Auingen (1)** die Hauptstraße und gehen weiter in der Angerstraße. Ab der Grenze des 2005 geschlossenen Truppenübungsplatzes auf dem sogenannten Münsinger Hardt leitet uns auf Wirtschaftswegen stets die *gelbe Raute* Richtung Gruorn. Das weitläufige, leicht hügelige Wiesenland – weitgehend frei von Baumaßnahmen, Flurbereinigung und intensiver Landwirtschaft – ist gegliedert durch verstreute Waldflecken, Gebüschzonen und Felder.

Hinter einem Ausblick nach Münsingen wandern wir durch eine Senke. Ab den Häusern **Trailfinger Säge (2)** steigt unsere Route, jetzt auf einem Anliegersträßchen, leicht bergan. Zumindest für kurze Zeit ist es mit der Ruhe vorbei. Die Daimler-Teststrecke der einstigen Panzerringstraße ist nicht nur zu hören, wir

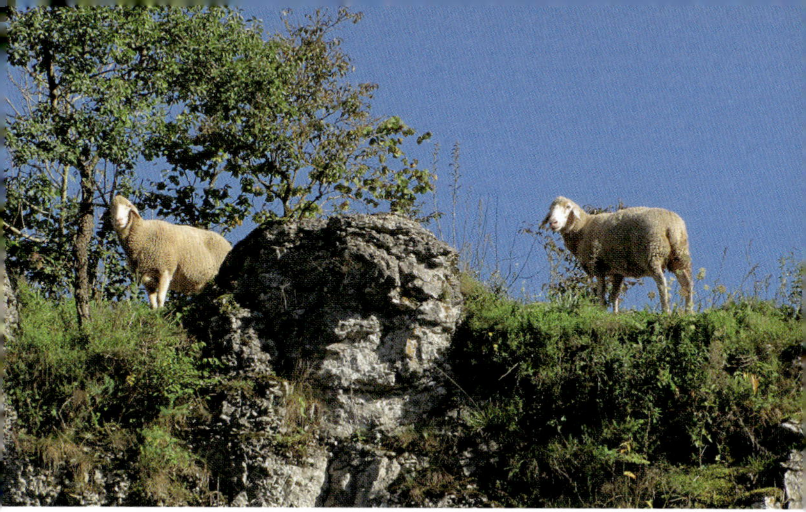

Am Rand des ehemaligen Truppenübungsplatzes.

müssen sie auch überqueren. Zur Sicherheit steht uns aber ein freundlicher Wachtposten zur Seite. Über die Kuppe der ehemaligen Ziegelei mit nicht bewirtschafteten, versteppten Flächen kann man noch den heute seltenen Wanderschäfer antreffen. Nicht mehr weit, dann empfängt uns auf winziger Anhöhe das frühere Dorf **Gruorn (3)**. Nur zwei Gebäude sind geblieben: das ehemalige Schulhaus, jetzt mit Museum und kleiner Bewirtschaftung mit regionalen Spezialitäten, und die Stephanuskirche. Alles andere musste 1939 der militärischen Nutzung weichen.

Zurück auf der Kuppe der ehemaligen Ziegelei nehmen wir das ebenfalls mit *gelber Raute* bezeichnete linke Anliegersträßchen zu einer waldumschlossenen Anhöhe. Anschließend geht es allmählich bergab, wobei man sich den kleinen Abstecher zur Aussichtsplatte **Gänsewag (4)** nicht entgehen lassen sollte. Weiter auf dem Hauptweg und noch vor der breiten Querstraße am Alten Lager rechts auf die Wanderroute *4* abbiegen.

Ein Wirtschaftsweg leitet am frei zugänglichen Friedhof der Russischen Soldaten vorbei und mit deutlichem Gefälle talwärts. Nach einer Senke ist nochmals die Teststrecke zu kreuzen. Zuletzt passieren wir auf einem kleinen Pfadstück die einstmalige Standortschießanlage und erreichen den bekannten Weg nach **Auingen (1)**.

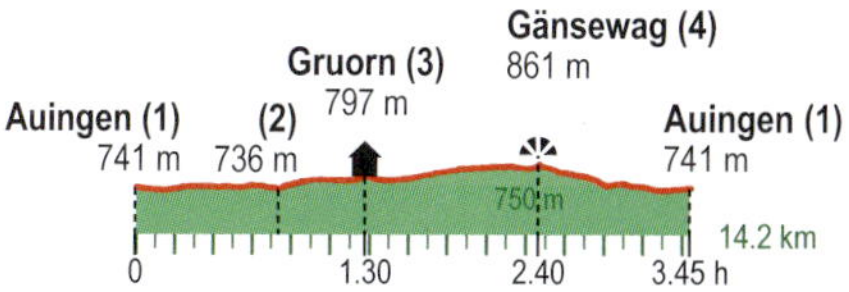

14 Wiesensteig – Schertelshöhle – Ruine Reußenstein

5.15 Std.

Landschaftliche Harmonie zwischen Uracher Alb und Filstal

Der Schwarze Vere, ein ehemaliger Räuberhauptmann, soll einst die Schertelshöhle als geheimen Zufluchtsort gewählt haben. Die 212 m lange Schauhöhle birgt in ihren zwei tiefen Gängen und der Halle mit einer natürlichen Dachöffnung herrliche Stalagmiten und prachtvollen Sinterschmuck.

Ausgangspunkt: Wiesensteig, Bhst. Rathaus (Bus von Geislingen), 592 m.
Höhenunterschied: 330 m.
Anforderungen: Meist gut markierte Forst- und Wirtschaftswege sowie Wanderwege und Pfade, nur mäßiger Anstieg.
Einkehr: In Wiesensteig, an der Schertelshöhle und in Reußenstein, mit kleinem Abstecher weiter nach Süden auch in Donnstetten.

Der Wegweiser »Papiermühle« leitet uns in **Wiesensteig (1)** bei der Bushaltestelle »Rathaus«, unterhalb der Kirche, zur Seestraße. Nach dem Schwimmbad folgen wir dem Fahrweg zur **Papiermühle (2)**. Im verschwiegenen Tal des Filsoberlaufs führt uns der naturnahe Uferwanderweg zum **Filsursprung (3)**. An der Höhlen-Übersichtstafel verlassen wir den Hasental-Forstweg links in ein enges Seitental. Der Waldweg trägt uns hinauf zur Gabelung bei der Höhle Steinernes Haus. Ein kurzer Pfadabstecher bringt uns zum großen Portal mit dem knapp 50 m langen Gang.

Die Ruine Reußenstein thront auf einem hohen Felsriff über dem Lindachtal.

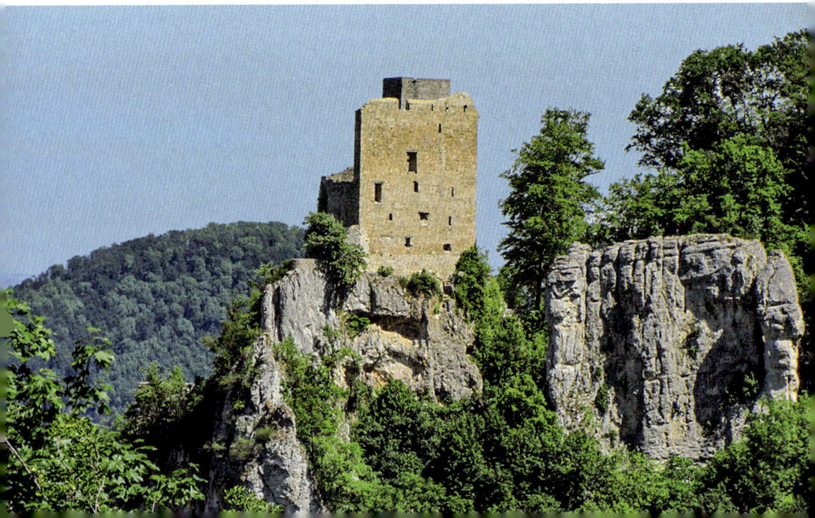

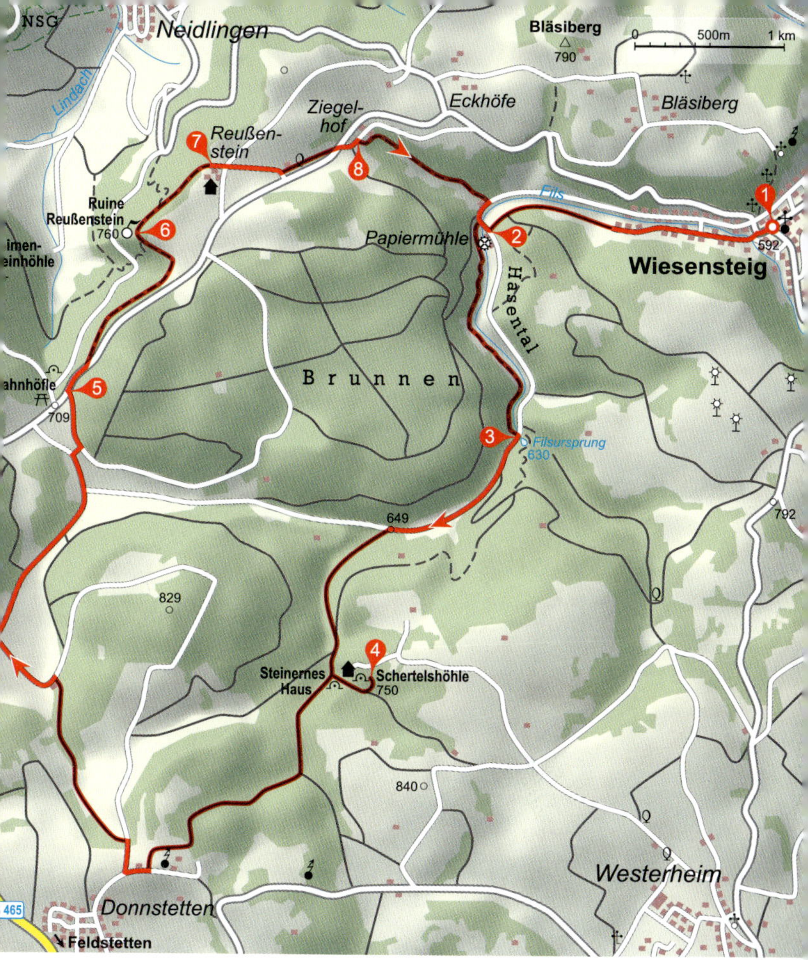

Vom linken Forstweg zweigt bald der obere Zugang zum Wirtshaus am Eingang der **Schertelshöhle (4)** ab. Nach dem Höhlenbesuch spazieren wir zurück und auf der mit *rotem Dreiblock* markierten gemütlichen Route durch den Mischwald in Richtung Donnstetten. Hinauf zum Waldrand kürzt ein Pfad die Wegschleife ab. Auf einer Kuppe, 850 m, mit Rastbank kurz vor Donnstetten folgen wir rechts der Radroute und zweigen gleich wieder links auf die mit *roter Raute* markierte Wiesenspur Richtung Reußenstein ab. Kurz

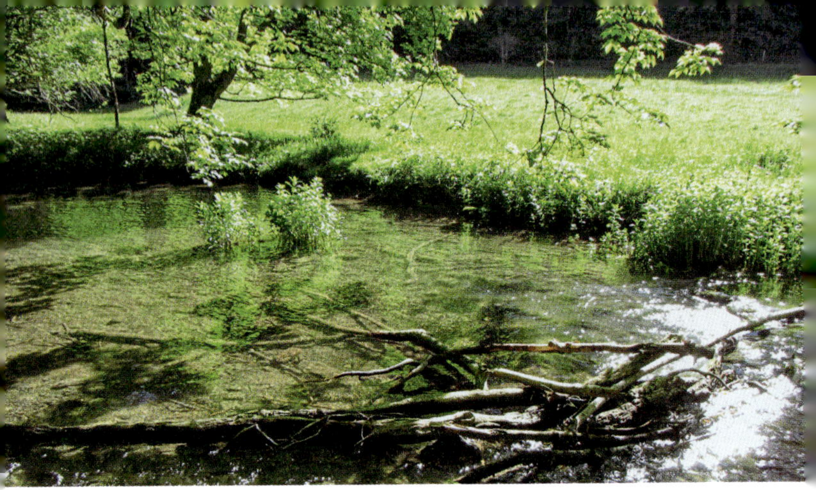

Oben: Der Fils-Oberlauf im Hasental.
Rechts: Die bizarre Kalkstein-Felsnadel »Steinernes Weib« südöstlich von Wiesensteig.

darauf stoßen wir auf einen talwärts führenden Wirtschaftsweg. Den Wegweiser »Gutenberg« beachtend kommen wir auf einer nun geteerten Fahrbahn durch eine Wiesensenke. Wir halten uns an die Radbeschilderung »Neidlingen«, biegen kurz vor der Einmündung in die Kreisstraße rechts auf den Forstweg ab und folgen links der *Löwenpfade-Route*. Nach der Straßenquerung geht es vor dem Rastplatz **Bahnhöfle (5)** auf dem Traufpfad leicht bergan zur auf einem Felsriff thronenden **Ruine Reußenstein (6)**, mit ihrem stolzen Bergfried und großem Rastplatz. Die Umwallung bietet schöne Ausblicke auf das Wiesental der Lindach, zum Ausliegerberg der Limburg sowie zum Heimensteinfelsen, in dessen Höhle einst der angebliche Bauherr der Burg, der Riese Heim, gehaust haben soll.
Nun leitet uns ein Wanderweg an der Traufkante entlang zum Hof **Reußenstein (7)**, 744 m. Auf dem geradeaus mit *roter Raute* bezeichneten Sträßchen, im weiteren Verlauf auf einem geteerten Fußweg neben der Kreisstraße und zuletzt unter dieser hindurch kommen wir zum Ziegelhof. Der anfangs steinige Wanderweg trägt uns durchs Autal zurück ans Filsufer, wo wir bei der **Papiermühle (2)** die bekannte Route hinein nach **Wiesensteig (1)** nehmen.

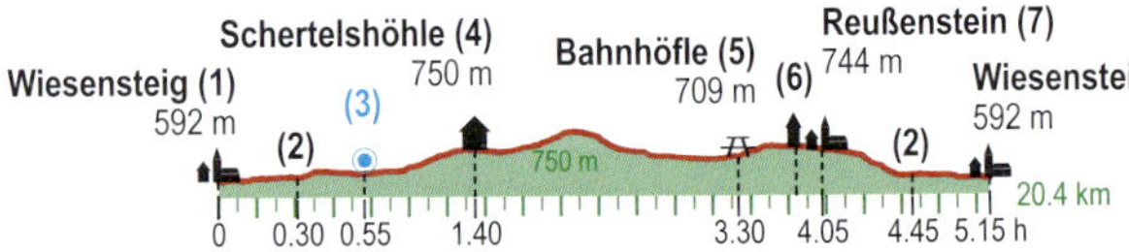

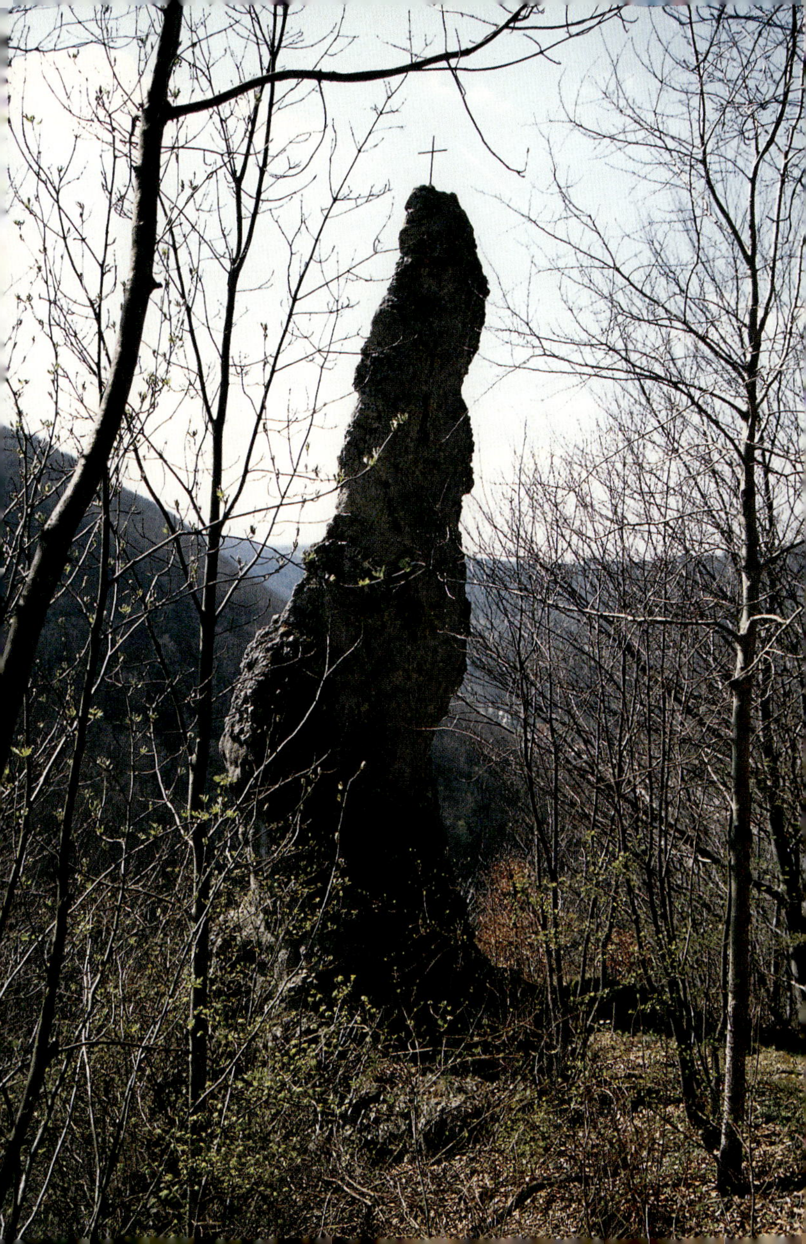

15 Ottenbach – Stixenhöfe – Ruine Hohenstaufen, 684 m

2.30 Std.

Zum einst bedeutendsten Ort des Herzogtums Schwaben

Auf dem aussichtsreichen Hohenstaufen standen vormals zwei umfriedete Burghöfe. In einem befanden sich die Wohngebäude mit den beiden Türmen, im anderen standen eine Kapelle und der Brunnen. Unter Herzog Friedrich I. erlangte die später im Bauernkrieg vom »Gaildorfer Haufen« zerstörte Burg weithin Bedeutung.

Ausgangspunkt: Ottenbach, Kreissparkasse, nahe der Bushaltestelle Ghs. Krone (Bus von Göppingen), 390 m.
Höhenunterschied: 310 m.
Anforderungen: Zum Teil markierte Wirtschafts- und Wanderwege, anhaltender, aber wenig anstrengender Aufstieg.
Einkehr: In Ottenbach, Burgschenke an der Ruine Hohenstaufen, in Hohenstaufen.

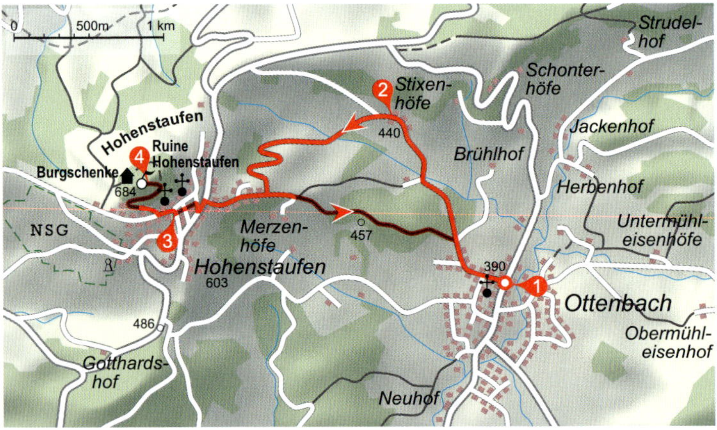

In **Ottenbach (1)** orientieren wir uns nördlich der Kirche an der Beschilderung »Hohenstaufen«, nehmen die Schulstraße und schlendern auf der Eichholzstraße hinauf zu den **Stixenhöfen (2)**. An der Gabelung nach dem Hofgelände geht es durch die Talsohle des Buhbächles und wieder bergan nach **Hohenstaufen (3)**. Wir nehmen links die Reichsdorfstraße, folgen der Straße »Bruckhöl-

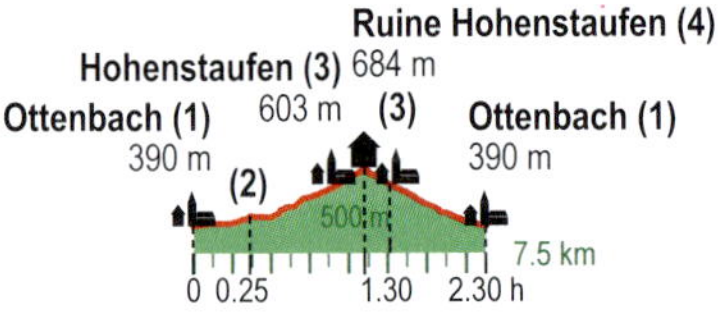

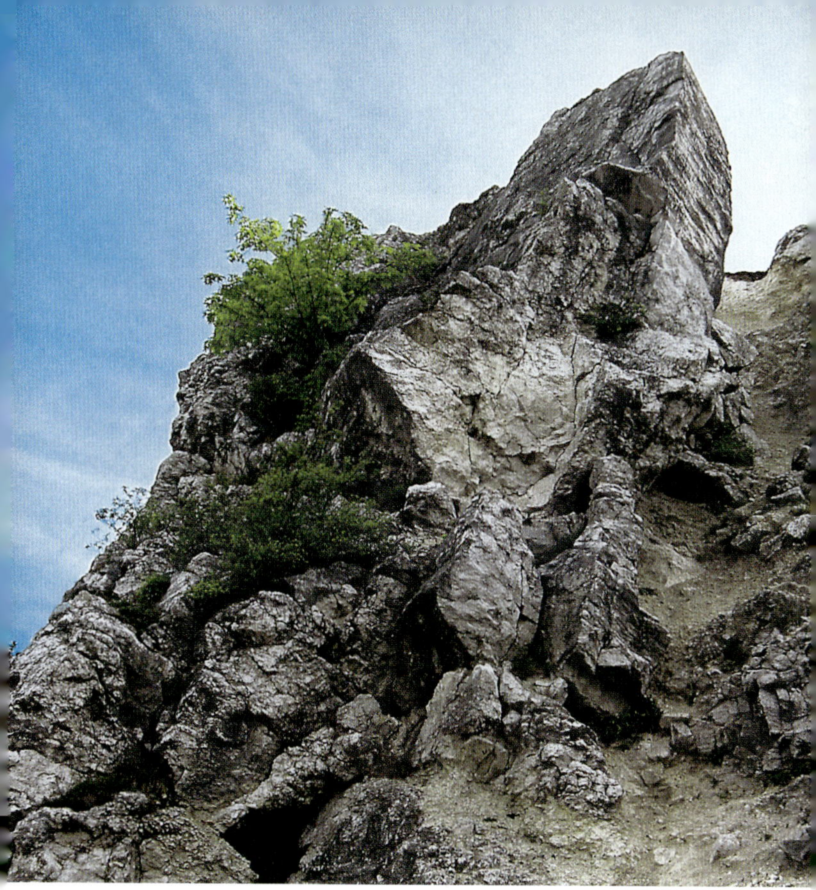

Im Klettergarten Spielburg unter dem Hohenstaufen, in den Kaiserbergen.

zer« und weiter geradeaus der Beurengasse. Vom Bergweg schlängelt sich schließlich ein sandiger Fahrweg in Kehren durch den Efeuwald bergan zur **Ruine Hohenstaufen (4)** mit der kleinen Burgschenke.
Auf dem Rückweg entscheiden wir uns bei den letzten Häusern von **Hohenstaufen (3)** für den mit *blauem Punkt* markierten Alternativabstieg. Die Route wechselt bald vom Teersträßchen geradeaus in eine Wiesenspur und führt als Waldweg talwärts zum Wanderparkplatz, von dem uns der bekannte Kurs zurück nach **Ottenbach (1)** leitet.

16 Hölltal – Hohenrechberg, 707 m – Metlangen

3.30 Std.

Bequeme Wege auf den höchsten Kaiserberg

Eine leichte Runde aus dem Remstal zu einem beliebten Gipfel am Nordrand der Schwäbischen Alb, auf der die immerhin zu bewältigenden knapp 400 Höhenmeter gewiss keinen Muskelkater nach sich ziehen werden.

Ausgangspunkt: Wanderparkplatz Hölltal, 320 m; zu erreichen von Schwäbisch Gmünd in Richtung Stuttgart, nach dem Beginn der vierspurigen Straße erste Ausfahrt, über die B-29-Brücke und Wegweisern »Hölltal« und »Rechberg« folgen.

Höhenunterschied: 400 m.
Anforderungen: Überwiegend markierte Wirtschaftssträßchen und Forstwege, sanfte Anstiege.
Einkehr: Burgschenke (Mo Ruhetag) und Gaststätte auf dem Hohenrechberg.

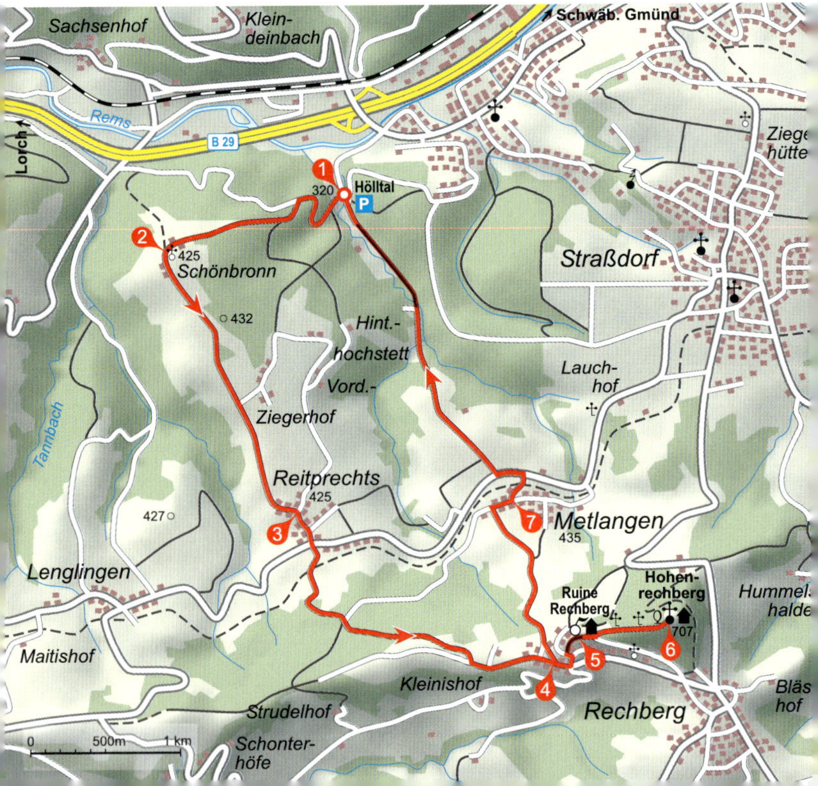

Vom **Parkplatz Hölltal (1)** wandern wir kurz zurück zur Abzweigung, gehen links über die Brücke und nehmen den Schönbronnweg, ein Wirtschaftssträßchen, durch den Wald bergan nach **Schönbronn (2)**, 425 m. In **Reitprechts (3)** – vor uns die beiden Zeugenberge Rechberg und Hohenstaufen – folgen wir, die Landstraße querend, weiterhin der Bezeichnung »Hohenstaufen«. Das Wirtschaftssträßchen wechselt am Waldrand in einen ansteigenden Forstweg, der uns an der Kreuzung geradeaus auf den freien Höhenzug leitet. Wir nehmen links das Sträßchen nach **Rechberg (4)**. Hier führt uns am Ortsanfang ein schmaler Fußweg hinauf zur relativ gut erhaltenen, erstmals im Jahre 1355 erwähnten ehemaligen Stauferburg **Ruine Rechberg (5)**, 640 m.

Von dort ist es nicht mehr weit auf der übertrieben breiten Straße zum Gipfel des **Hohenrechbergs (6)** mit Wallfahrtskirche und Gaststätte.

Am Rückweg wählen wir nach der **Ruine (5)** den anfangs mit *rotem Kreuz*, später mit *blauem Punkt* markierten Geologischen Lehrpfad über die Wiesen hinunter nach **Metlangen (7),** 435 m. Dort rechts haltend und ein kurzes Stück links der Landstraße folgend, leitet uns erst ein Wirtschaftsweg, im Tal dann ein Waldweg am Tiefenbach entlang zurück zum **Parkplatz Hölltal (1)**.

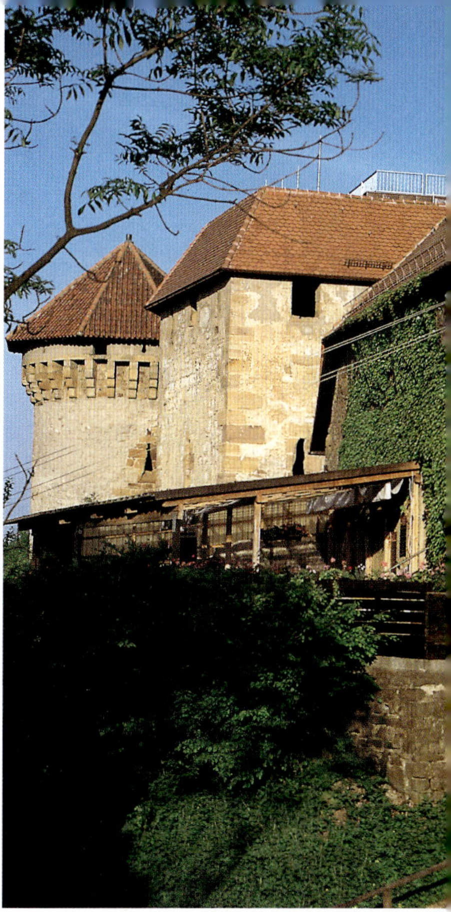

Die wehrhafte Ruine der Stauferburg Hohenrechberg bei Waldstetten.

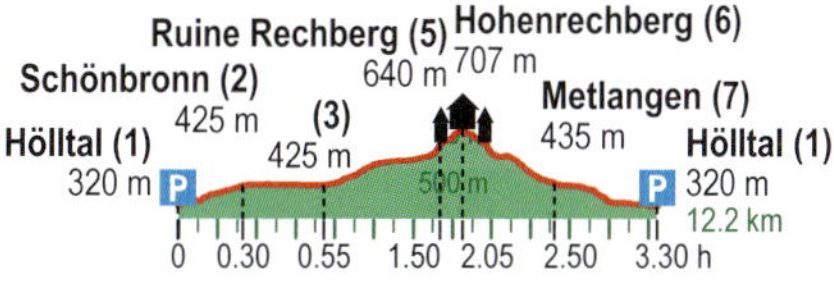

17 Heubach – Beuren – Bernhardsberg, 774 m – Bargauer Kreuz

4.45 Std.

Waldeinsamkeit im nördlichen Albuch

Vom Denkmal auf dem Bernhardsberg mit der Bernharduskapelle erwarten den Besucher weite Ausblicke auf das Tiefland mit Schwäbisch Gmünd, an der Südostecke des Naturparks Schwäbisch-Fränkischer Wald.

Ausgangspunkt: Heubach, Rathaus (Bus von Schwäbisch-Gmünd), 465 m.
Höhenunterschied: 410 m.
Anforderungen: Teilweise markierte Forst- und Wirtschaftswege sowie Wanderwege und Pfade, bis Beuren kaum befahrenes Sträßchen, mäßig steile Anstiege.
Einkehr: Nur in Heubach.

Auftakt ist der Spaziergang von **Heubach (1)** auf dem stillen Sträßchen durch das anmutige Wiesental nach **Beuren (2)**. Bald danach führt uns der Wanderweg (*roter Dreiblock*) hinauf zum Sattel am Beurener Kreuz, 630 m. Wir folgen jenseits talwärts kurz der Route Richtung Weiler und schwenken links auf einen Forstweg ab. Auf einen quer verlaufenden Wirtschaftsweg stoßend halten wir uns ebenfalls links. Erst am Ausblick nach Schwäbisch Gmünd, 560 m (über uns ein versteckter Rastplatz), wählen wir einen längeren Forstweganstieg durch den Traufwald. Auf der Kuppe des **Bernhardsberges (3)**, auch Bernhardus, halten wir uns an der Kreuzung rechts und zweigen nach 300 m bei einem Wasserschutzschild wieder rechts auf den Pfad ab, der geradeaus zur **Bernharduskapelle (4)**, 774 m, mit dem Aussichtspunkt führt. Zurück an der Forststraßen-Kreuzung wandern wir geradeaus und folgen nach 300 m an der Gabelung dem Wegweiser »Falkenhöhle«. An der nächsten Wegkreuzung orientieren wir uns an der Beschilderung »Heubach« und beachten anschließend das *rote Dreieck*. Ein Waldweg leitet zum höchsten Punkt des **Falkenbergs (5)** und mündet unterhalb in einen Forst-

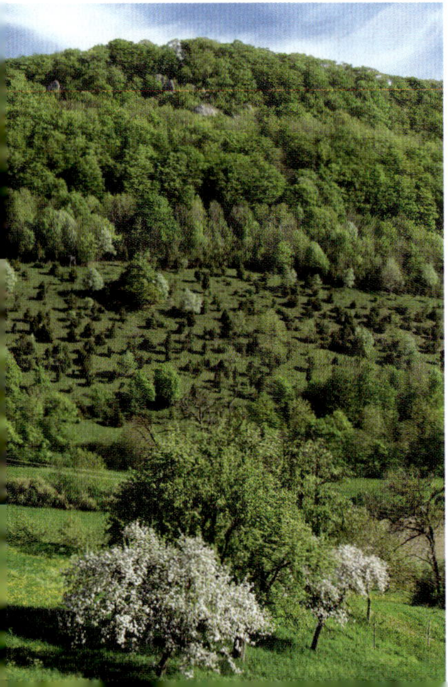

Am Aufstieg von Beuren zum Beurener Kreuz.

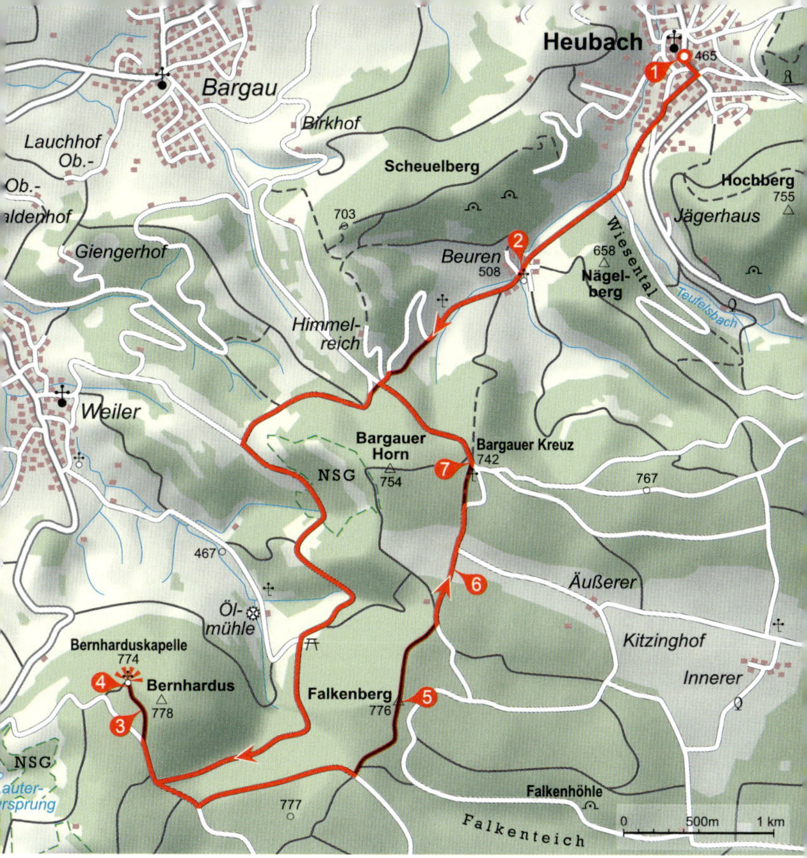

weg. Nach der Ackerfläche der **Kitzinger Ebene (6)** geht es geradeaus zur Hauptkreuzung am **Bargauer Kreuz (7)** und mit *rotem Dreieck* markiert bergab zum bekannten Sattel am Beurener Kreuz. Zuletzt spazieren wir über die Wiesen nach **Beuren (2)** und zurück nach **Heubach (1)**.

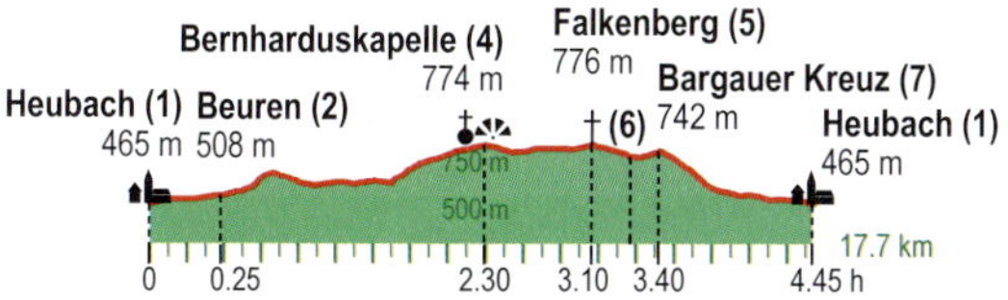

TOP 18

Heubach – Teufelsklinge – Finsteres Loch – Rosenstein

4.15 Std.

Höhepunkte am laufenden Band entlang des Heubacher Albtraufs

Die landschaftlichen Reize um den Rosenstein sind ungemein vielfältig: erholsame Traufwälder und idyllische Wiesentäler, Wasserfälle und tiefe Tobelgründe, jäh abstürzende Kletterfelsen, mehrere besuchenswerte Höhlen, eine Ruine und natürlich zahlreiche herrliche Aussichtspunkte.

Ausgangspunkt: Heubach, Rathaus (Bus von Schwäbisch-Gmünd), 465 m. **Höhenunterschied:** 420 m. **Anforderungen:** Gut markierte Wanderpfade und Forstwege, bis auf die steilen Höhlenabstecher nur mäßige Anstiege. **Einkehr:** Heubach, Ruine Rosenstein.

Wir verlassen die Straße Richtung Beuren am Ortsende von **Heubach (1)** auf dem Wirtschaftsweg durch das schöne, vom Tumbach durchflossene Wiesental zum Wasserfall **Teufelsklinge (2)**. Ein kurzer, gesicherter Pfad leitet uns zur Quelle, die aus einem Felsspalt strömt und in das tiefe, sagenumwobene Kerbtal stürzt. Angeblich soll dort unten der Teufel höchstpersönlich hausen. Sehenswert ist auch die Gesteinsschichtung.

Weiter geht es auf dem mit *roter Raute* gekennzeichneten Waldpfad bergan Richtung Kitzinghöfe. Unsere Route mündet oberhalb links in den breiten Wanderweg zur Falkenhöhle. An der Kreuzung auf der Waldkuppe halten wir uns an den *roten Dreiblock* Richtung Rosenstein. Nach der Landstraßen-Querung begeben wir uns hinter dem Parkplatz links auf das sanft ansteigende Forststräßchen und wandern, rechts am Bundeswehrgelände auf dem **Utzenberg (3)** vorbei, hinunter zur Kreuzung beim **Festplatz (4)**. Geradeaus – unterwegs bietet sich die Abzweigung zum Fernsehturm an – gelangen wir zum Parkplatz am Straßenende.

Wir nehmen den Forstweg geradeaus und folgen an der Wegspinne der *roten Raute* zum Albtrauf. An der Gabelung rechts haltend, erreichen wir auf einem ausgetretenen Pfad etwas unterhalb der Hochfläche über dem Lappental den kleinen Eingang der 133 m langen, einst von Mammutjägern bewohnten Durchgangshöhle **Finsteres Loch (5)**. Auf dem Weiterweg entlang des Traufs erfreuen uns immer

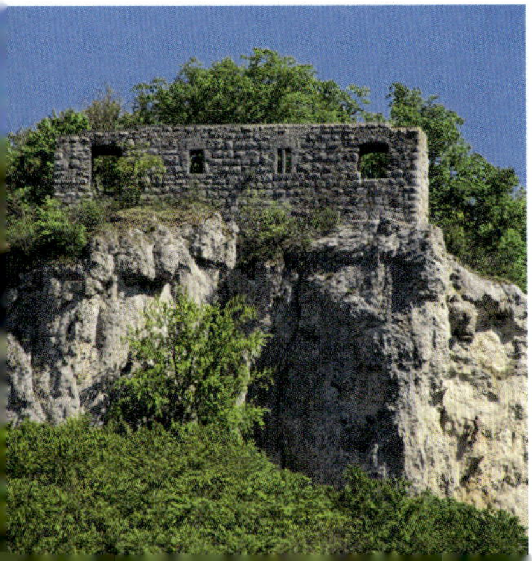

Ruine Rosenstein bei Heubach.

wieder prächtige Tiefblicke auf das Albvorland. Ein angelegter Pfad führt uns zum beeindruckenden Tunnelgewölbe der Durchgangshöhle **Große Scheuer (6)** mit den drei Portalen. Gleich nebenan erwartet uns, ebenfalls auf einem Pfad zu erreichen, eine kleine Auswölbung, das Haus. Unterwegs über den höchsten Punkt des **Rosensteins (7)**, an der Waldschenke vorbei zur **Ruine Rosenstein (8)**, gibt es weitere Höhlen zu entdecken: die Pliksburggrotten und das Kleine Dampfloch.

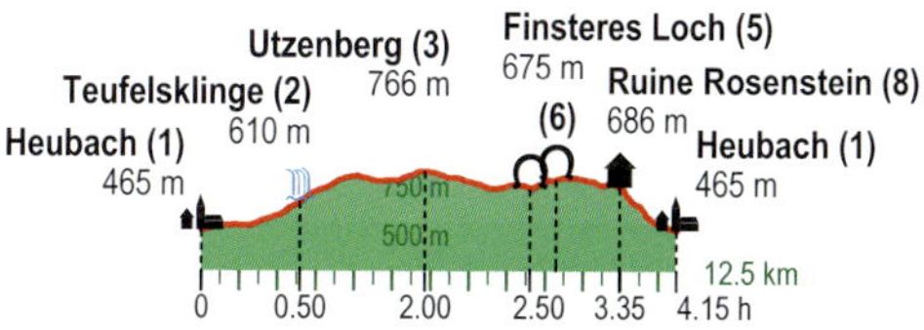

Eine Eisenbrücke führt uns schließlich über eine tiefe Felsenkluft hinüber zur Burgruine mit atemberaubendem Tiefblick. Darunter versteckt sich die Höhle Kleine Scheuer. Nur noch ein Katzensprung ist es nun auf dem steilen Waldpfad zurück nach **Heubach (1)**.

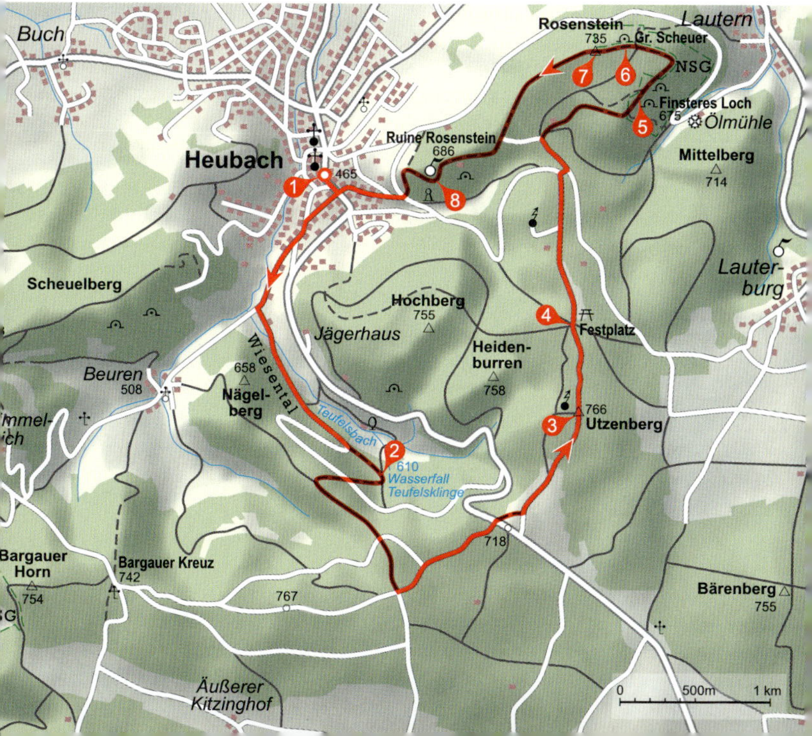

19 Essingen – Lauterburg – Tauchenweiler

4.45 Std.

Beschauliche Albuch-Runde

Außer einer dem Verfall preisgegebenen Ruine bietet diese Ostalb-Wanderung wenig Spektakuläres. Wer jedoch mit offenen Augen unterwegs ist, erspäht so manches am Wegesrand, das unsere Aufmerksamkeit verdient: Dolinen, zwei alte Hülben, ehemalige Erzgruben, hier und dort knorrige Charakterbäume ... Zudem erwartet uns mitten im Wald eine gemütliche Einkehr.

Ausgangspunkt: Essingen, 500 m, Bushaltestelle bei der Kirche (Bus von Aalen).
Höhenunterschied: 300 m.
Anforderungen: Ausreichend markierte Forst- und Waldwege sowie Wirtschaftssträßchen, kurzer Anstieg.
Einkehr: Essingen, Camping in Lauterburg, Ausflugsgaststätte Tauchenweiler.

An der Kirche in **Essingen (1)** geht es die Rathausgasse bergab. Der Riedweg führt zum Dorfrand, wo uns ein asphaltierter Forstweg taleinwärts weiterleitet. Richtung Lauterburg spazieren wir auf einem Waldweg über ein Bächlein. Ein Forstweg leitet uns jetzt flach durch den Buchenwald und bei der Forellenzucht vor dem Remsursprung bergauf nach **Lauterburg (2)**.
Nach dem Weiher, einer ehemaligen Hülbe, folgen wir der Reutestraße und halten uns Richtung Heidenheim. Die Bäckergasse führt uns zur einsturzgefährdeten Ruine Lauterburg. Nun spazieren wir bergan und halten uns Richtung Volkmarsberg. Außerhalb bummeln wir auf Wirtschaftssträßchen über Felder und orientieren uns im weiteren Verlauf am *gelben Dreieck* Richtung Irmannsweiler. Die Markierung weist nach den Windrädern auf einen Waldweg, dem wir an einer unbeschilderten Gabelung rechts folgen. Auf der anschließenden Lichtung biegen wir links ab (*gelbe Raute*) und wandern auf einem Forststräßchen an einem Naturschutzgebiet vorbei zur Ausflugsgaststätte **Tauchenweiler (3)** mit seiner sehenswerten denkmalgeschützten Hülbe. Nach dem Wirtshaus folgen wir dem *roten Dreieck* durch einen

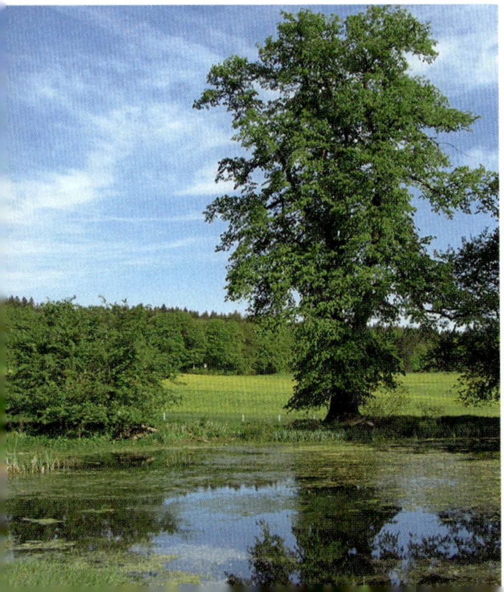

Die alte Hülbe von Tauchenweiler.

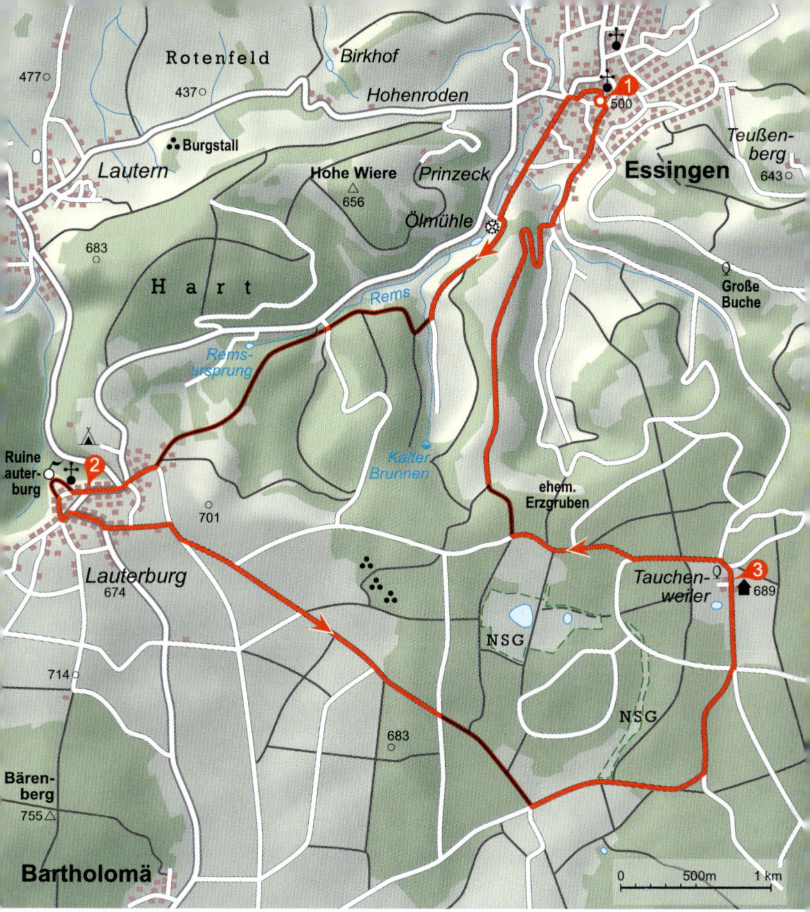

Waldflecken Richtung Lauterburg und wählen am Ende der Lichtung den mit blauem Dreieck bezeichneten Waldweg. Dieser geht talwärts in einen geteerten Wirtschaftsweg über, der zurück nach **Essingen (1)** führt.

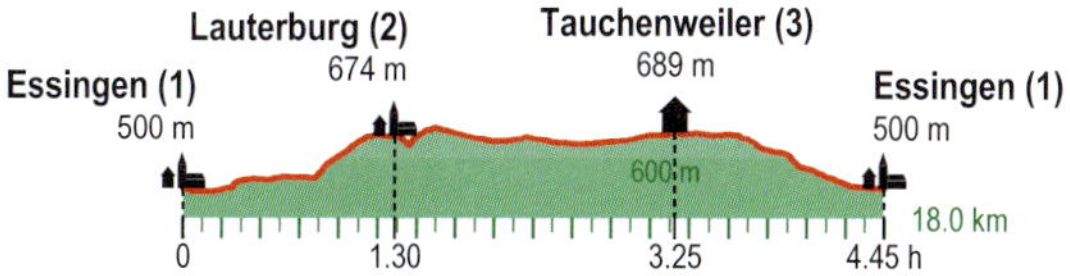

20 Steinheim – Hirschtal – Wental – Felsenmeer

4.30 Std.

In märchenhaften Trockentälern

Nach dem Meteoriteinschlag, der das nahezu kreisrunde Steinheimer Becken hinterließ, füllte das Grundwasser einen Kratersee auf, von dem bedeutsame Kalkablagerungen übrig blieben. Archäologen fanden unzählige Knochen vieler Tierarten aus dem Tertiär.

Ausgangspunkt: Steinheim am Albuch, Ortsmitte (Bus von Heidenheim), 540 m.
Höhenunterschied: 80 m.
Anforderungen: Gut markierte Forstwege, anfangs ein kaum befahrenes Nebensträßchen, keine wesentlichen Anstiege.
Einkehr: Steinheim, Gasthof im Wental.

In **Steinheim (1)** orientieren wir uns am Wanderwegweiser Richtung Bartholomä und spazieren auf der Kappelstraße hinaus ins **Hirschtal**, das sich bald verzweigt. Anschließend wandern wir am Wildwasser-Staudamm vorbei und stets dem *gelben Dreiblock* Richtung Bartholomä folgend rechts ins Gnannental. Kurzzeitig nehmen wir mit Fahrspuren vorlieb, dann geht es auf einem Forstweg hinein ins enge, wildromantische **Wental**. Alle drei Talfurchen liegen seit dem Fallen des Karstwasserspiegels trocken.

Moosbewachsene Dolomit-Felsburgen, teilweise durchlöchert, ragen aus dem geheimnisvollen Wald, Lehrtafeln erklären dem Wanderer die Baumvielfalt. Hinter dem Steinhüttle *(gelbes Dreieck)* imponiert das spitz geformte **Wentalweible (2)** mit seinem kreuzgeschmückten Gipfel – ein wahrlich stimmungsvolles Bild. Die Felsformationen im oberen Talabschnitt wurden sogar mit Namen bedacht: da schnaubt das »Nilpferd«, stolziert die »Sphinx« am Wegesrand. Auf die Markierungen achtend, kommen wir zum **Gasthof im Wental (3)**.

Weiter geht es beim Parkplatz jenseits der Straße. Ein breiter Wander-

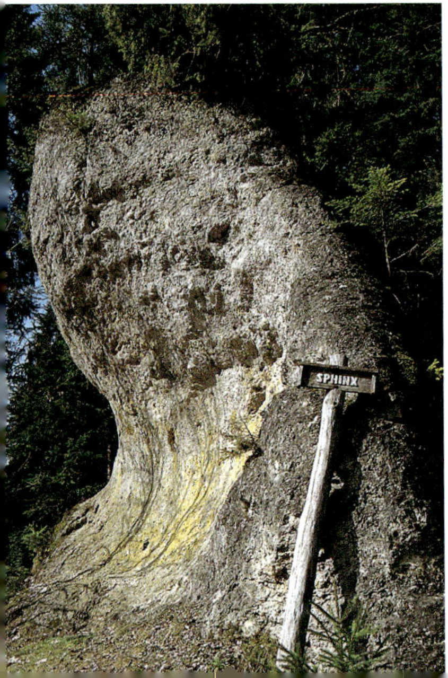

Die Felsformation »Sphinx« im wildromantischen Wental.

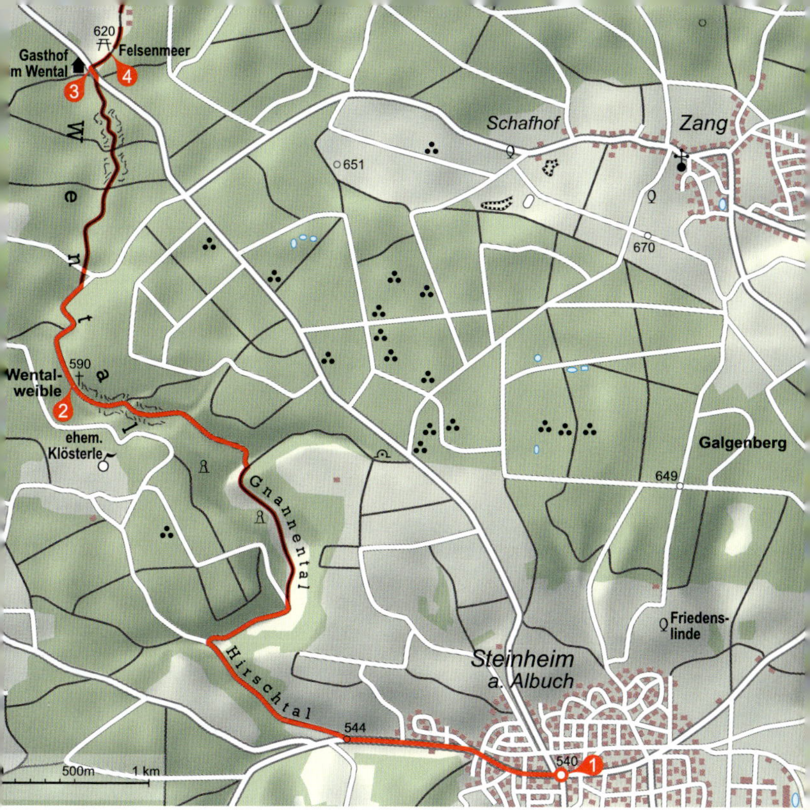

weg entführt uns ins sagenhafte Reich des **Felsenmeers (4)**, einem Spielplatz mit den vielfältigsten Figuren aus Stein.

Wer Zeit und Lust hat, kann vor dem Rückweg nach **Steinheim (1)** noch am Hexenloch und anderen mächtigen Dolinentrichtern vorbei zum Gedenkkreuz für den ermordeten Bartholomäer Pfarrer am Rastplatz »Bei den drei Sternen« weiterwandern (knapp 30 Min. Gehzeit zusätzlich).

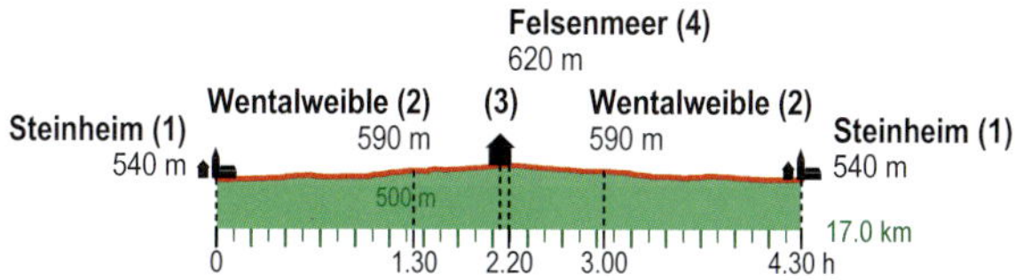

21 Oberkochen – Volkmarsberg, 743 m – Tauchenweiler

4.15 Std.

Über dem Urstromtal der Brenz

Schotter und Sande deuten darauf hin, dass sich das Einzugsgebiet der Urbrenz vor der Riß-Eiszeit bis hinauf zur Jagst ausdehnte. Durch rückschreitende Erosion hat sich der Kocher zunehmend tiefer in die Albtafel eingesägt. Er hat der Brenz sozusagen im Laufe der Zeit das Wasser abgegraben.

Ausgangspunkt: Oberkochen, Bahnhof (Bahn von Aalen), 495 m.
Höhenunterschied: 270 m.
Anforderungen: Gut markierte Forst- und Wanderwege sowie Pfade, nur mäßig steiler Aufstieg.
Einkehr: Oberkochen, Volkmarsberg (Sa u. So), Ausflugsgaststätte Tauchenweiler.

Man spaziert in die Stadt **Oberkochen (1)** hinein, wendet sich links und zweigt gleich wieder rechts auf den Jakobsweg ab. Der *rote Dreiblock* lenkt auf den Volkmarsberg zu. Am Gasthaus »Muckenthaler« nehmen wir den steilen Turmweg bergauf und danach den Treppenweg. Ein Zickzackpfad leitet uns durch lichten Buchenwald empor zum Gipfel des **Volkmarsbergs (2)** mit dem wenig in die Landschaft passenden Aussichtsturm und dem kleinen Restaurant des Schwäbischen Albvereins (eingemauerte Versteinerungen). Das Naturschutzgebiet zieren schöne Charakterbäume und Wacholderheide. Der mit *rotem Dreieck* markierte, asphaltierte Wanderweg trägt uns kurz bergab. Anschließend folgen wir auf flachen Forst- und schmä-

Karstquellen-Wildnis Schwarzer Kocher im Urstromtal der Brenz.

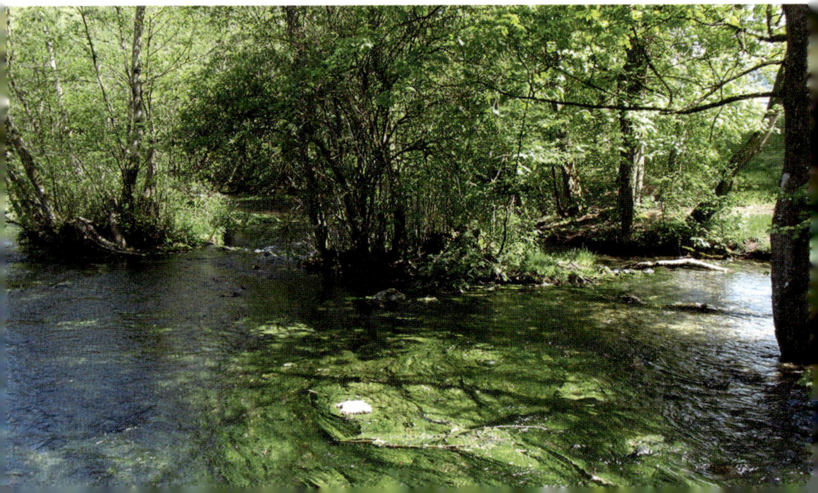

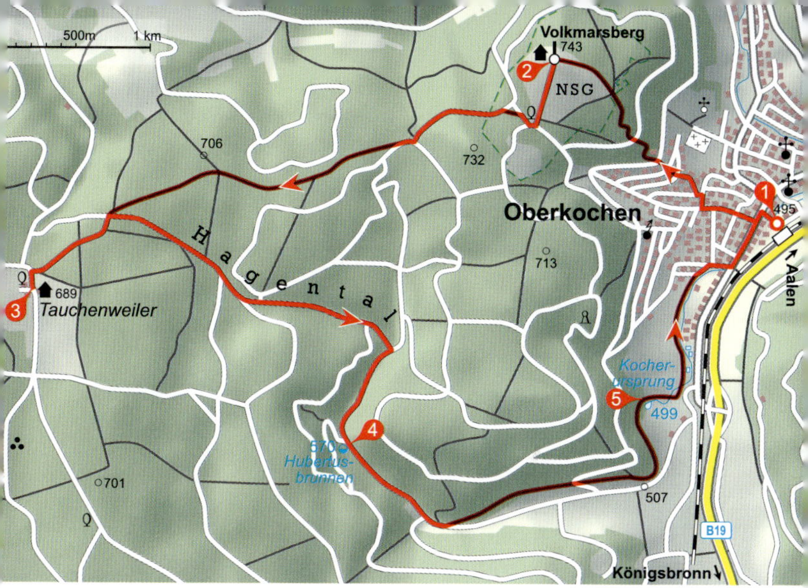

leren Waldwegen stets der gewohnten Markierung nach **Tauchenweiler (3)**. Nach der Ausflugsgaststätte auf der Wasserscheide Rhein/Donau wandern wir zurück zur Kreuzung Kohlhau und orientieren uns am *roten Dreiblock*. Dann geht es auf einem Forststräßchen durchs einsame Hagental bergab zum **Hubertusbrunnen (4)** mit dem verlandenden Teich.
Kurz nachdem im Tiefen Tal rechts das Forststräßchen einmündet, leitet der *rote Dreiblock* links auf eine Fahrspur, die ab einer Forstwegquerung in einen Pfad wechselt. Bevor dieser in ein Teersträßchen mündet, dirigieren uns die Markierungen links in den Wald zurück und um den Bergsporn herum, hinunter zur **Karstquelle (5)** des Schwarzen Kochers.
Der neugeborene Fluss, an dem früher ein Eisenhüttenwerk stand, trug zuvor den Namen Roter Kocher. Er beeindruckt mit einer beachtlichen Schüttung. Ein geteerter Wirtschaftsweg führt uns am Wasserlauf entlang und an einer Forellenzucht vorbei durch das reizvolle Wiesental zurück zum Bahnhof **Oberkochen (1)**.

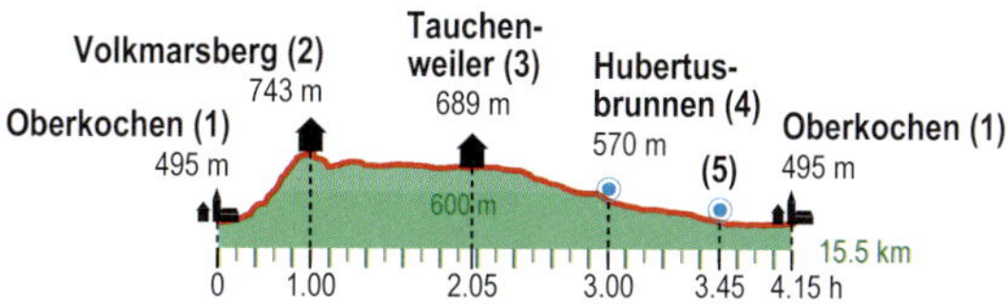

TOP **22**

Deggingen – Oberbergfels – Tierstein – Ruine Hiltenburg

4.15 Std.

Traumhafte Höhenwanderung über dem Filstal

Beim ersten Blick auf die Topografische Karte glaubt man, zwischen Wiesensteig und Geislingen den nördlichen Albtrauf vor sich zu haben. Doch dieser verläuft ein gutes Stück weiter im Norden, etwa vom Aichelberg nach Gingen. Es ist das bis zu 250 m tiefe Tal der bei Wiesensteig entspringenden Fils, das sich hier in einem weiten Bogen in die Albtafel hineinbohrt und sozusagen für einen zusätzlichen Albtrauf verantwortlich ist.

Ausgangspunkt: Deggingen (Ob. Filstal), Kirche, Bushalt an der Bundesstraße (Bus von Geislingen), 492 m.
Höhenunterschied: 370 m.

Anforderungen: Gut markierte Pfade und Forstwege, mäßig steile Anstiege.
Einkehr: Deggingen, Hiltenburghütte (1. und 3. So. im Monat), Bad Ditzenbach.

Wir passieren nach der Kirche in **Deggingen (1)** auf der Hauptstraße die Kreissparkasse und nehmen am Dorfbrunnen die Bernecker Steige bergan.

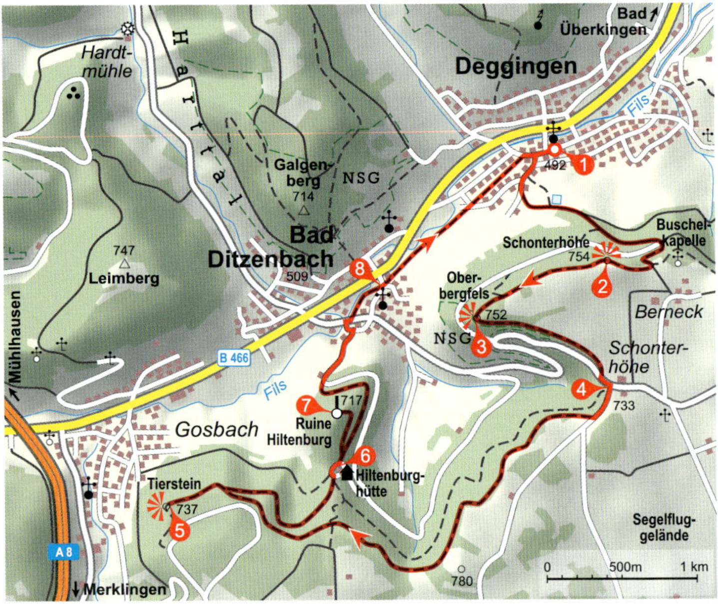

Bald zweigt von einem Forstweg der mit »Burgruine Hiltenburg« beschilderte alte Ziehweg ab und führt durch den Buchenmischwald hinauf zum Albtrauf und rechts zur so genannten **Schonterhöhe (2)**. Auf der *Traufroute* erreichen wir (Eckfelsen-Abstecher möglich) den Aussichtspunkt **Oberbergfels (3)** mit Tiefblick auf das lange Filstal von Reichenbach bis Mühlhausen.

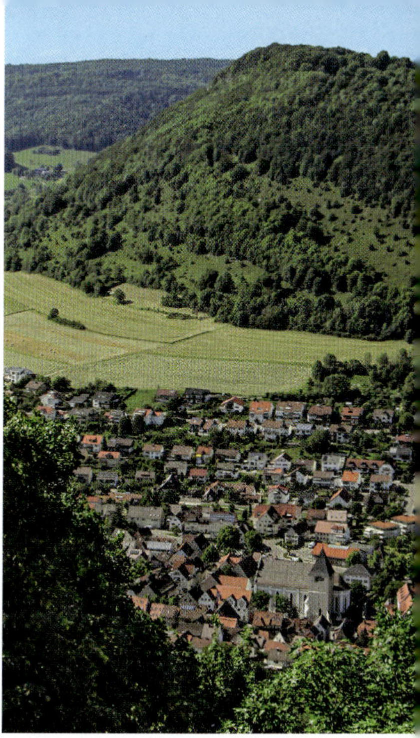

Aussicht von der Schonterhöhe über Deggingen zum Sommerberg.

Der *rote Dreiblock* leitet uns nun weiter an der Hangkante hinüber zum **Einödhof Schonterhöhe (4)**. Dort queren wir die Kreisstraße, spazieren kurz auf dem Sträßchen zum Wanderparkplatz und haben, wieder auf einem Waldpfad, oberhalb der Schläfhalde entlang eine vergnügliche Höhenwanderung vor uns. Unterwegs bieten sich immer wieder herrliche Ausblicke an. Der Höhepunkt der Tour ist jedoch eindeutig der Aussichtspunkt **Tierstein (5)** hoch über Gosbach.

Wir wandern kurz zurück, bis die *rote Raute* auf den talwärts führenden Pfad nach Bad Ditzenbach weist. Wo unser Kurs in einen Forstweg mündet, kommen wir zur **Hiltenburghütte (6)** und folgen weiterhin der gewohnten Markierung. An der Forstweggabelung wartet noch ein lohnender Abstecher hinauf zur **Ruine Hiltenburg (7)** auf dem Schlossberggipfel, 717 m, auf uns, mit Aussichtsturm und begehbarem Gewölbekeller. Nach dem schönen Einblick ins Harttal geht es zurück zur Forstweggabelung. Ganz kurz vorher wählen wir links den Pfad durch den Mischwald hinunter nach **Bad Ditzenbach (8)**, 509 m. Unten an der Filsbrücke nehmen wir beim Café »Filsblick« den Fußgängerweg am rechten Ufer flussabwärts, zurück nach **Deggingen (1)**.

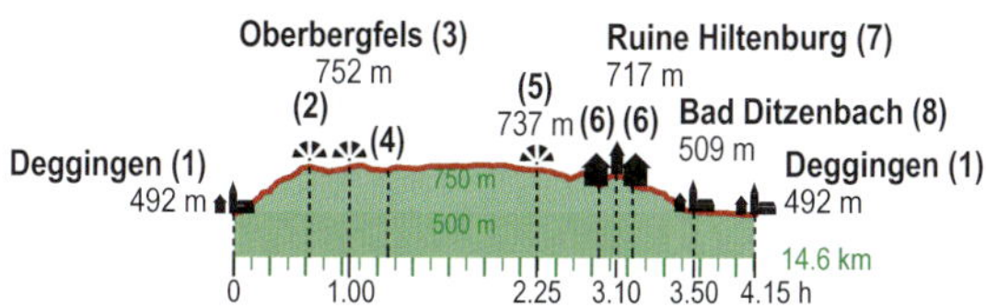

23 Deggingen – Kilianskreuz, 736 m – Buschelkapelle, 746 m

2.15 Std.

Route der Andacht

Eine barocke Dorfkirche mit gotischem Turm, ein Kreuzweg, eine barocke Wallfahrtskirche mit Gnadenbild aus dem Jahre 1500, eine Mariengrotte, eine Kapelle, ein hölzernes Aussichtskreuz, abermals eine Kapelle. Wahrlich eine Route der Andacht, die jedoch auch mit irdischen Gelüsten aufwartet.

Ausgangspunkt: Deggingen (Ob. Filstal), Kirche, Bushalt an der Bundesstraße (Bus von Geislingen), 492 m.
Höhenunterschied: 270 m.

Anforderungen: Bestens markierte Wanderpfade und Forstwege, bis Ave Maria Sträßchen, wenig steiler Aufstieg.
Einkehr: Deggingen, Gh. Burgruine.

In **Deggingen (1)** nehmen wir an der Kirche die Hauptstraße am nahen Prachtfachwerk vorbei, bis der Wegweiser »Ave Maria« die weitere Richtung angibt. Der Kreuzweg führt uns zu der anmutig am Bergfuß gelegenen kleinen Wallfahrtskirche **Ave Maria (2)**. Ein mit *roter Raute* bezeichneter Wanderweg leitet durch den Mischwald hinauf, an der Mariengrotte vorbei, zur Kapelle Alt-Ave. Dort geht es auf gemütlichem Pfad empor zur Albhöhe und kurz dem *roten Dreiblock* folgend zum Aussichtspunkt **Kilianskreuz (3)** mit

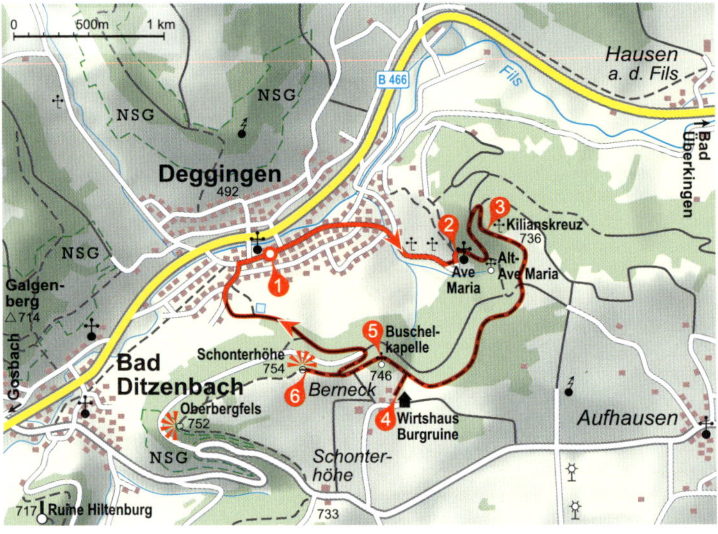

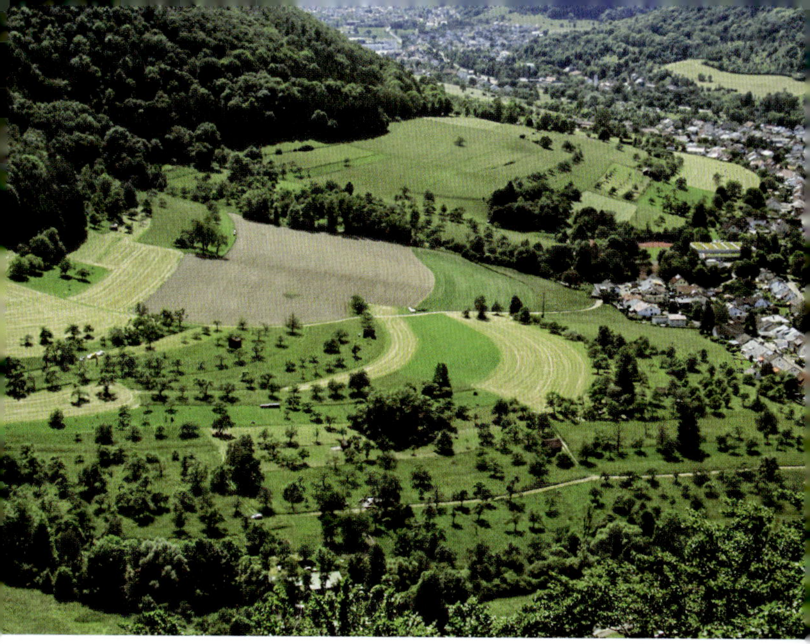

Tiefblick vom Kilianskreuz auf das Filstal.

schönem Tiefblick auf das Filstal. Am Steilabfall entlang spazieren wir über eine Kuppe hinüber Richtung Buschelkapelle. Direkt davor führt ein kurzer Abstecher zum Wirtshaus Burgruine in **Berneck (4)**.

Zurück auf dem Hauptweg gehen wir nun an der **Buschelkapelle (5)** vorbei und sehen dort auch die alten Erdwälle der ehemaligen Burg. Nach einem weiteren hervorragenden Tiefblick auf Deggingen wandern wir über eine Einsattelung noch ein Stück am Steilabfall entlang zur nahen Wacholderheide an der sogenannten **Schonterhöhe (6)**, 754 m. Der Aussichtspunkt zeigt uns ein typisches Landschaftsbild der nördlichen Kuppenalb, jenseits des Filstals erhebt sich der wuchtige Kegelstumpf des Sommerbergs. Ein erstklassiges Plätzchen zum Verweilen.

Wir spazieren wieder zur Einsattelung zurück, nehmen den mit *roter Raute* markierten, alten Ziehweg, gehen den Berneckweg querend talwärts und erreichen zuletzt auf einem Forstweg **Deggingen (1)**.

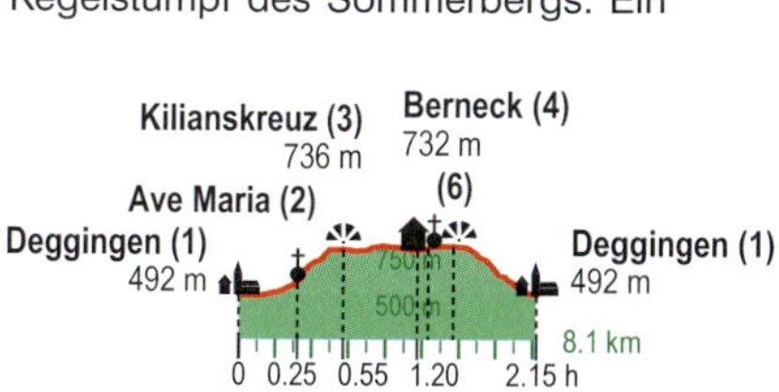

24 Kuchen – Burren 693 m – Oberböhringer Heide

4.00 Std.

Wo man noch dem Wanderschäfer begegnet

Eine trotz der nicht zu übersehenden Anstiege relativ gemütliche Unternehmung auf großzügigen Wanderwegen und einsamen Höhenpfaden über dem kurz zuvor, bei Geislingen, in nordwestliche Richtung abschwenkenden Tal der Fils.

In der Oberböhringer Heide findet man noch traditionelle Wanderschäferei.

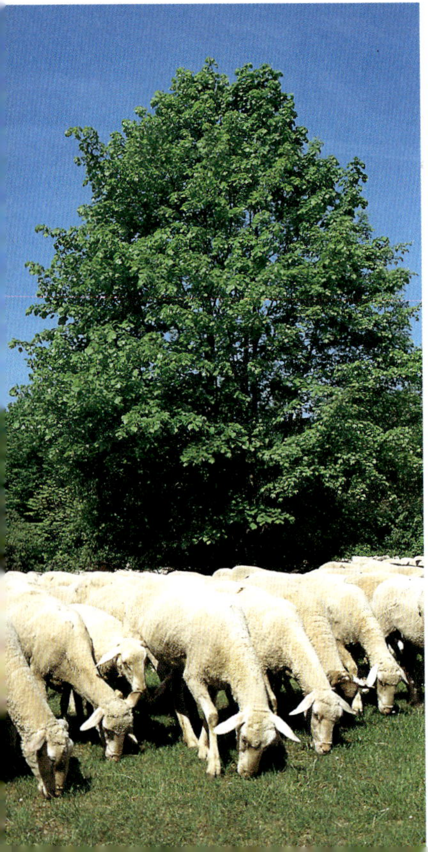

Ausgangspunkt: Kuchen, Bahnhaltepunkt (Göppingen – Geislingen), 430 m.
Höhenunterschied: 430 m.
Anforderungen: Meist gut markierte Wander- und Forstwege sowie Pfade, anhaltender aber nur mäßig steiler Aufstieg.
Einkehr: In Kuchen und Gingen.

Wir gehen von der Bahnstation hinunter ins Dorf **Kuchen (1)**, nehmen die Staubstraße und, links am Friedhof vorbeispazierend, den Radweg durchs Filstal nach **Gingen (2)**. Die Bahnhofstraße führt uns über die Filsbrücke in die Ortsmitte. Weiter geht es nach der Straßenkreuzung auf der Grünenbergerstraße. Der Wegweiser »Maierhauweg« leitet nach der Unterführung der B 10 am Barblenbach entlang leicht bergan. An der Gabelung kurz nach dem Teerende folgen wir rechts dem Alb-Nordrandweg. Nochmals ein Stück asphaltiert, steigt der Weg spürbar am Waldrand.

Der nun schmälere Maierhauweg folgt immer dem *roten Dreieck*. Kurz vor der Einmündung in die Straße – vor uns der Waldschopf des Fränkel – nehmen wir den Ziehweg empor zur Nordschulter des **Burren (3)** und wandern auf der Wiesenspur vollends zum Gipfel, 693 m. Von diesem genießt man ein herrliches

Panorama. Zum Sattel, 640 m, hinunter führt uns ebenfalls eine Wiesenspur am Waldrand entlang. Der mit *roter Raute* markierte Kurs steigt nun rechts schräg bergan und verläuft in einem Bogen (an der Gabelung rechts halten) über den **Tennenberg (4)**. Wir behalten außerhalb des Waldes die Richtung bei und treffen jenseits der Wiesen auf einen Fahrweg, der bergab zum Parkplatz auf der **Oberböhringer Heide (5)** führt. Ein Wiesenweg leitet uns links zum Steilabfall, wo wir links in den breiten Wanderweg einschwenken. Der Abstieg nach Kuchen wechselt weiter unten in ein Forststräßchen. Kurz darauf bietet sich der Abstecher zu den vorgeschichtlichen Erdwällen des Spitzbergs an.

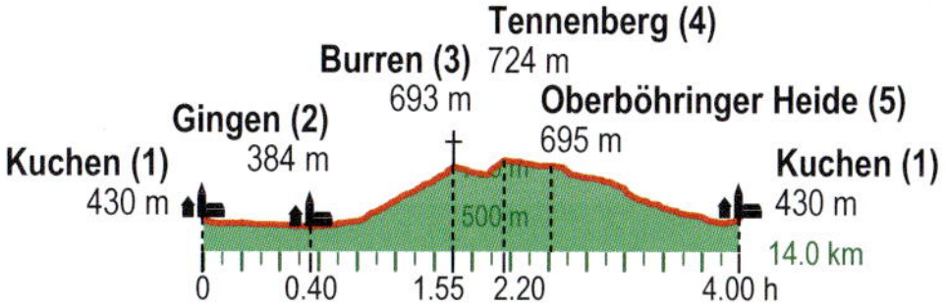

Der gemütliche Rückweg bleibt dem Forststräßchen treu und verläuft zuletzt auf einer Straße bergab ins Dorf **Kuchen (1)**.

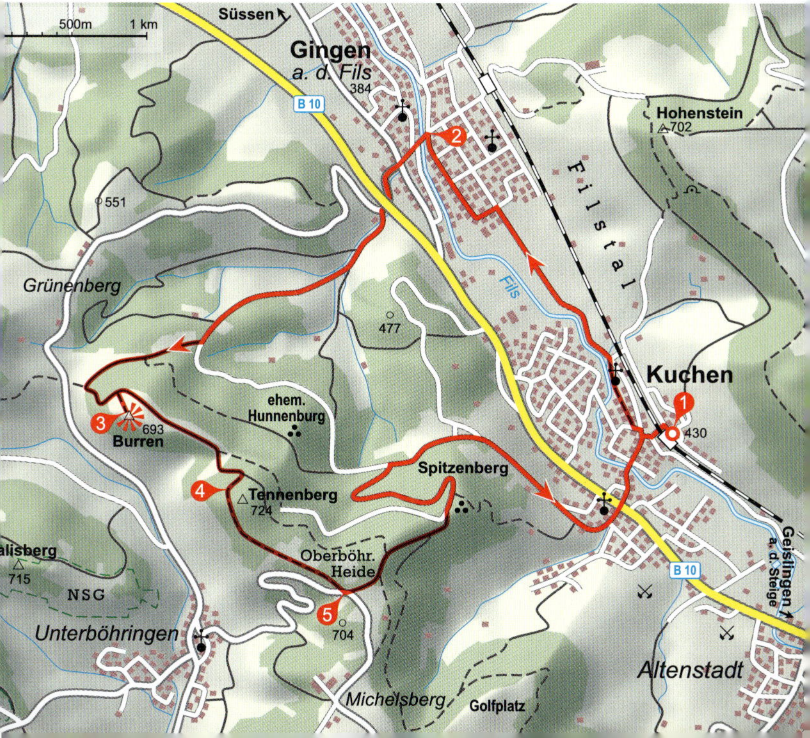

25 Bad Überkingen – Kahlenstein, 675 m – Brunnensteighöhle

3.15 Std.

Kurzweilige Runde über dem traditionsreichen Heilbad

In der unter einem beeindruckenden Felsenriff versteckten, fast 1 km langen Brunnensteighöhle mit ihren zwanzig Siphons holten sich die Aufhausener vor der Albwasserversorgung ihr Trinkwasser. Unterhalb empfängt den Wanderer ein Kleebwald, eine Laubmischwald-Gesellschaft, die in ihrer seltenen Art nur im Frühjahr erkennbar ist.

Ausgangspunkt: Bad Überkingen (Ob. Filstal), Bad-Hotel (Bus von Geislingen), 455 m.
Höhenunterschied: 270 m.
Anforderungen: Meist markierte, teils rutschgefährdete Pfade und Wirtschaftswege, kurzer Steilaufstieg, Trittsicherheit nötig.
Einkehr: In Bad Überkingen, Türkheim und, mit kleinem Abstecher, in Aufhausen.

Die Gartenstraße und der mit *roter Raute* bezeichnete Wittinger Weg leiten uns in **Bad Überkingen (1)** bergan Richtung Kahlenstein. Wir verlassen die Panoramastraße geradeaus auf dem Feldweg über die Obstwiesen und folgen dem anschließenden Wanderpfad. An der Gabelung halten wir uns weiter Richtung Kahlenstein und steigen über den Wacholderhang und durch lichten Buchenwald in Kehren empor zu einem prächtigen Felsenlabyrinth mit Aushöhlungen und Fenstern. An der ganzjährig verschlossenen Kahlensteinhöhle vorbei schwingen wir uns auf die Traufkante und erreichen den anregenden Aussichtspunkt auf der Felsennase des **Kahlensteins (2)** mit herrlichem Dorftiefblick.

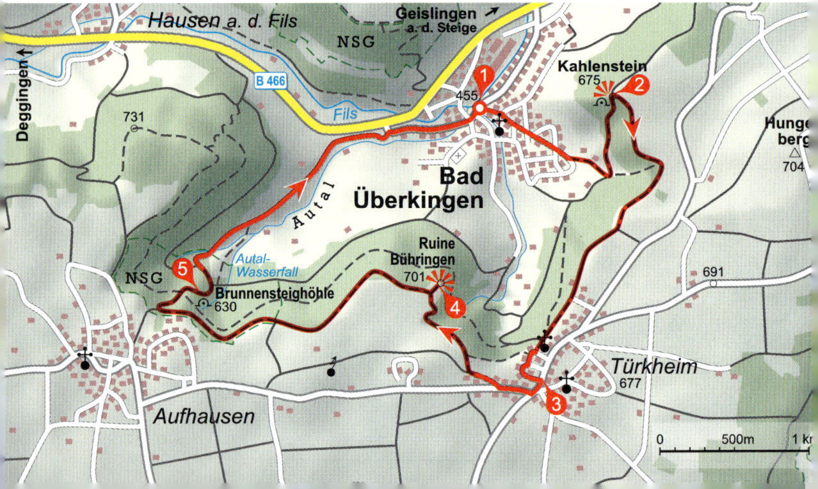

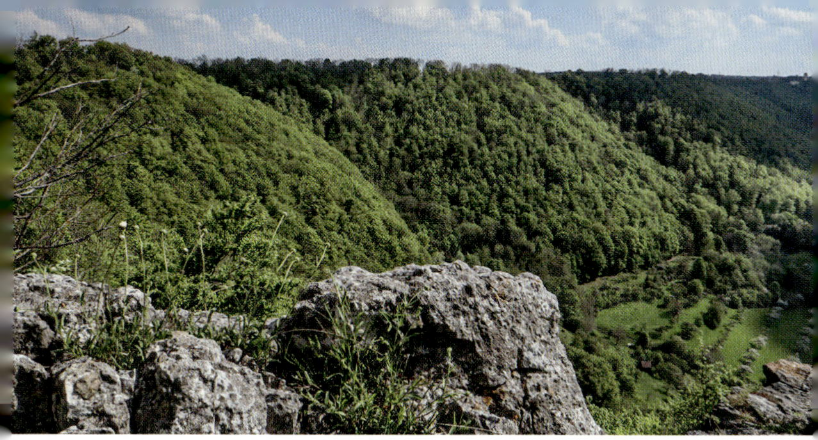

Wo sich Flusstäler in die Albtafel eingeschnitten haben, entstanden die landschaftsprägenden Traufhänge wie hier beim Kahlenstein.

Weiter geht es rechts auf dem mit *rotem Dreiblock* markierten Wirtschaftsweg. Dieser führt uns, zwischendurch als schmälerer Wanderweg, am Trauf entlang und am Hängegleiter-Startplatz vorbei, hinein in die alte Ortschaft **Türkheim (3)**. Bei der Erläuterungstafel zum Türkheimer Brünnele nehmen wir die Hintere Gasse, dann gleich wieder rechts die Schulgasse und folgen außerhalb des Dorfes rechts dem Geißackerweg *(roter Dreiblock)*. Nach einem kurzen Abschnitt auf einem Wirtschaftsweg achten wir auf die Markierungen und gelangen auf einem schwach ausgetretenen Pfad weiter am Trauf entlang zu der einst von den Grafen von Helfenstein erbauten Burg und heutigen **Ruine Bühringen (4)**, von der außer ein paar Erdwällen nicht mehr viel übrig ist. Doch der Tiefblick von der hohen Felsenwand auf den Talkessel mit den Obstwiesen entschädigt für die mögliche Enttäuschung.
Längs des Waldrands geht es zu einem weiteren Aussichtspunkt bei einem Jägerstand. Eine Grasspur, später wieder ein Waldpfad, beides recht spärlich markiert, erfordern Spürsinn für den richtigen Weg. Auf der Höhe von Aufhausen bleiben wir im Wald und nehmen, wo der Feldweg von den Häusern heranführt, die mit *roter Raute* bezeichnete Route unter dem Felsenriff mit der **Brunnensteighöhle (5)** hindurch und über rutschgefährdete Treppen und Stege am Autal-Wasserfall mit den Kalktuffbildungen steil talwärts.
Nach dem Kleebwald geht es auf einem Wirtschaftssträßchen an einer Unterstandshütte und einer Kapelle vorbei zurück nach **Bad Überkingen (1)**.

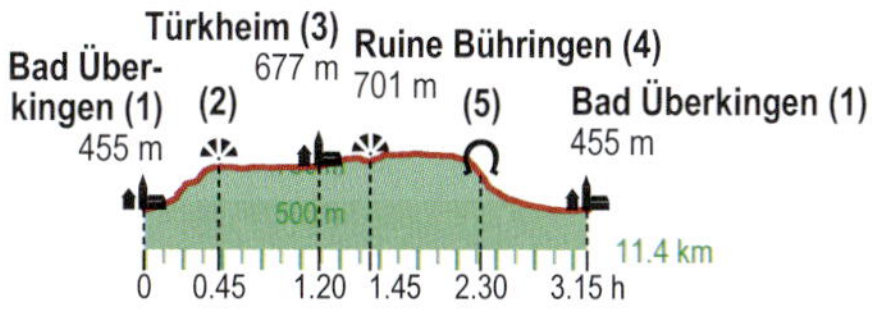

26 Geislingen – Hohenstein, 702 m – Kuchalb

4.00 Std.

Über den Tegelberg in der Geislinger Alb

Hat man erst mal über die unzähligen Serpentinen die Albhöhe erreicht, ist kein weiteres Schweißvergießen mehr zu befürchten. Der vergnügliche Traufpfad über den Tegelberg eröffnet die prächtigsten Talblicke.

Ausgangspunkt: Geislingen a. d. Steige, Bahnhof Geislingen-West, 440 m.
Höhenunterschied: 300 m.
Anforderungen: Überwiegend gut markierte Wanderpfade und Forstwege sowie Wirtschaftssträßchen, relativ steiler Aufstieg.
Einkehr: In Geislingen und Kuchalb.

Los geht es am Bahnhof **Geislingen-West (1)** auf dem Wirtschaftssträßchen Richtung Tegelberg. Bald biegt ein Wanderweg ab und klettert in einem endlos scheinenden Zickzackkurs durch den Buchenwald empor zur Traufkante auf dem Tegelberg. Dort links haltend am Aussichtsplatz **Kuhfelsen (2)** und einem weiteren Aussichtspunkt vorbei zieht sich der reizvolle Waldpfad hin-

Der Kuhfelsen bietet reizvolle Ausblicke von der Albhöhe.

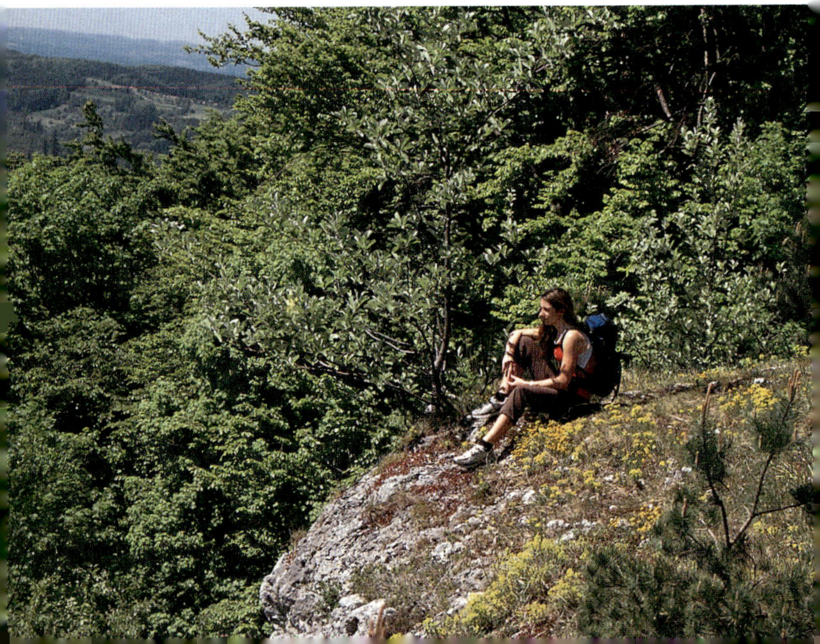

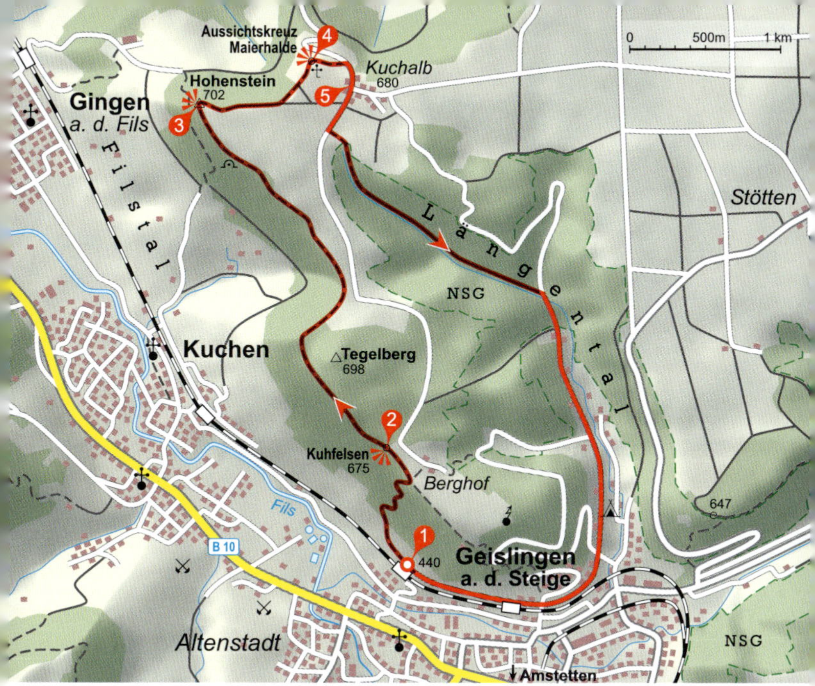

über zum Eckpunkt **Hohenstein (3)** mit schönem Ausblick aufs Filstal. Kurz vor dem Hohenstein liegt etwas unterhalb des Traufs die verschlossene Höhle Oberes Rabenloch mit künstlich angelegtem Eingang. Unweit davon befindet sich die enge Spaltenhöhle Unteres Rabenloch.

Auf einem Feldweg, später auf einem beschilderten Pfad, wandern wir zum Aussichtskreuz **Maierhalde (4)**. Kurz darauf folgen wir dem Sträßchen hinein nach **Kuchalb (5)**. Wir halten uns rechts und wählen gleich hinter dem Parkplatz nach dem Ort die linke Abzweigung. Der mit *roter Raute* markierte, versteckte und anfangs ausgewaschene Pfad leitet uns am nur zeitweise fließenden Bach entlang durch den Laubmischwald talwärts. Im Anschluss führt uns ein breiterer Waldweg durchs Längental hinaus zum Wirtschaftssträßchen am Campingplatz vorbei. Vor der Bahnunterführung halten wir uns an der Gabelung rechts und spazieren zurück zum Bahnhof **Geislingen-West (1)**.

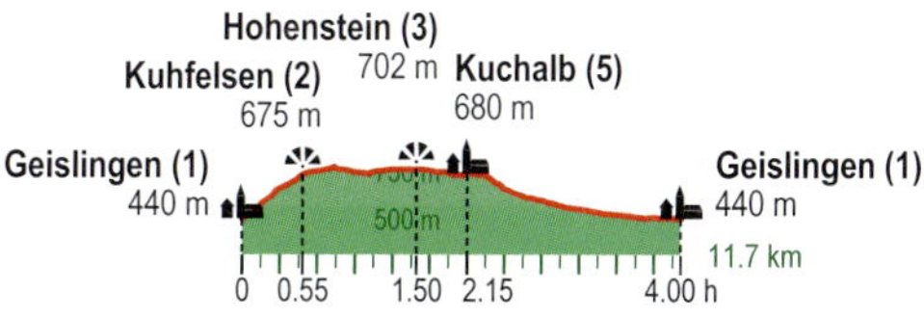

TOP 27

Geislingen – Ruine Helfenstein – Ziegelhütte – Schildwacht

5.00 Std.

Aussichtspfade beiderseits der Geislinger Steige

Über einen vorbildlichen Waldlehrpfad und durch einen Gang führt die Wanderung zur Burgruine Helfenstein, einer riesigen Befestigungsanlage mit gut erhaltenem Zwinger (sechs Bastionen) und Zisterne. Anstelle des ehemaligen gräflichen Palais steht heute der Aussichtsturm mit prächtigem Stadttiefblick.

Ausgangspunkt: Geislingen a. d. Steige, Hauptbahnhof, 463 m.
Höhenunterschied: 370 m.
Anforderungen: Gut markierte Wanderwege, Forstwege und Pfade, kurz auf Sträßchen, zwei kleine Anstiege.
Einkehr: Geislingen, Burgschenke Helfenstein, Weiler, Ziegelhütte, Geiselsteinhaus.

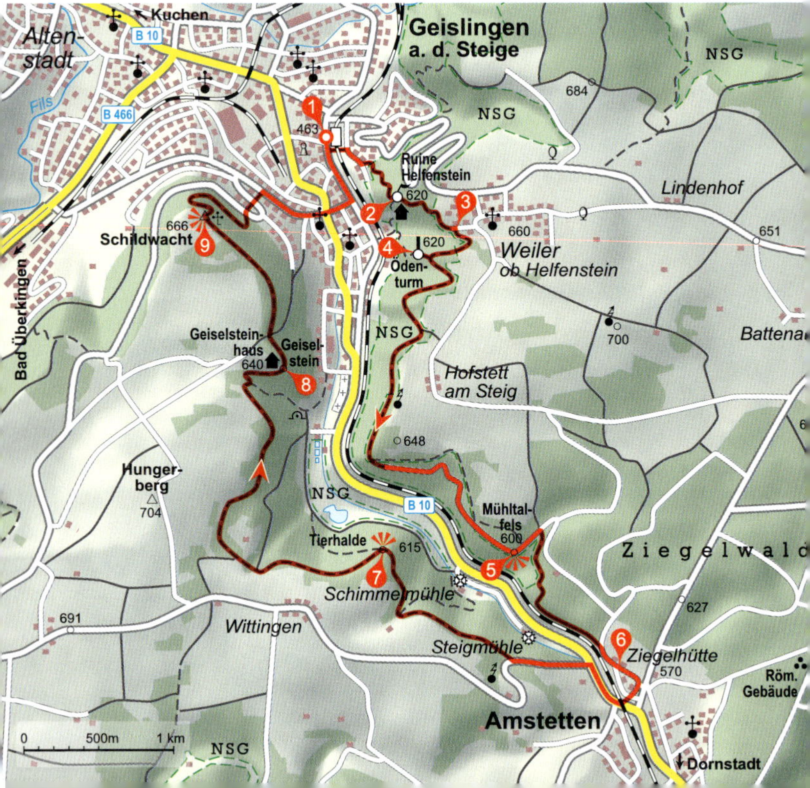

Am Hauptbahnhof **Geislingen (1)** folgen wir dem *roten Dreiblock* auf der Fußgängerbrücke über die Gleisanlage und spazieren das Sträßchen bergan. Bald leitet ein Wanderweg durch den Laubmischwald hinauf und mündet links in den Lehrpfad zur **Ruine Helfenstein (2)**, 620 m. Weiter geht es auf einem mit *rotem Dreiblock* bezeichneten Wanderweg nach **Weiler (3)** und am Ortsbeginn auf dem Waldlehrpfad hinüber zum **Ödenturm (4)**. Das Bauwerk mit seinen 2,5 m dicken Sockelmauern diente früher zum Schutz der Burg. Nachdem wir den reizvollen Tiefblick auf die Altstadt genossen haben, wandern wir – teils auf einem Pfad, teils auf Forstwegen – dem *gelben Dreieck* folgend, am Trauf entlang und am Aussichtspunkt **Mühltalfels (5)** vorbei Richtung Amstetten. In **Ziegelhütte (6)** halten wir uns kurz vor der Einmündung in die Vorfahrtsstraße an den Wegweiser »Geiselstein«. Wir überqueren die Bahnbrücke und wandern ein Stück auf dem Gehsteig neben der Bundesstraße her, bis am Beginn der Geislinger Steige das Sträßchen nach Türkheim abbiegt. Auf diesem spazieren wir hinauf zur Kurve, wo wir den mit *gelber Raute* markierten Wanderweg, der teilweise in Forstwege wechselt (stets auf dem oberen Weg halten), durch den Buchenwald Richtung Geiselstein nehmen. Unterwegs bieten sich von Aussichtspunkten wie jenem der **Tierhalde (7)** schöne Tiefblicke aufs eng eingeschnittene Tal. Ab dem **Geiselstein (8)** geht es weiter Richtung »Geislingen/Steige« am Trauf entlang, dem *gelben Dreiblock* folgend, zum Ostlandkreuz auf der **Schildwacht (9)**, das den Toten Südmährens der beiden Weltkriege gewidmet ist. Nach einem letzten informativen Stadt-Tiefblick geht es auf dem markierten Wanderweg in weiten Kehren und weiter unten zwei Straßenkurven abkürzend wieder zurück nach **Geislingen (1)**.

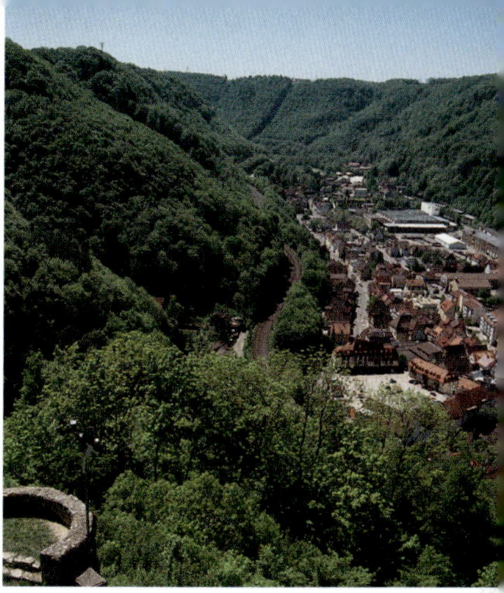

Geislingen an der Steige vom Aussichtsturm der Ruine Helfenstein.

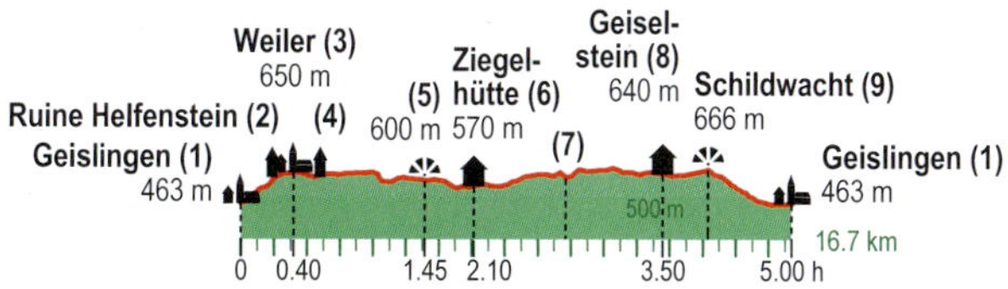

28

Geislingen – Anwandfels – Eybach – Ruine Helfenstein

4.00 Std.

Über Eisenleitern in die Stubersheimer Alb

Diese etwas anstrengende Tour östlich der Fünftälerstadt im Inneren der Schwäbischen Alb besticht vor allem durch ihren Abwechslungsreichtum und die teilweise kühne Wegführung.

Ausgangspunkt: Geislingen a. d. Steige, Hauptbahnhof, 463 m.
Höhenunterschied: 410 m.
Anforderungen: Gut markierte Wanderpfade, kurze Abschnitte auf Straßen, zwei steile Anstiege.
Einkehr: In Geislingen, Eybach und Weiler sowie Burgschenke Helfenstein.

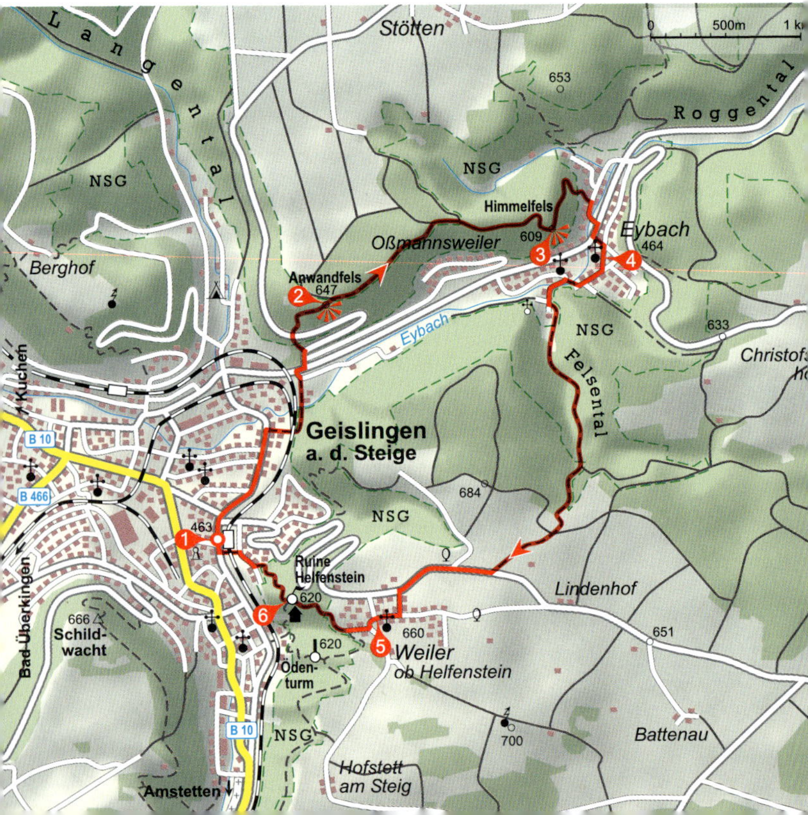

Der Gehsteig entlang der Straße Richtung Heidenheim führt uns nach dem Busbahnhof von **Geislingen (1)** stadtauswärts. Wir beachten vor der Eybbrücke den Wegweiser »Waldweg nach Eybach«, wandern unter der Bahnunterführung hindurch und vor der Wanderwegabzweigung auf dem Fußweg an der Bahnlinie entlang. Nach der Querung der Landstraße folgen wir kurz der Straße Richtung Schnittlingen und mühen uns in unzähligen sehr engen Kehren auf dem Wanderpfad, eine Straße querend, durch den Laubmischwald empor zum Aussichtspunkt **Anwandfels (2)**, einer Felsgruppierung. Von hier hat man die Stadt zu Füßen. Weiter geht es mit *roter Raute* markiert, teils auf einem Wanderweg, teils auf einem Waldweg, an der Traufkante entlang und stets ostwärts an einer Ringwallanlage vorbei zum **Himmelfels (3)**, 609 m, mit schönem Tiefblick auf **Eybach (4)**. Auf dem Wanderweg hinunter ins Dorf, 464 m, achten wir auf die Markierungen. Wir spazieren zum Friedhof und folgen dem *roten Dreiblock* Richtung »Felsental – Geislingen«. Nach der Bachbrücke geht es, den Wegweiser »Weiler« beachtend, am Parkplatz weiter auf dem Wanderweg durch das stille Felsental (Naturschutzgebiet). Steil aufgestellte Stahltreppen überlisten moosbewachsene Felsbäuche – ein abenteuerlicher Gang durch die moderig-düstere Unterwelt. Weiter der Beschilderung »Weiler« folgend steigen wir über den Waldhang hinauf, nehmen dann oberhalb den Wirtschaftsweg und zuletzt die Straße hinein ins hoch gelegene Albdörfchen **Weiler (5)**. Der *rote Dreiblock* leitet uns nun zur imposanten **Ruine Helfenstein (6)** mit Aussichtsturm, 620 m, von wo uns der Waldlehrpfad zurück nach **Geislingen (1)** führt.

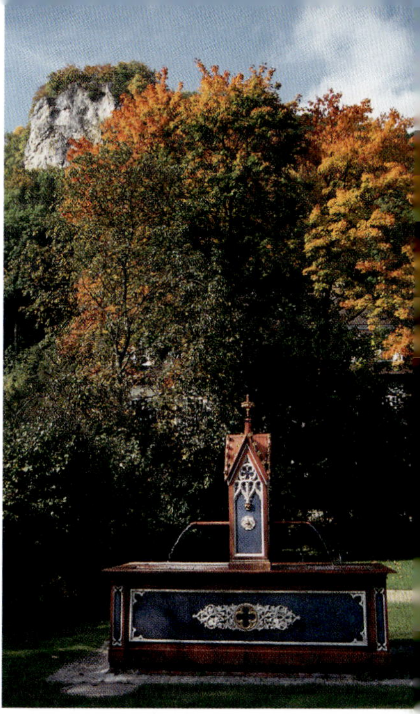

Brunnen am Eybacher Ortsrand, überragt vom Himmelfelsen.

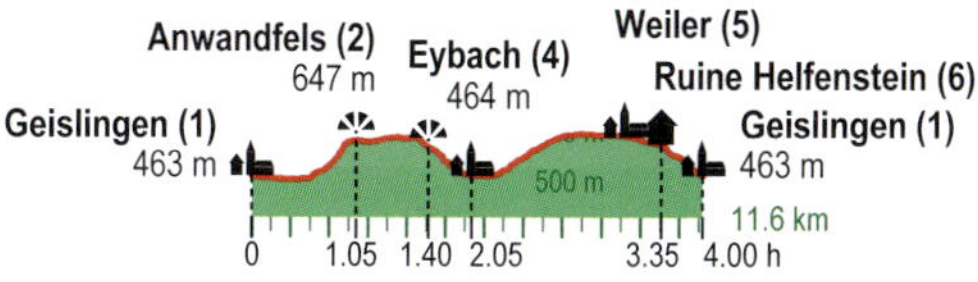

TOP 29

Schnittlingen – Mordloch – Roggenmühlen – Steinenkirch

3.45 Std.

Wilde Talschlünde und sonnige Höhen

Das 4320 m lange Mordloch im Roggental, einem der prachtvollsten Albtäler, ist mit seiner 70 m hohen Gammahalle die zweitlängste Höhle der Schwäbischen Alb. Das spaltartige Mundloch, an dem gut die Gesteinsschichtung erkennbar ist, wurde für die Wassernutzung künstlich erweitert. Der düstere Name des nur von versierten Höhlentauchern zu befahrenden Schlundes stammt der Sage nach von der Ermordung des Eybacher Schlossförsters durch Wilderer.

Ausgangspunkt: Schnittlingen, Dorfbrunnen (Bus vom Bahnhof Göppingen über Böhmenkirch), 651 m.
Höhenunterschied: 280 m.
Anforderungen: Überwiegend gut markierte Wander-, Forst- und Wirtschaftswege, anspruchsvolle Pfade, kurze ruhige Sträßchen, nur mäßig steile Anstiege.
Einkehr: In Schnittlingen, Obere Roggenmühle und in Steinenkirch.

Wir spazieren in **Schnittlingen (1)** Richtung Roggental zur Kirche und orientieren uns dort am Wanderwegweiser »Eybach«. Außerhalb biegen wir erneut Richtung Roggental auf ein Wirtschaftssträßchen ab und halten uns gleich wieder bergab zum Waldeck. Der mit *roter Raute* markierte Waldweg

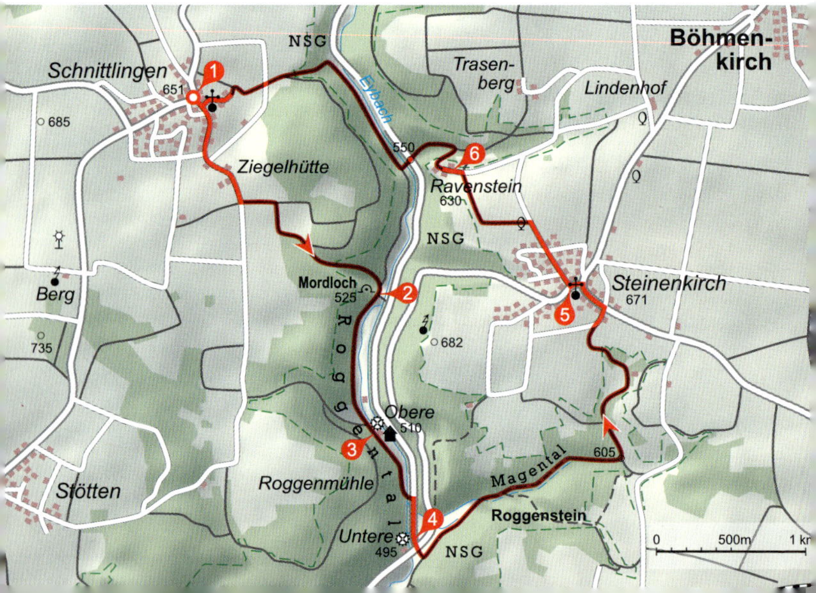

(an Gabelung rechts halten) wechselt im eng eingeschnittenen Tobel in einen ungepflegten Pfad, der hinunter ins Roggental führt. Ein Forststräßchen leitet uns talauswärts am sogenannten **Mordloch (2)** vorbei zur **Oberen Roggenmühle (3)**. Zuletzt ganz kurz auf der Straße spazierend, kommen wir zur benachbarten **Unteren Roggenmühle (4)**, 495 m. Dort folgen wir der *roten Raute* auf einer Wiesenspur am Waldrand entlang ins Magental mit dem auffallenden Roggenstein. Zwischen keck aufragenden Felstürmen hindurch schlängelt sich ein steiniger und etwas glitschiger Pfad durch dieses verschwiegene, enge Seitental mit seiner ursprünglichen, wilden Ausstrahlung.

Am Ende des Tales folgen wir auf einem Feldweg dem *roten Dreiblock*, unter der Alpenvereinshütte der Sektion Brenztal vorbei, hinein nach **Steinenkirch (5)**. Bei der Kirche nehmen wir das ebenfalls mit *rotem Dreiblock* markierte Sträßchen, halten uns an der Gabelung bei der einzelnen Linde links und spazieren hinunter zum Anwesen **Ravenstein (6)**. Ein Wanderpfad leitet uns nun durch Laubwald an der gleichnamigen Burgstelle vorbei und mündet unterhalb in einen Forstweg. Wir queren im Roggental, 550 m, die Kreisstraße, folgen dem Wanderpfad über die Eybbrücke und nehmen das Forststräßchen Richtung Treffelhausen, bis der Wanderweg abzweigt, bergan zurück nach **Schnittlingen (1)**.

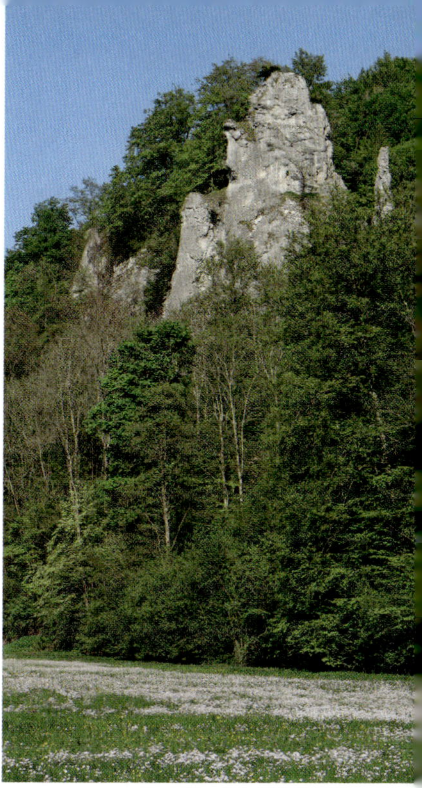

Wächter des urigen Magentals: der Roggenstein.

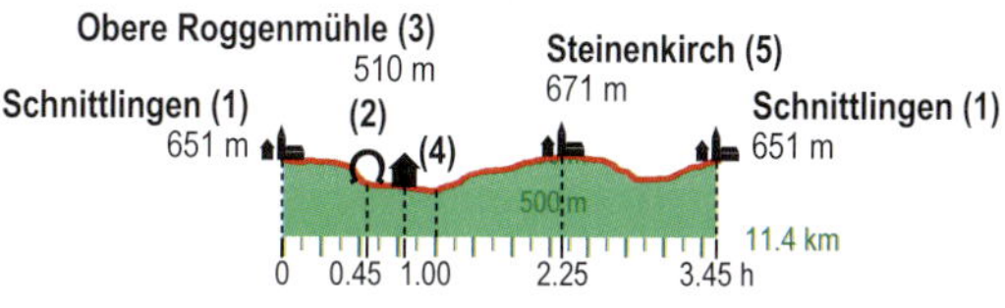

30 Justingen – Bärenhütte – Bärentalhöhle

2.45 Std.

Wandervergnügen über dem oberen Schmiechtal

Durch eine wildromantische, enge Felsenschlucht führt ein zum Teil mit Steintreppen angelegter Wanderpfad zum spaltartigen Eingang der knapp 30 m langen Bärentalhöhle, auch bekannt als Eulenloch, unter dem Dach des Uhufelsens.

Ausgangspunkt: Justingen, Kirche (Bus vom Bahnhof Ulm), 747 m.
Höhenunterschied: 170 m.
Anforderungen: Ausreichend markierte Wirtschafts- und Forstwege, kurze Strecke auf wenig befahrener Straße, gemütliche Anstiege.
Einkehr: In Justingen und Hütten.

In **Justingen (1)** nehmen wir die Hüttener Straße und die Magolsheimer Straße, bevor uns der mit *rotem Balken* markierte Espachweg, der Hauptwanderweg 7, zum Sportplatz trägt. Weiter geht es am Fußballplatz entlang auf einem Wirtschaftssträßchen und kurz darauf links der *roten Raute* nach zur **Schlosskapelle (2)**, 753 m, wo wir uns an der Feldweggabelung rechts halten. An der Kreuzung orientieren wir uns am Wegweiser »Hütten« und folgen dort, wo der Weg rechts abknickt, der schlecht markierten Wegspur geradeaus. Zwischen Heckenreihen hindurch spazieren wir sanft bergab. Die Ruine Justingen bleibt links liegen. Im Wald zeigt dann das Schild »Hütten« auf einen Wanderpfad, der uns am Hang entlangleitet. Bald nach einer Rastbank gelangen wir auf einem Forstweg bergab zur **Bärenhütte (3)**, einer Unterstandshütte

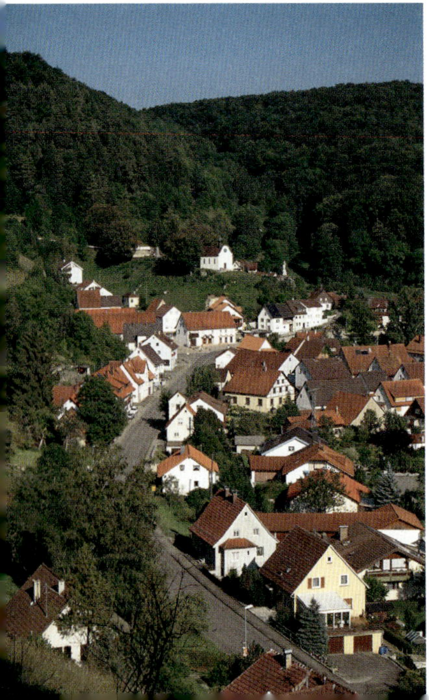

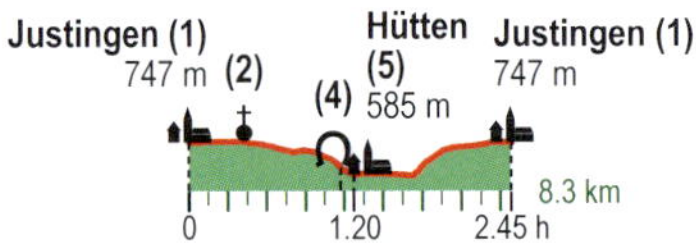

Der Ort Hütten, auf dem Rückweg von der Bärentalhöhle.

mit Grillstelle. Der *rote Balken* dirigiert uns weiter talwärts Richtung Hütten. Wir achten auf die Abzweigung des Treppenwegs und erreichen, kurz bevor unsere Route in die Straße mündet, die **Bärentalhöhle (4)**, 620 m. Unten in **Hütten (5)**, 585 m, folgen wir der Straße Richtung Schelklingen, bis wir am Ortsende auf den mit *rotem Dreieck* markierten, flachen Waldpfad in Richtung Talsteußlingen abzweigen können, der parallel zur Kreisstraße verläuft. An der Bushaltestelle **Talsteußlingen (6)** schlagen wir die Nattershofer Steige ein, einen ansteigenden Waldweg. Dieser mündet beim Ortsteil Ziegelhütte in die Kreisstraße von Hütten, auf der wir bald wieder in **Justingen (1)** ankommen.

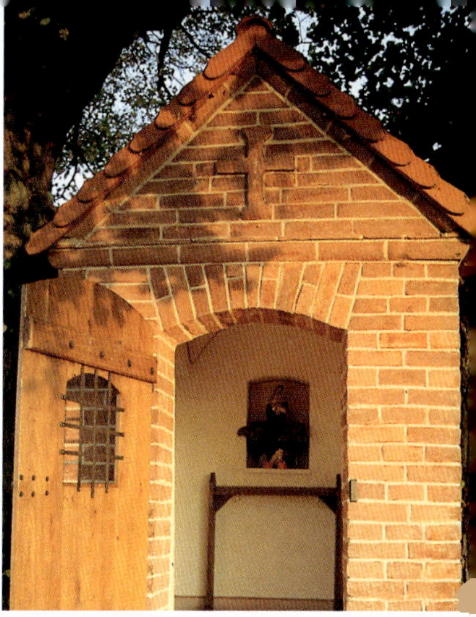

Die Schlosskapelle bei Justingen.

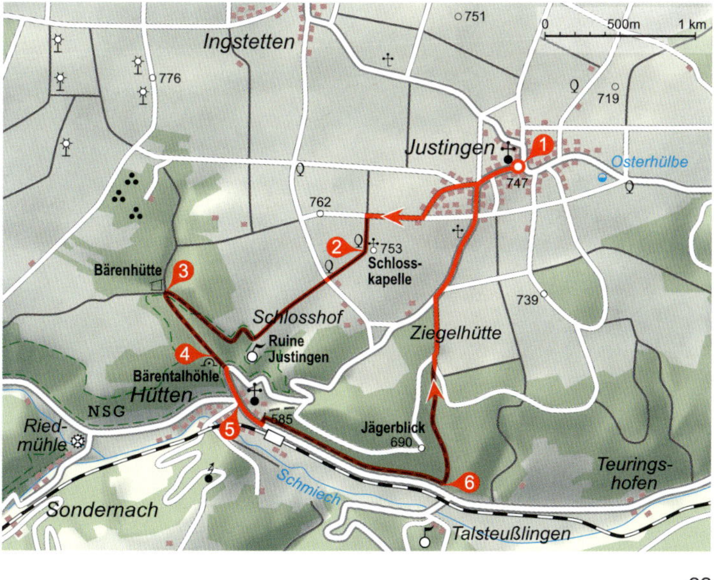

31 Allmendingen – Weites Tal – Käthere Kuche

4.15 Std.

Auf und ab in den Wäldern der Lutherischen Berge

Dieser einsame Kurs im Südosten der Lutherischen Berge führt uns zur versteckten kleinen Höhle Käthere Kuche im Brieltal, in der einst das »Wilde Weib« namens Käther hauste.

Ausgangspunkt: Allmendingen, Bahnhof (Bahn von Ulm), 518 m.
Höhenunterschied: 340 m.
Anforderungen: Gut markierte Forst- und Wirtschaftswege, mäßig steile Anstiege, etwas Orientierungssinn ist von Vorteil.
Einkehr: Nur in Allmendingen.

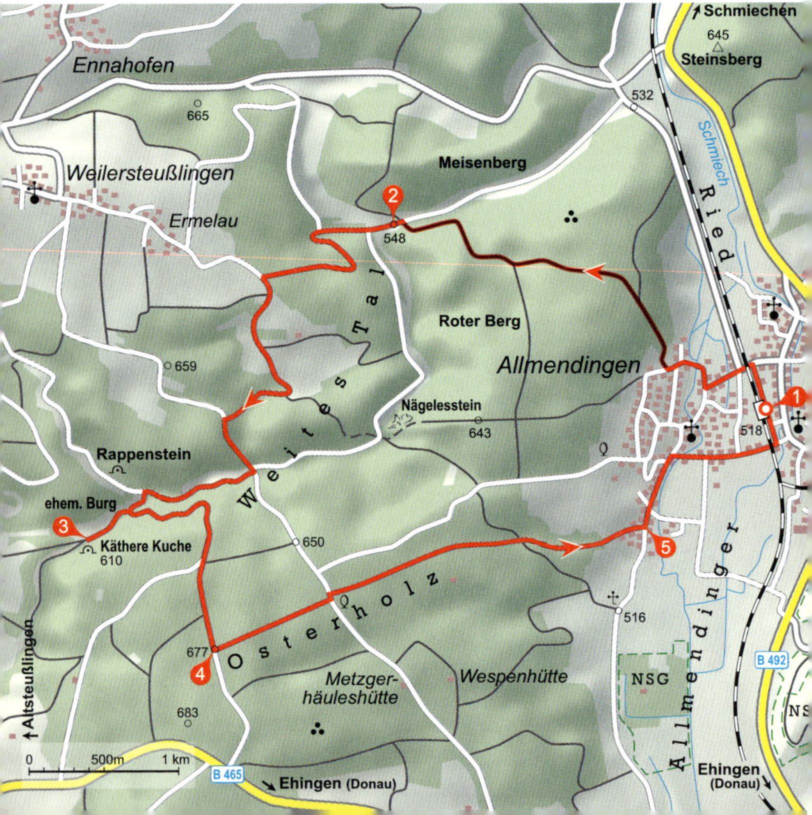

In **Allmendingen (1)** nehmen wir nach der nördlichen Bahnquerung die Kleindorfer Straße und folgen dem *blauen Dreiblock* über die Schmiechbrücke Richtung Ermelau. An der Waldweggabelung kurz nach der Minigolfanlage geht es rechts und weiter der *blauen Dreiblockmarkierung* folgend durch Mischwald bergan über eine Kuppe, 627 m. Nach einem leichten Abstieg wechselt der Dreiblockkurs im **Weiten Tal (2)** kurz vor dem Waldrand links in eine Fahrspur, die in einen Forstweg mündet. In diesen biegen wir links ein und wandern über zwei Wegkehren sanft bergwärts Richtung Ermelau. Auf der Albhöhe, 670 m, schwenken wir in das Wirtschaftssträßchen Richtung Allmendingen ein *(blaue Raute)*, spazieren an der Verzweigung am Teerende auf einem nach Ehingen beschilderten Forstweg weiter talwärts und orientieren uns nach der kleinen Brücke im Weiten Tal, 577 m, an der Beschilderung »Kätherenkuche«. Wo sich das Weite Tal gabelt – rechts lohnt sich ein kurzer Abstecher (10 Min. einfach) zum Rappenstein mit Höhle – geht es links ins Brieltal. An den rechten Talhängen breiten sich schöne Wacholderbestände aus. Gleich darauf zweigt der kleine Pfadaufstieg zur Höhle **Käthere Kuche (3)** ab, einem einsamen Brotzeitplätzchen.

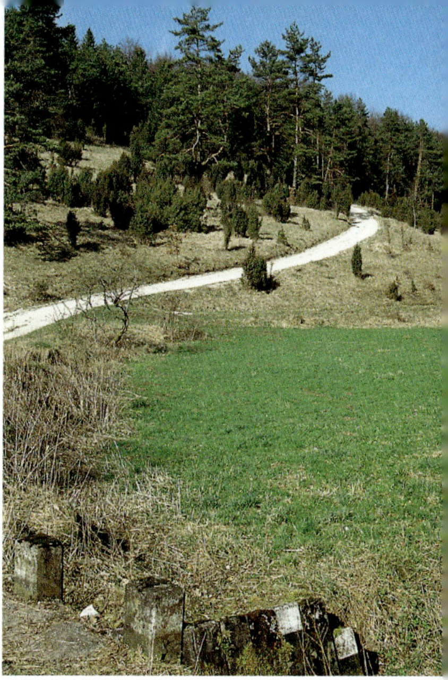

An einem Wacholderhang vorbei führt der Weg zur versteckten Höhle Käthere Kuche.

Zurück bei der Talverzweigung, steigen wir auf einem Natursträßchen bergan und schlagen auf der Kuppe des **Osterholzes (4)** die Richtung Allmendingen ein. Der gemütliche Waldkurs führt uns auf dem Kalkofensträßchen geradeaus sanft absteigend hinein ins Schmiechtal nach **Klein-Allmendingen (5)** und zurück zum Bahnhof in **Allmendingen (1)**.

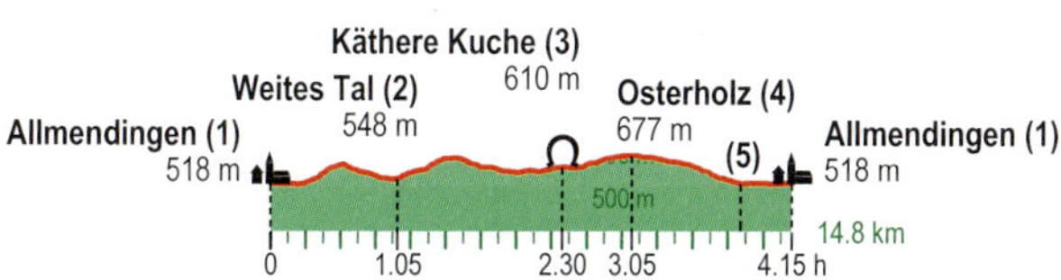

32 Schelklingen – Muschenwang – Ruine Hohenschelklingen

6.00 Std.

Ausgedehnte Unternehmung im Süden der Blaubeurer Alb

Die Urdonau floss bis zur Riß-Eiszeit vom heutigen Ehingen in mehreren Schlingen über Allmendingen nach Schelklingen und weiter über Blaubeuren nach Ulm. Erst als diese im Laufe der Zeit ab Ehingen einen neuen Weg in östlicher Richtung eingeschlagen hatte, legte sich ihr ehemaliger Zufluss, die Schmiech, in entgegengesetzter Fließrichtung sozusagen ins gemachte Bett.

Ausgangspunkt: Schelklingen, Bahnhof (Bahn von Ulm), 530 m.
Höhenunterschied: 420 m.
Anforderungen: Zum Teil markierte Pfade, Forst- und Wirtschaftswege, kurze Abschnitte auf wenig befahrenen Sträßchen, bis auf ein Steilstück gemütliche Anstiege.
Einkehr: Nur in Schelklingen.

Beim Bahnhof **Schelklingen (1)** queren wir die B 492 und folgen nach der Kirche links der Straße nach **Urspring (2)**, 540 m. Dort geht es durchs Schulgelände des ehemaligen Benediktinerklosters und auf einem geteerten Wirtschaftsweg an den beiden Karstquellen von Urspring und Ach vorbei, um den Herz-Jesu-Berg, den Urdonau-Umlaufberg herum. Wo nach dem **Achursprung (3)** die Ruine Hohenschelklingen wieder ins Blickfeld rückt, biegen wir rechts auf den Forstweg ab und wandern an der Kreuzung abermals rechts gemütlich durch den Buchenmischwald bergan zur Schäfers Hütte. Vom **Rastplatz (4)** an der großen Wegverzweigung auf der Anhöhe, 690 m, nehmen wir den Forstweg Richtung Schmiechen ins Sindeltal. Bei der Einmündung in die Talstraße, 560 m, mühen wir uns vom Parkplatz die Kehren hinauf zu den kaum nennenswerten Überresten der **Ruine Muschenwang (5)**, einem ruhigen Plätzchen für eine Tourenunterbrechung. An der Weggabelung nach 300 m geht es links und stets geradeaus zur Straßenquerung. Am Eck des Hauserholzes wandern wir wiederum geradeaus, tauchen an der Gabelung nach 200 m im Wald unter und halten uns gleich wieder links.

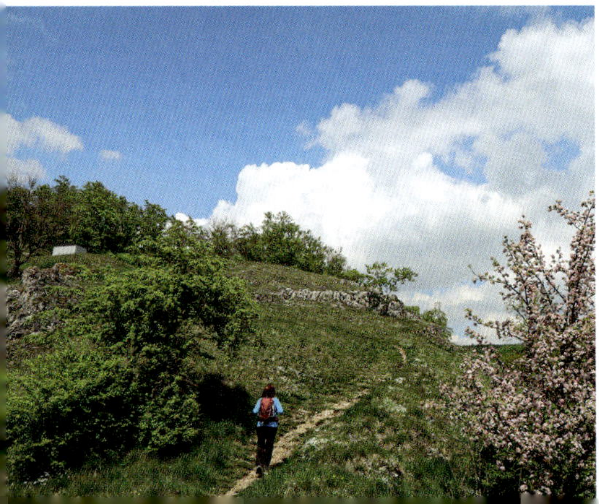

Auf der Schlussetappe von der Ruine Hohenschelklingen ins Städtchen.

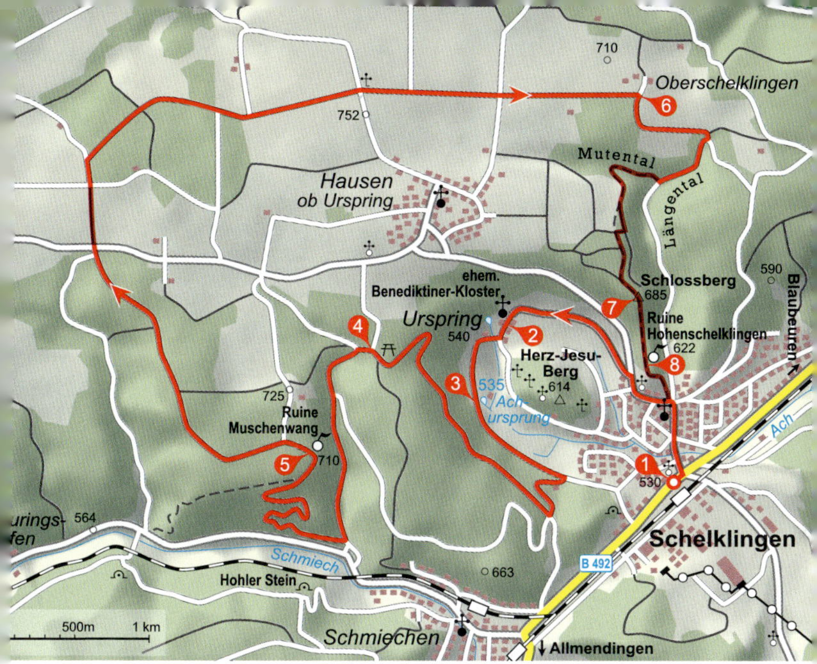

Ab der Verzweigung am Waldende spazieren wir stets der Nase nach auf einem komfortablen Wirtschaftssträßchen übers weitläufige Agrarland zum stattlichen Anwesen **Oberschelklingen (6)**.
Das Sträßchen biegt rechts ab und führt uns, mit Aussicht übers Achtal, hinunter ins bewaldete Längental, wo wir bei nächster Gelegenheit rechts dem steigenden Waldweg durchs Mutental folgen. Kurz darauf zweigt ein etwas verwachsener Pfad ab, der auf einer Anhöhe links in den mit der *Nummer 1* markierten Waldweg mündet. Im weiteren Verlauf führt wieder ein Pfad reizvoll auf Natursteintreppen über den Gebüschhang des **Schlossbergs (7)** bergab zur **Ruine Hohenschelklingen (8)** mit dem stattlichen Turm. Nach einem aussichtsreichen Abstieg treffen wir wieder im Städtchen **Schelklingen (1)** ein und erreichen bald den Bahnhof.

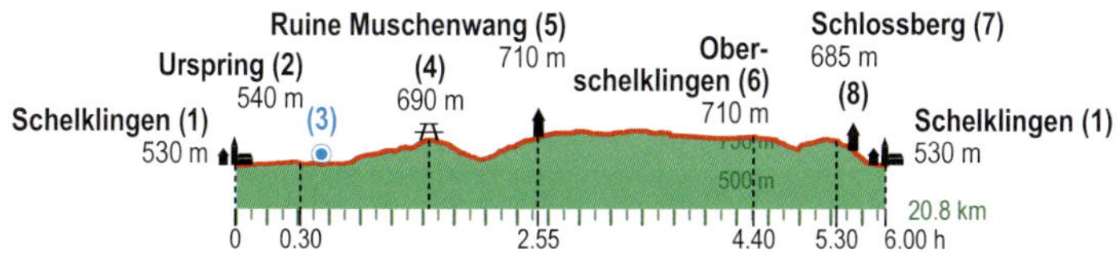

33 Schmiechen – Schmiechener See – Allmendingen – Geisttal

3.30 Std.

Erholungswandern um einen Umlaufberg der Urdonau

Im Zentrum unserer gemütlichen Runde liegt der Steinsberg, um den einst die wilden Wasser der Urdonau spülten, vor und nachdem sie den ursprünglich umflossenen Meisenberg vom Steinsberg abgetrennt hatten. In Schmiechen bog der voreiszeitliche Urstrom um und legte im Gebiet des heutigen Schmiechener Sees abermals eine Schlinge hinauf nach Schelklingen. Später wurde der Schelklinger Berg von der Großen Halde abgetrennt und die Urdonau nahm den begradigten Kurs entsprechend der heutigen B 492.

Ausgangspunkt: Schmiechen, Bahnhaltestelle (Bahn von Ulm), 540 m.
Höhenunterschied: 230 m.
Anforderungen: Meist unmarkierte Wirtschafts- und Forstwege, von Allmendingen ins Geisttal wenig befahrene Straße, mäßig steiler Aufstieg.
Einkehr: Schmiechen und Allmendingen.

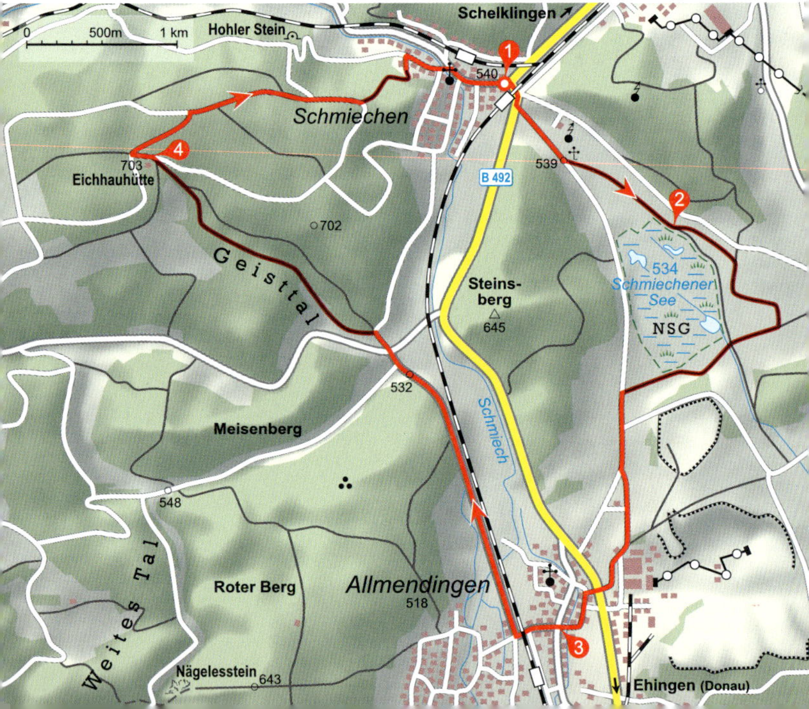

Wir unterqueren an der Bahnhaltestelle in **Schmiechen (1)** die Bahn und Bundesstraße, nehmen das Sträßchen am Sportplatz vorbei und biegen am Umspannwerk links auf den Rundweg ab, einen Wirtschaftsweg, der im Uhrzeigersinn um den ehemaligen **Schmiechener See (2)** herumführt. Das nahezu vollständig verlandete Gewässer mit dichtem Steifseggen-Bewuchs ist Brutgebiet von etwa 80 verschiedenen Vogelarten. Nach dem Schaupodest am Wacholderhang des Kühbergs biegen wir links ab. Hinter einer Kuppe zweigen wir links auf ein Sträßchen ab, das an einer Fabrik endet und benützen am Werksgelände das talwärts führende Sträßchen.

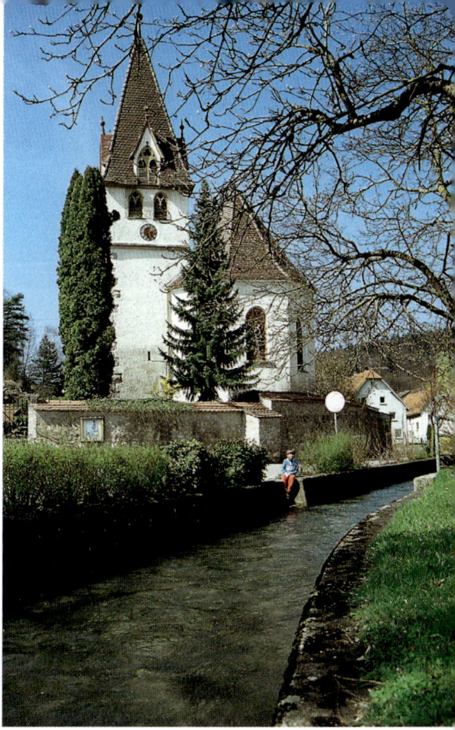

Schmiechen an der Schmiech.

Nach Querung der Bundesstraße 492 geht es in **Allmendingen (3)** links in die Schwenkstraße, auf der Goethestraße über das Bahngleis und auf der Straße namens Katzensteige durchs ehemalige Allmendinger Ried. Es folgt eine Straßenquerung am Eingang des Grießtals. Wir nehmen gleich in der ersten Kurve den Feldweg links durch die Talsohle. An der nächsten Verzweigung rechts haltend hat uns der alte Waldweg hinauf durchs Geisttal aufgenommen. Bei der **Eichhauhütte (4)** halten wir uns an einen Forstweg geradeaus und folgen dem *blauen Dreiblock* zurück nach **Schmiechen (1)**. Der stille Kurs leitet uns über eine Kuppe und durch Buchenwald bergab, wobei wir etwas darauf achten müssen, die Abzweigung des Wanderweges hinunter ins Dorf nicht zu verpassen.

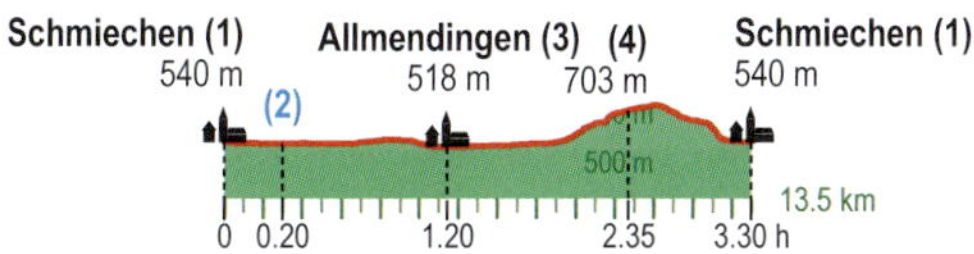

TOP **34**

Blaubeuren – Sontheimer Höhle – Ruine Günzelburg

6.15 Std.

Auf gepflegten Wanderwegen mitten durch die Blaubeurer Alb

Die 220 m lange und 37 m tiefe Sontheimer Höhle war einst eine Flusshöhle und ein frühalemannischer Bestattungsplatz. Heute erfreut sie als rege besuchte Schauhöhle den Besucher mit herrlichen Tropfsteinbildungen und prächtigem Sinterschmuck in mehreren Hallen.

Ausgangspunkt: Blaubeuren, Bahnhof (Bahn von Ulm), 513 m.
Höhenunterschied: 250 m.
Anforderungen: Gut markierte Forst- und Wirtschaftswege sowie Pfade; kurzes Teilstück auf wenig befahrenem Sträßchen, sanfter Anstieg.
Einkehr: In Blaubeuren, Weiler und Seißen sowie Höhlenrasthaus an der Sontheimer Höhle (nur Sa u. So).

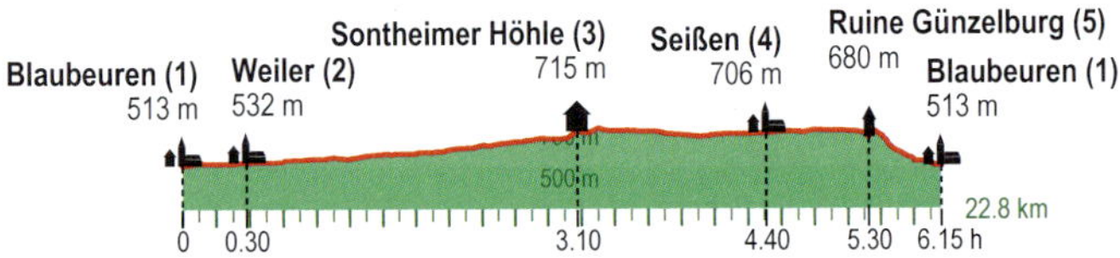

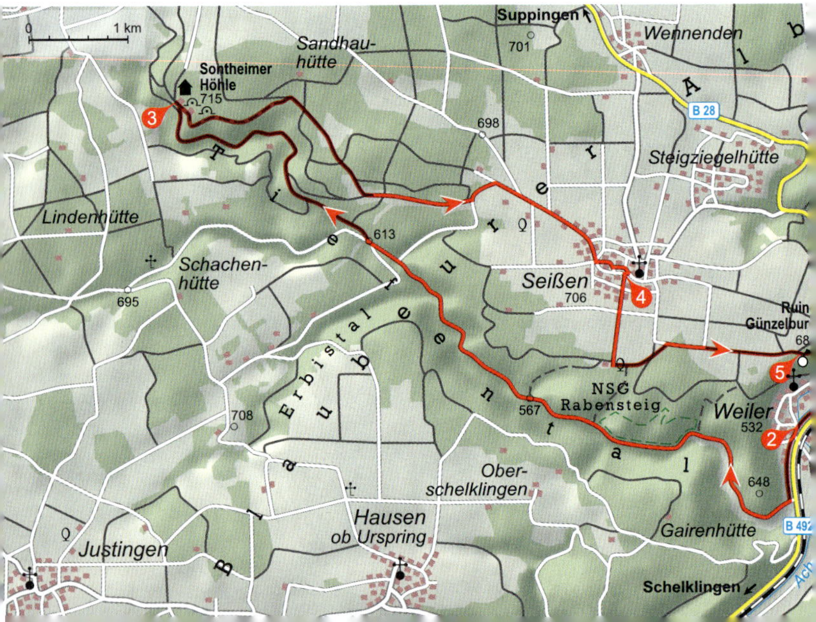

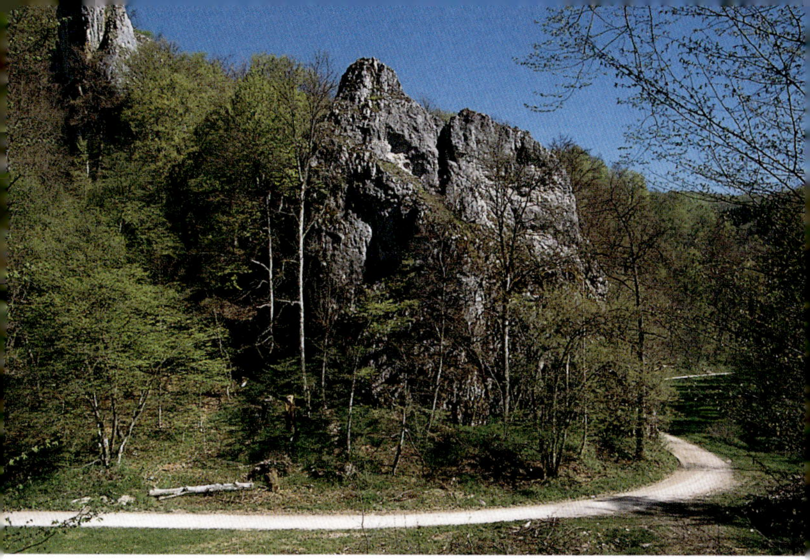

Ein malerischer Weg schlängelt sich durch das Tiefental westlich von Blaubeuren.

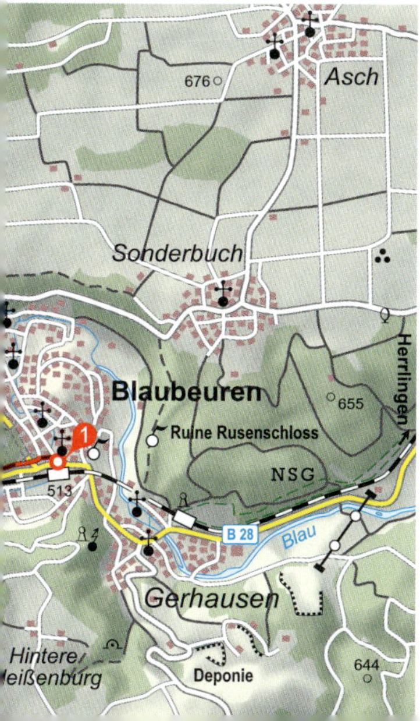

Los geht es in **Blaubeuren (1)** am Bahnhof. Der Wegweiser »Felsenlabyrinth« *(rotes Dreieck)* leitet uns über eine Treppe. Auf dem mit *rotem Dreiblock* markierten Wanderpfad spazieren wir bergab zur Ach, folgen dem Fußgängerweg neben der B 492 an **Weiler (2)** vorbei und begeben uns danach auf den Radwanderweg in Richtung Sontheimer Höhle. Wir bleiben nun auf der ausgedehnten und erholsamen Waldwanderung, vorbei am Bannwald des Naturschutzgebietes Rabensteig, immer auf dem Forstweg in der engen Talsohle, bis uns kurz vor dem Talschluss ein Pfad empor zur **Sontheimer Höhle (3)** leitet.
Dort führt uns rechts ein Waldweg *(gelber Dreiblock)* an der Hinteren Kohlhaldehöhle vorbei und über

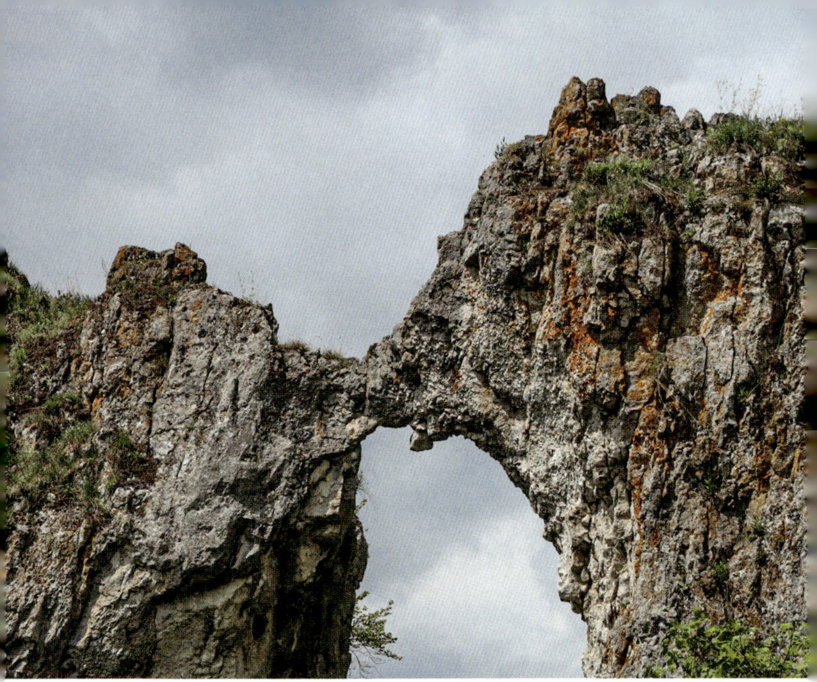

Oben: Die Felsformation »Küssende Sau« unterhalb der Ruine Günzelburg.
Rechts: Das charmante Städtchen Blaubeuren.

Lichtungen. Später wechseln wir in ein Asphaltsträßchen und kommen nach **Seißen (4)**. Die Hülbe in dem urigen Dorfkern wurde mittels einer Folie vor dem Austrocknen bewahrt, nebenan steht ein Ziehbrunnen aus dem Jahre 1609.

Gleich danach die Beschilderung »Tiefental« beachtend, geht es nun über die Pfahläcker zu den Sportanlagen. Wir folgen links noch kurz dem *gelben Dreiblock* und nehmen dann die mit *rotem Dreieck* markierte Wiesenspur am Waldrand entlang. Auf einem Wirtschaftsweg überqueren wir daraufhin die Äcker, bevor wir bei der Hülbe den Pfad zur **Ruine Günzelburg (5)** nehmen (ganz kurzer Abstecher). Das *rote Dreieck* leitet uns nun durch den Wald hinunter zum Felsenlabyrinth mit dem Naturfenster »Küssende Sau«, in dem sich ein paar kleine Höhlen befinden. Auch im Bereich des letzten Wegabschnittes zurück zum Bahnhof **Blaubeuren (1)** bietet sich ein Abstecher zu zwei Höhlen an: zur Brillenhöhle, auch Zwickerhöhle genannt, und zur Runden Grotte.

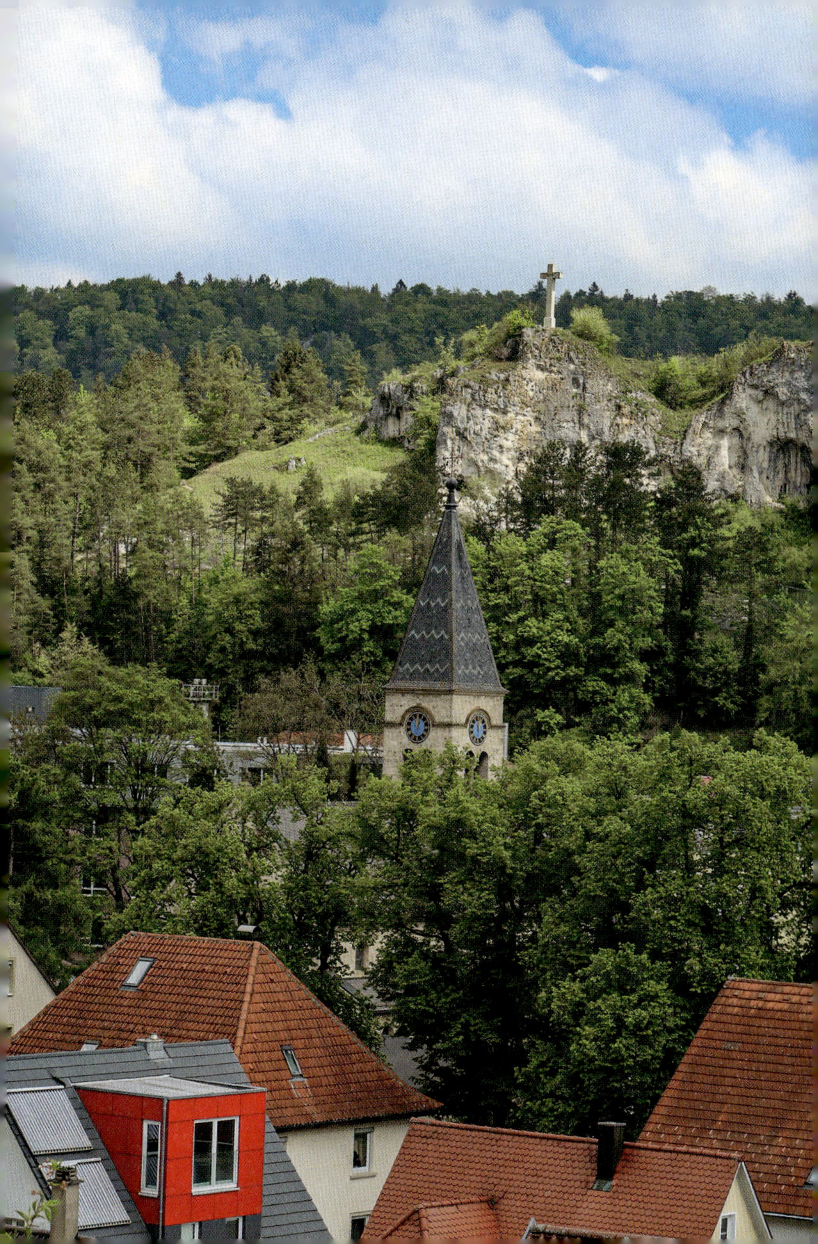

35 Blaubeuren – Ruine Gleißenburg – Beiningen – Gerhausen

3.00 Std.

Im wenig bekannten Hochsträß

Zwischen Ehingen und Ulm, Blaubeuren und der Donau erstrecken sich die einsamen Höhen des Hochsträß. Eine überwiegend harmonische Hügellandschaft, die sich für leichte Erholungstouren anbietet.

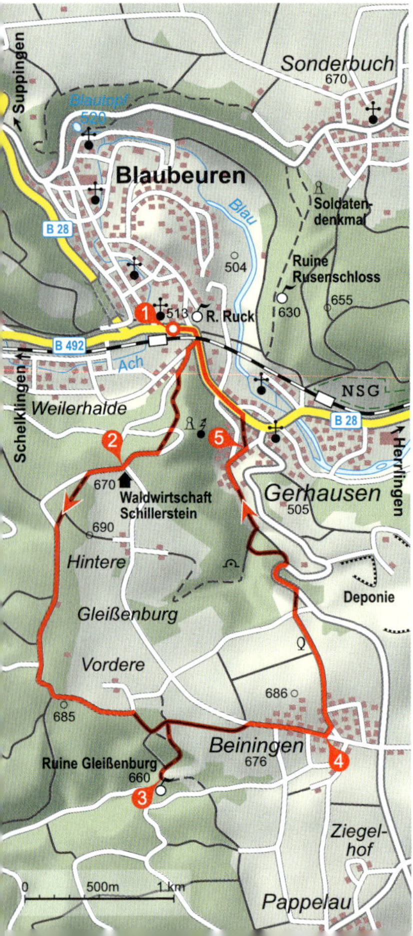

Ausgangspunkt: Blaubeuren, Bahnhof (Bahn von Ulm), 513 m.
Höhenunterschied: 250 m.
Anforderungen: Meist gut markierte Wander- und Forstwege, kurze Straßenabschnitte, leichter Aufstieg, etwas Orientierungssinn erforderlich.
Einkehr: In Blaubeuren, Waldwirtschaft Schillerstein und in Beiningen.

Wir spazieren vom Bahnhof **Blaubeuren (1)** kurz auf dem Gehsteig Richtung Ulm und zweigen nach der Bahnbrücke nahe des Bismarckfelsens auf das Natursträßchen ab. Dieses wechselt im weiteren Verlauf in einen mit *rotem Dreiblock* markierten Wanderweg, der durch schönen Mischwald hinauf zur **Waldwirtschaft Schillerstein (2)** auf der Albhöhe führt. Auf einem Forstweg halten wir uns Richtung Sotzenhausen weiter an die gewohnte Markierung und nehmen nach der Lichtung den Waldpfad, der Beschilderung »Gleißenburg« folgend. Bald geht es wieder auf einem Forstweg weiter, bis vor dem einzelnen Anwesen »Vordere Gleißenburg« der *rote Dreiblock* rechts auf einen schmäleren, talwärts führenden Waldweg zeigt. Wir wandern auf einer Pfadspur am Ackerrand entlang und am Wegkreuz beim Jägerstand rechts wieder auf einem Forstweg bergab.

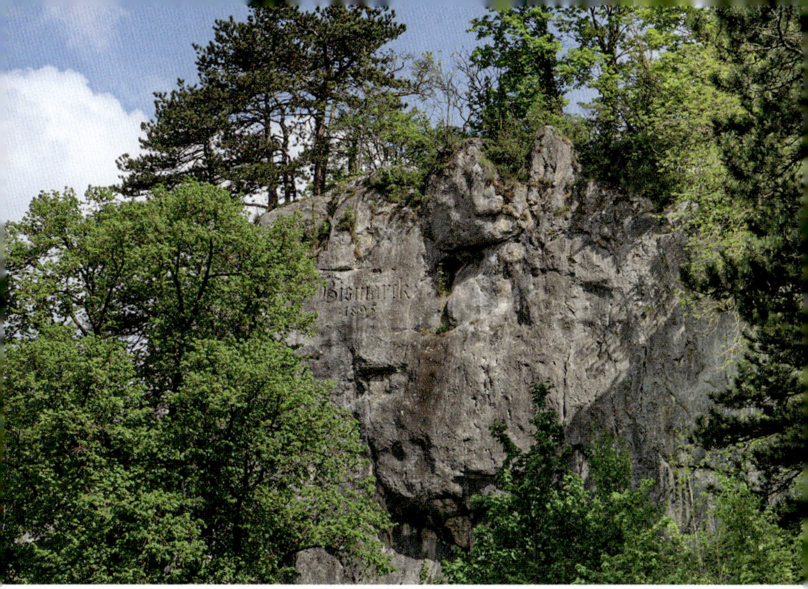

Der Bismarckfelsen nahe des Blaubeurer Bahnhofs.

Zuletzt gilt es, die Abzweigung der schwachen Pfadspur zur **Ruine Gleißenburg (3)** auf einer Waldkuppe nicht zu versäumen. Außer Erdwällen gibt es hier zwar nichts Besonderes zu sehen, dennoch ist es ein nettes, verstecktes Plätzchen auf geschichtsträchtigem Boden.
Zurück am Wegkreuz beim Jägerstand, nehmen wir rechts das Wirtschaftssträßchen über die Äcker nach **Beiningen (4)**. In der Dorfmitte folgen wir der Hochstraße bergan und genießen vom Spielplatz auf der Höhe eine weite Aussicht. Der Talkurs erfolgt anfangs noch auf dem Sträßchen, später auf dem mit *rotem Dreieck* markierten Feldweg und in der Kurve auf einem Wanderweg unter einer Brücke hindurch nach **Gerhausen (5)**. Die Straße »Unter dem Schillerstein« führt zum Ortsende, wo wir den Gehsteig parallel zur Bundesstraße zurück nach **Blaubeuren (1)** nehmen.

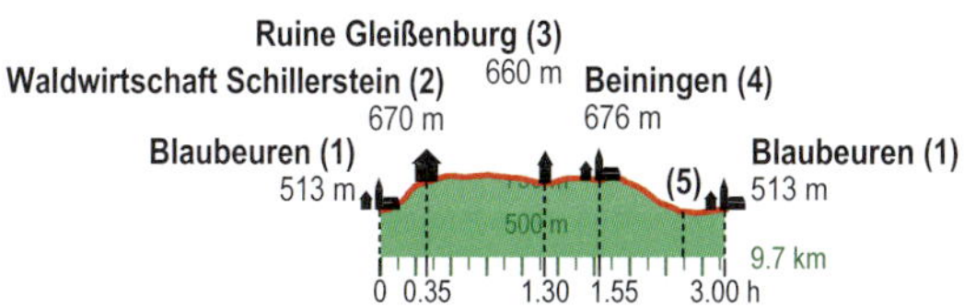

36 Blaubeuren – Ruine Rusenschloss, 630 m – Blautopf

2.15 Std.

Auf steilen Pfaden zum Blautopf

Kaum eine Ecke der Alb ist vielgestaltiger und reicher an Höhlen und Burgen, kaum ein anderes Tal zeugt von einer solch wechselvollen Flussgeschichte wie das junge Blautal. Von der hoch thronenden Ruine Rusenschloss präsentiert sich Blaubeuren, das »Städtle« an der Blauquelle, besonders eindrucksvoll.

Ausgangspunkt: Blaubeuren, Bahnhof (Bahn von Ulm), 513 m.
Höhenunterschied: 190 m.
Anforderungen: Markierte Wanderwege, Rückweg auf Stadtstraßen, recht steiler Aufstieg.
Einkehr: In Blaubeuren und Sonderbuch.

Das plätschernde Wasserrad der rekonstruierten Hammerschmiede am Blautopf.

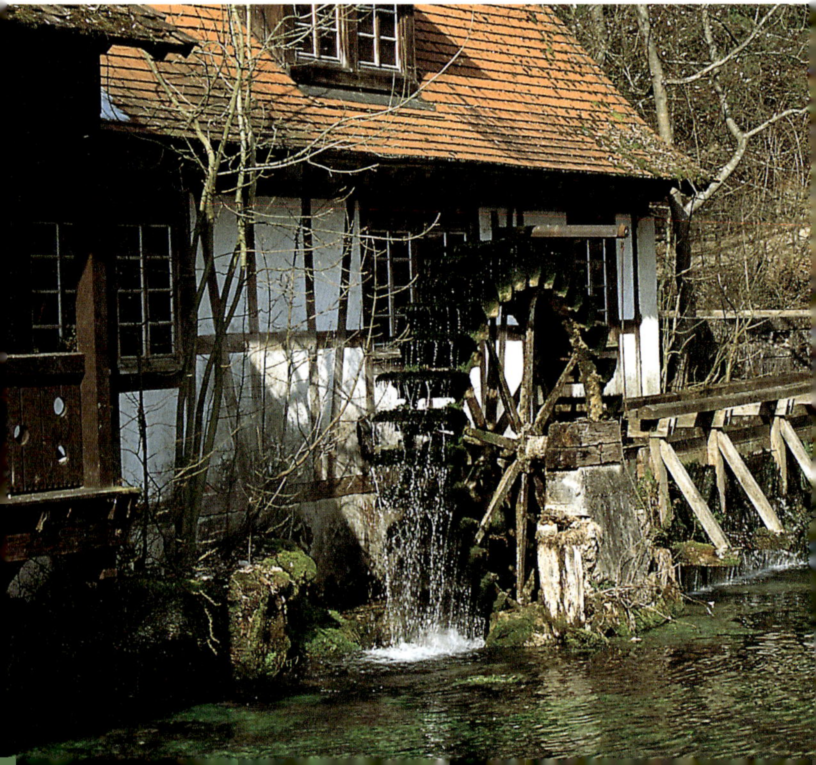

Wir spazieren vom Bahnhof **Blaubeuren (1)** kurz auf dem Gehsteig Richtung Ulm und folgen dem Fußweg mit der Beschilderung »Blaustein – Herrlingen« *(roter Dreiblock)*. Vor der Bahnbrücke nahe des Bismarckfelsens halten wir nach dem kurzen Abstieg an einem Bächlein entlang direkt auf das bizarre Felsenriff mit der Ruine Rusenschloss zu. Auf dem Fußgängersteg überqueren wir die träge fließende Blau. Bei der folgenden Bahnunterführung weist uns die Beschilderung »Rusenschloss« auf den anfangs noch mit *rotem Dreiblock*, gleich darauf mit *roter Raute* markierten Wanderpfad steil bergan durch das Kiefernwäldchen. Noch vor dem Erreichen der **Ruine Rusenschloss (2)** empfiehlt sich der kurze Abstecher zur Kleinen Grotte, einer Durchgangshöhle mit beachtlichem Portal und einem Spalt. In den Felsen unter der Ruine findet sich, nicht ganz leicht zugänglich, auch noch die Große Grotte oder Große Rusenschlosshöhle.

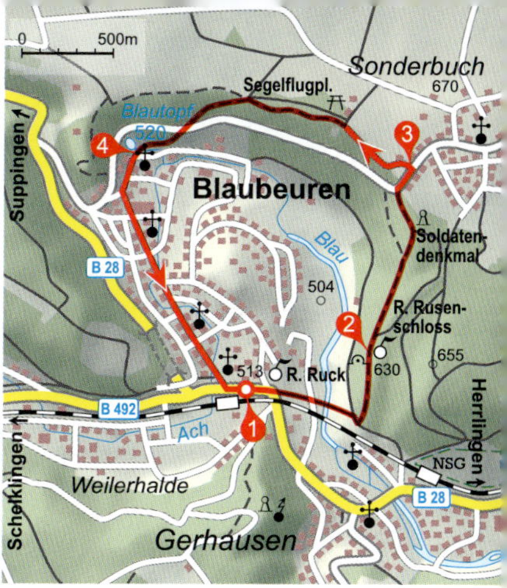

Die *rote Raute* leitet uns noch ein Stück bergan, bis unser Kurs, dem Wegweiser »Segelflugplatz« folgend, in den mit *rotem Dreiblock* markierten Wanderweg mündet. Nach einem letzten Aufschwung haben wir das Soldatendenkmal erreicht. Nochmals öffnen sich lohnende Tiefblicke auf Blaubeuren und das Urstromtal der Donau. Am Ortsschild von **Sonderbuch (3)** halten wir uns rechts und schwenken gleich wieder links ab auf das Sträßchen hinein zum Segelflugplatz. An der Flughalle folgen wir dem weiterhin mit *rotem Dreiblock* ausgewiesenen Weg Richtung Blautopf geradeaus. Auf dem Spielplatz mit der Grillstelle und Hütte bietet sich abermals eine kleine Rast an, bevor uns dort, wo sich rechts des Weges ein Feld öffnet, der reizvolle Wanderweg links über den steilen Waldhang hinunter und die Straße querend zum berühmten **Blautopf (4)**, dem größten Quelltopf der Alb, führt.

Hinter dem 21 m tiefen Quelltopf versteckt liegt die nur von Höhlentauchern zu befahrende mächtige Blautopfhöhle, aus welcher der herrlich blaue Wasserstrudel hervorquillt. Wer mag, kann noch das Innere der alten Hammerschmiede mit dem lustig plätschernden Wasserrad bestaunen, bevor er voller neuer Eindrücke auf der lebendigen Geschäftsstraße zurück zum Bahnhof **Blaubeuren (1)** spaziert.

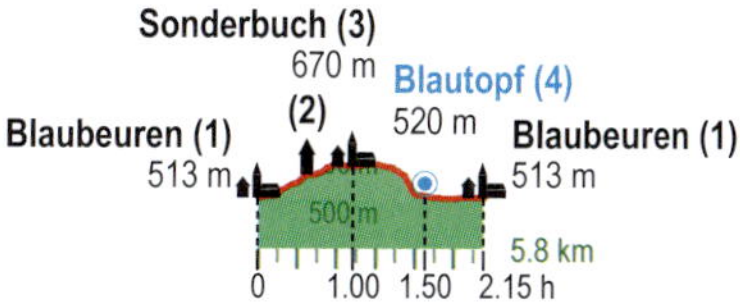

37 Herrlingen – Arnegg – Blautalried – Burg Neidegg

4.00 Std.

Liebenswertes Blautal

Die behäbig durch das Riedgebiet strömende Blau begleitet die vergnügliche Wanderung zwischen Blaubeurer Alb und Hochsträß. Beiderseits der einst von der Urdonau durchflossenen Talaue spitzen immer wieder kecke Felsstotzen aus den Mischwaldhängen. Schmerzlich heben sich dagegen die himmelschreienden Wunden der Zementmergel- und Kalkstein-Abbaugebiete ab.

Ausgangspunkt: Herrlingen (Blaustein), Bahnhof (Bahn von Ulm), 495 m.
Höhenunterschied: 170 m.
Anforderungen: Blautal-Radwanderweg, lückenhaft markierte Forstwege und Wanderpfade, sanfter Anstieg, etwas Orientierungssinn vorteilhaft.
Einkehr: In Blaustein und Arnegg.

Vom Bahnhof **Herrlingen (1)** aus spazieren wir am Parkplatzende über die Gleise und auf einer Brücke über die Blau. Dann geht es rechts auf dem Radweg ins flache Blautal hinein und durch den Ort **Arnegg (2)**. Ein Stück danach ist der Weg geteert. Wo die Materialbahn den Radweg quert, steigen

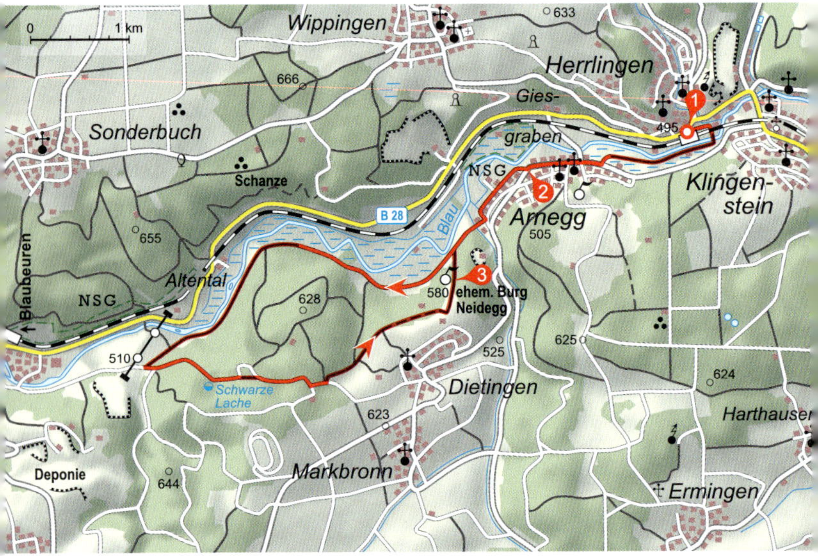

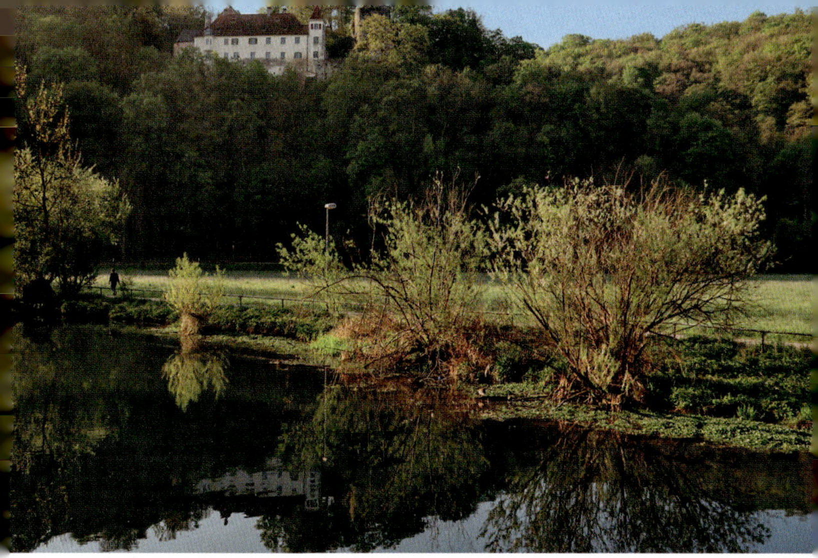

Blau bei Herrlingen mit dem Schloss Klingenstein.

wir links auf dem mit *rotem Dreiblock* markierten Forstweg bergwärts. Kurzzeitig nehmen wir mit einem schmäleren Waldweg vorlieb, bevor uns auf der Kuppe, 648 m, erneut eine gepflegte Forstfahrbahn aufnimmt (gleich danach links und an Querweg rechts halten). Stets der gewohnten Markierung folgend, verläuft die Strecke bei einem Bienenhäuschen auf einem Wiesenpfad weiter. Dieser mündet dann in ein Wirtschaftssträßchen, dem man nach rechts folgt. Gleich darauf verläuft die Route als spärlich markierter Wanderweg innerhalb des Waldes. Vom Wegende halten wir uns kurz auf einer Wiesenspur hinauf zu einer Kuppe und wandern auf dem geteerten Wirtschaftsweg talwärts.
Im weiteren Verlauf kommen wir auf einem Waldweg geradeaus an der ehemaligen **Burg Neidegg (3)** vorbei, von der noch ein paar Mauerreste zu sehen sind. Nach einem kurzen Abstieg schwenken wir unten im Blautal wieder in den bekannten Kurs ein, der uns über **Arnegg (2)** zum Ausgangspunkt **Herrlingen (1)** führt.

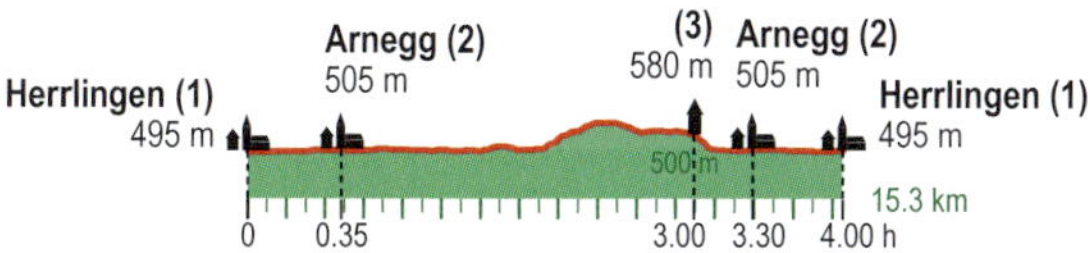

38 Bühlenhausen – Kleines Lautertal – Hübscher Stein

3.45 Std.

Trockental-Bummeltour in der nördlichen Blaubeurer Alb

Ob der Hübsche Stein seinen Namen zu Recht trägt, darüber lässt sich streiten. Der unter einer ausladenden Veteranenlinde im hintersten Kleinen Lautertal schlummernde Grenzstein »Ulm – Helfenstein – Württemberg« verdeutlicht dem aufmerksamen Wanderer jedenfalls die mittelalterlichen Hoheitsansprüche.

Ausgangspunkt: Bühlenhausen, Kirche (Bus von Ulm), 664 m.
Höhenunterschied: 130 m.
Anforderungen: Gut markierte Forst- und Wirtschaftswege, sanfter Anstieg.
Einkehr: Nur in Bühlenhausen.

Auf der Hauptstraße spazieren wir in **Bühlenhausen (1)** am Dorfweiher vorbei und biegen anschließend links in die Daunerstraße ein. Das *gelbe Dreieck* leitet uns, den Wegweiser »Tobelhalde – Herrlingen« beachtend, anfangs auf einem Wirtschaftssträßchen, außerhalb auf einem Forstweg an

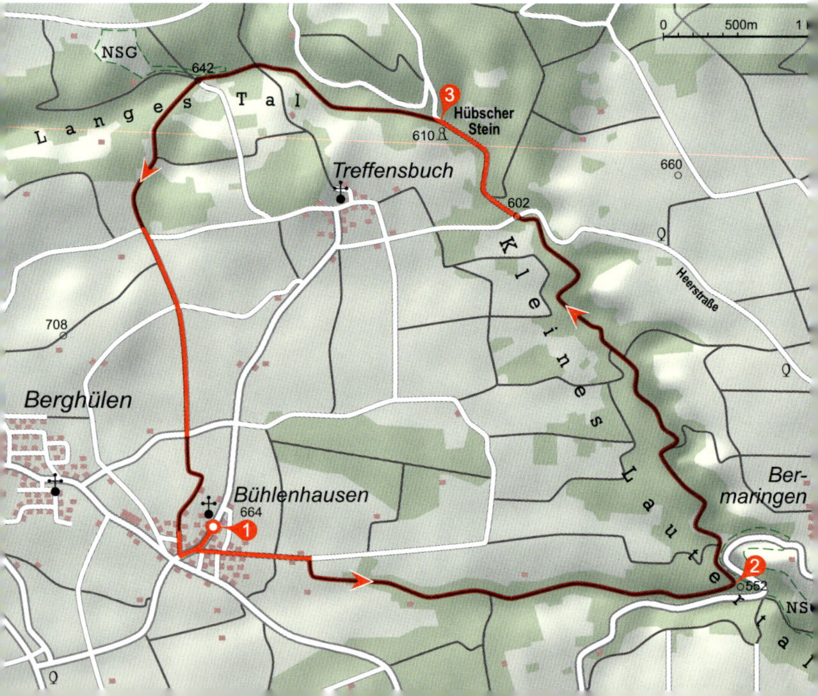

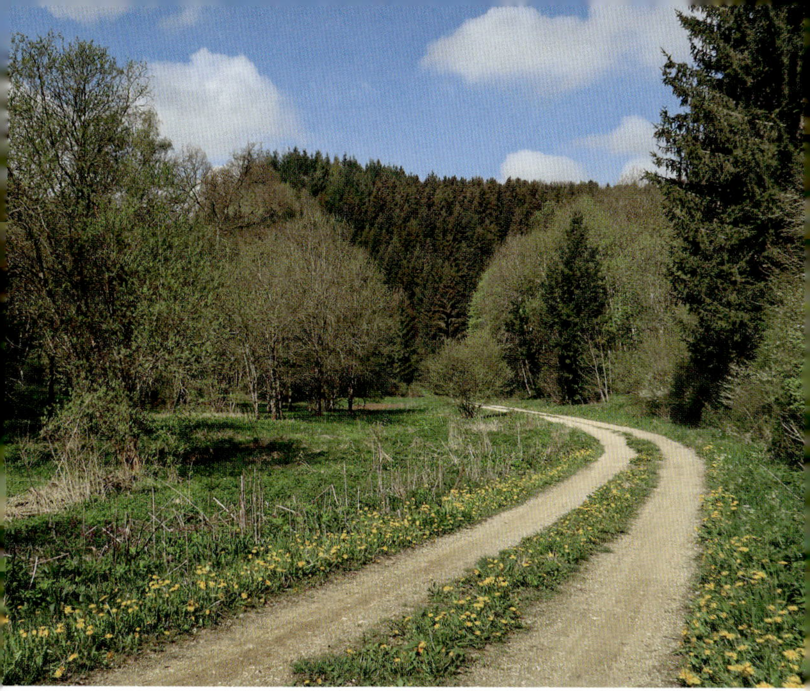

Das obere Kleine Lautertal ist ein albtypisches Trockental.

vereinzelten Felsstotzen vorbei, durch ein Trockental hinunter ins obere **Kleine Lautertal (2)**.
Am Wegkreuz kurz vor der Straßenunterführung weist uns der *gelbe Dreiblock* auf einen einen sanft ansteigenden Forstweg, weiter einwärts in das stille, ebenfalls trockenliegende Tal. Wir halten uns stets im Haupttal und kommen nach einer Straßenquerung zum **Hübschen Stein (3)**.
Dort folgen wir weiterhin der *gelben Raute* und orientieren uns im Langen Tal am *gelben Dreieck*, die Beschilderung »Blaubeuren – Bühlenhausen« beachtend. Immer geradeaus, zuletzt auf einem Wirtschaftssträßchen, treffen wir über die Äcker wieder im Ausgangsort **Bühlenhausen (1)** ein.

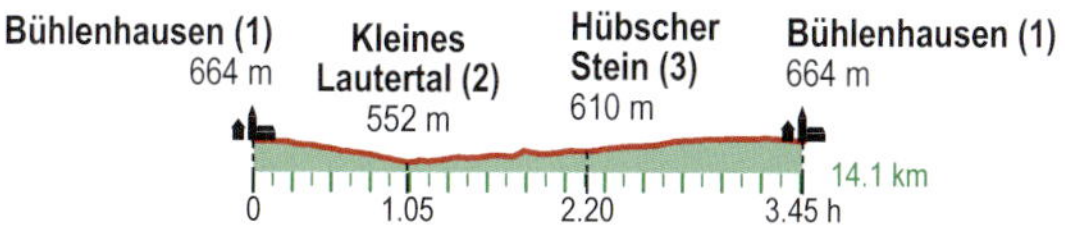

39 Herrlingen – Weidach – Kiesental – Lauterursprung

4.30 Std.

Ulmer Alb und Kleines Lautertal

Der mit den ausgedehnten, sanft gewölbten Ackerhöhen eher gemäßigte Landschaftscharakter der Ulmer Alb überrascht in seinem wilden Westen mit dem kraftvollen Lauterursprung durch tiefe Taleinschnitte.

Ausgangspunkt: Herrlingen (Blaustein), Bahnhof (Bahn von Ulm), 495 m.
Höhenunterschied: 200 m.
Anforderungen: Ausreichend markierte Wander-, Forst- und Wirtschaftswege, leichte Anstiege und ein steiler Abstieg.
Einkehr: In Blaustein, Weidach, Weidacher Hütte (kurzer Abstecher) und in Lautern.

In **Herrlingen (1)** verlassen wir die Straße Richtung Ulm, der Beschilderung »Bermaringen« folgend, und beachten den Wanderwegweiser »Weidach«. Er dirigiert uns über Stufen auf einen reizvollen, mit *roter Raute* markierten Wanderpfad, der sich in wenigen Minuten Gehzeit empor zu einem Funkmast mit Tiefblick auf Herrlingen und zum Steinbruch schlängelt. Unsere nun flach verlaufende Route wechselt erst in einen Feldweg, später in einen Forstweg. Am Sportplatz geht es hinaus zum Sträßchen und an einem Feuchtbiotop vorbei nach **Weidach (2)**. Vom Straßendreieck in der Ortsmitte hinunter zu einer Scheune spazierend, treffen wir wieder auf den offiziellen Wanderkurs.
Eine mit *roter Raute* bezeichnete Wiesenspur leitet uns nun links am Hang entlang und bei einem Markierungspfosten kurz bergab zu einem Felswändchen. Dort führt uns ein Waldpfad vollends hinunter ins Kiesental, 553 m. Wir nehmen links den Forstweg, wandern gemütlich bergan und schwenken in die Teerstraße Richtung Weidach ein. In der Kurve geht es geradeaus wieder auf einen Forstweg und an der folgenden Weggabel links bergan durch den Läuberhau.

Lautern im verschwiegenen Tal der Kleinen Lauter.

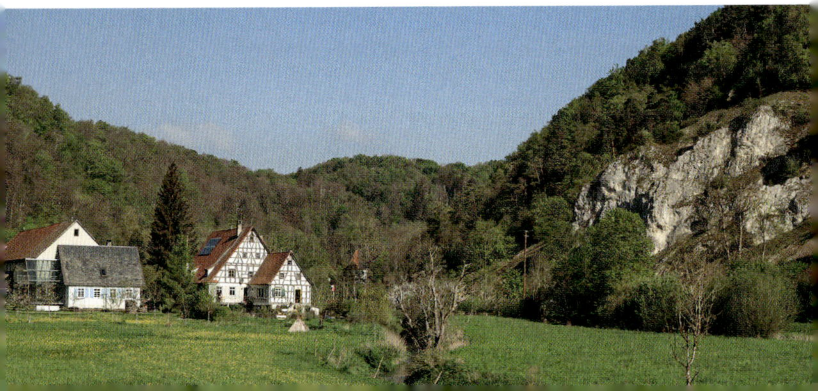

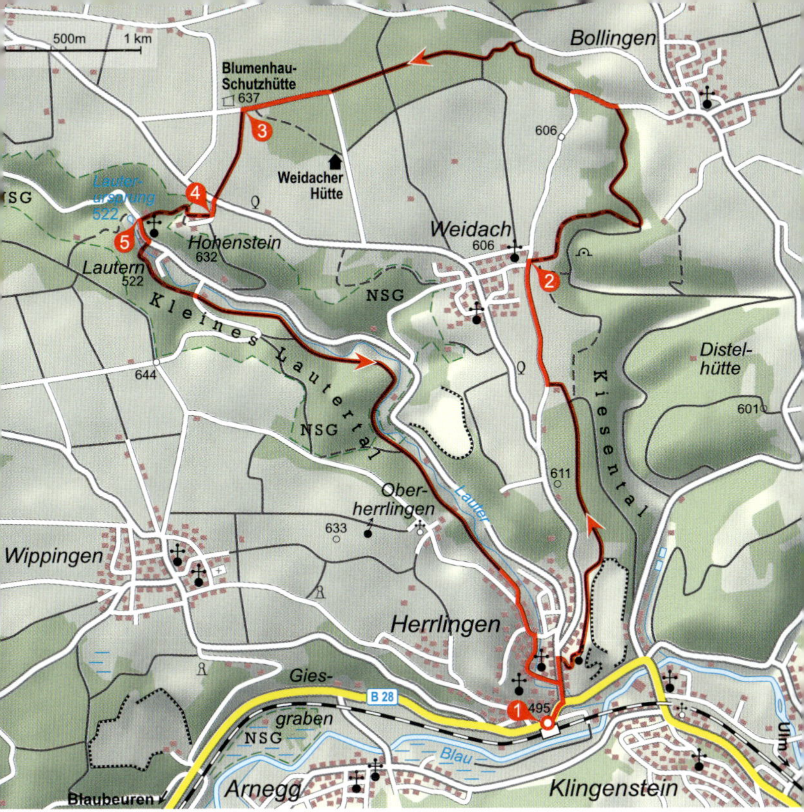

Kurz vor der **Blumenhau-Schutzhütte (3)** folgen wir links einem Feldweg, der mit einer Straßenquerung nach **Hohenstein (4)** führt. Noch vor den Häusern weist uns die Beschilderung auf das steile Steiglein talwärts nach Lautern, 522 m, einer idyllischen, abgeschiedenen Häuseransammlung am **Lauterursprung (5)**. Wir nehmen links das Sträßchen, beachten außerhalb des Ortes den Wegweiser »Wippingen« und schlendern nach dem einzelnen Anwesen auf dem Spazierweg durch das verträumte Wiesental der Kleinen Lauter wieder zurück nach **Herrlingen (1)**.

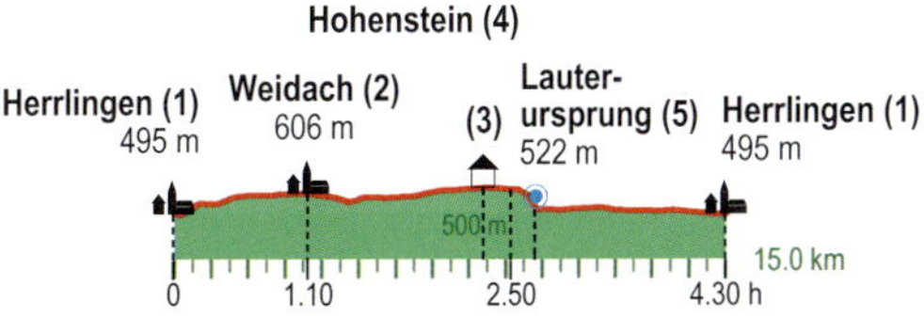

40 Breitingen – Schönrain – Salzbühlhöhle

2.10 Std.

Nachdenklicher Spaziergang entlang der geheimnisvollen Lone

Auf dem Dach unseres Wanderzieles, der Salzbühlhöhle, thronte in grauer Vorzeit eine Burg. Als Besitzer werden die Herren von Bernstadt genannt. Entdeckt hat das verfallene Gemäuer der Oberförster L. Bürger aus Langenau im Jahre 1890. Die Tierknochenfunde aus dem Höhlengewölbe sind bedauerlicherweise allesamt verschwunden.

Ausgangspunkt: Breitingen, Ortsmitte, Bushaltestelle (Bus von Ulm), 530 m.
Höhenunterschied: 20 m.

Anforderungen: Ausreichend markierte, flache Wirtschaftswege.
Einkehr: Nur in Breitingen.

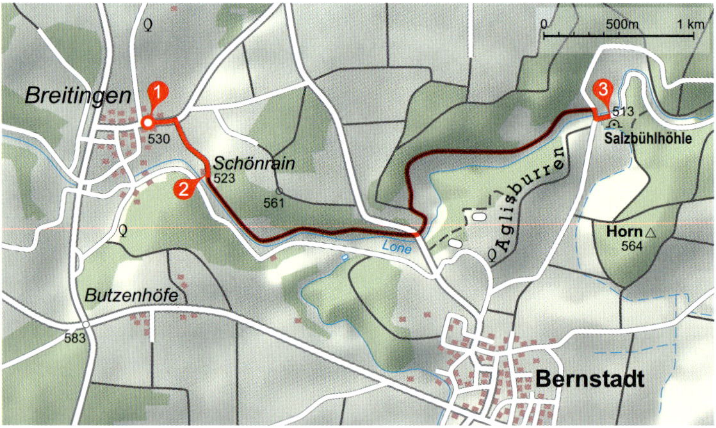

Der gemütliche Talausflug beginnt in **Breitingen (1)** auf der Straße Richtung Neenstetten. Am Ortsende folgen wir dem Sträßchen unter einem schönen Wacholderhang hindurch nach **Schönrain (2)**. Hier verengt sich das von Waldhängen gesäumte Tal. Wir spazieren durch das Anwesen und lassen uns von dem mit *gelbem Dreieck* markierten Wirtschaftsweg Richtung Langenau am Loneflüsschen entlangführen. Später leitet uns nur noch ein schwacher Feldweg durch das erholsame Wiesental, durch das einst die mächtige Urlone rauschte. Auffallend ist, dass sich der Wasserlauf mit zunehmendem Flussabwärtswandern verschmälert. Nach der Querung der Straße von Bernstadt entfernt sich das schwindende Flüsschen eine Zeitlang

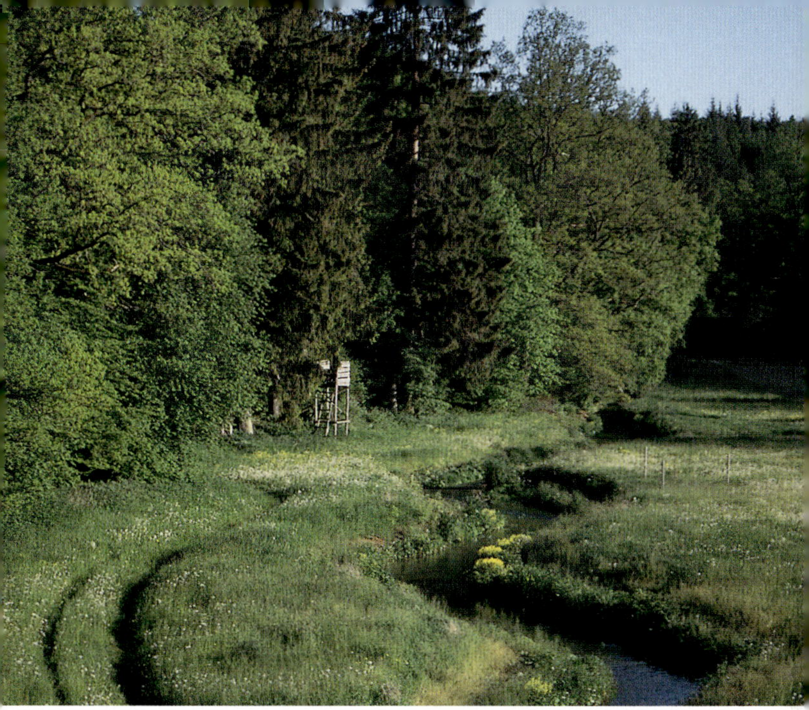

Das Loneflüsschen schlängelt sich durch das gleichnamige Tal bei Bernstadt.

von uns. Wir spazieren nun wieder auf einem breiten Wirtschaftsweg. Auf der Höhe des Aglisburren kriecht das jämmerliche Rinnsal abermals zu uns heran und schickt sich gar an, völlig einzutrocknen. Schuld an dem Schwächezustand sind die Kalkklüfte im Karstboden. Diese entziehen der Lone den Lebenssaft und leiten ihn, erwiesen durch Wassermengenberechnungen, der Nau bei Langenau zu.

Mit der **Salzbühlhöhle (3)** ist dann unser Ziel erreicht. Wer über genügend Lust und Zeit verfügt, kann das geheimnisvolle Flussbett vielleicht noch ein Weilchen weiterverfolgen, vorbei an Höhlen und vergessenen Burgplätzen. Mal fließt das Wasser, mal ist es ganz verschwunden – ein seltsames Versteckspiel. Auf dem gleichen Weg geht es dann über **Schönrain (2)** zurück nach **Breitingen (1)**.

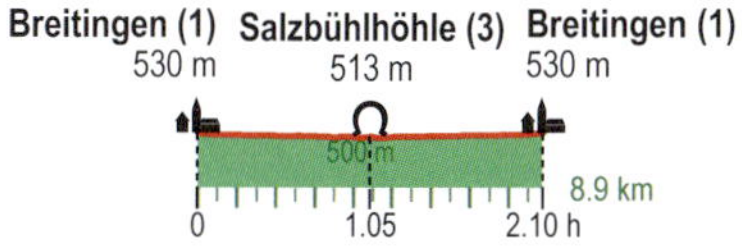

41 Bissingen – Vogelherdhöhle – Charlottenhöhle

3.30 Std.

Auf Entdeckungstour in der Heidenheimer Alb

Die Charlottenhöhle, mit einer Länge von 532 m die längste Schauhöhle der Schwäbischen Alb, hat ihren Namen von der Königin Charlotte von Württemberg erhalten. Nach dem relativ schmalen Eingang gelangt man in rund zehn geräumige Tropfsteinhallen. Unterhalb der Höhle laden das Höhlenhaus, die Höhlen-Erlebniswelt und das Höhlen-Schauland zu einem Besuch.

Ausgangspunkt: Bissingen (Herbrechtingen), Sportplatz, 510 m.
Höhenunterschied: 170 m.
Anforderungen: Abschnittsweise lückenhaft markierte Wander-, Forst- und Wirtschaftswege, kurze Anstiege, etwas Orientierungssinn erforderlich.
Einkehr: Vogelherdhöhle, kurze Abstecher nach Lontal, zur Gaststätte unterhalb der Charlottenhöhle, oder nach Hürben.

Wir wandern vom Parkplatz nach dem Sportplatz **Bissingen (1)** kurz die Teerstraße bergab und folgen noch vor dem Waldrand dem Hauptwanderweg 4, der Pfadspur Richtung Lonetal (auch Jakobsweg). Nach der weglosen, aber markierten Kuppe folgt talwärts eine Wiesenquerung neben der Landstraße. Vom Talparkplatz leitet ein Fußgängerweg über die **Lonebrücke (2)**, 462 m, zum Archäopark (Fundort 40.000 Jahre alter figürlicher Kunstobjekte) mit der **Vogelherdhöhle (3)**, 489 m.

Kagstein bei der Charlottenhöhle.

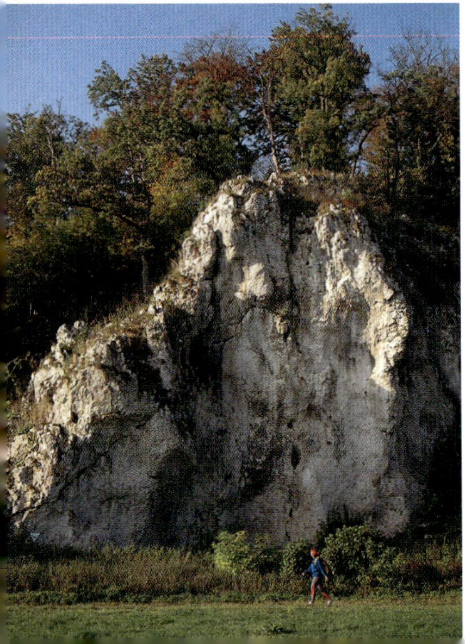

Am Parkplatz geht es auf den Wirtschaftsweg Richtung Charlottenhöhle, den Lonetalweg. Wir beachten das *rote Dreieck* und folgen dem Wanderweg bergab durch einen Mischwald zurück zur Straße im **Lonetal (4)**, 458 m. Auf der anderen Talseite nehmen wir das Wirtschaftssträßchen Richtung Reuendorf und zweigen gleich wieder rechts auf den reizvollen, mit *rotem Dreieck* bezeichneten Wanderweg ab, der durch den Wald zur **Ruine Kaltenburg (5)** führt.

Nach dem Abstecher zur **Charlottenhöhle (6)** wandern wir zurück zur Weggabel und halten uns an

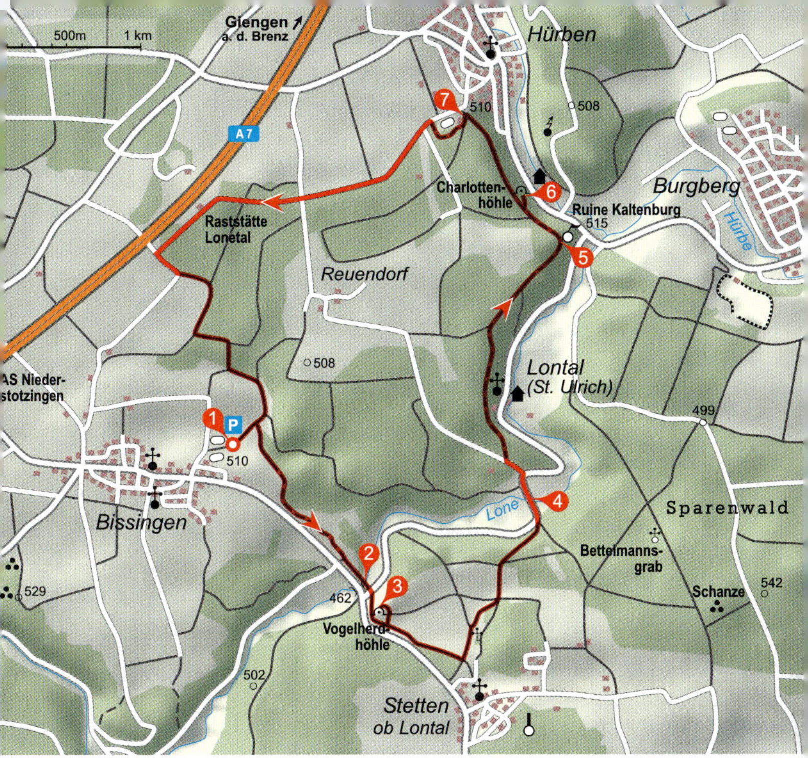

den *roten Dreiblock* zu den Sportanlagen in **Hürben (7)**, 510 m. Dort nehmen wir den Albschäferweg, einen Wirtschaftsweg.
Nach einer Straßenquerung folgen wir beim Autobahn-Rastplatz kurz der Straße und treffen beim Waldende wieder auf den *roten Balken* des Hauptwanderweges 4 Richtung Lonetal. Das Wirtschaftssträßchen wechselt in einen Wanderweg am Waldrand entlang. Beim Jägerstand nach der Kurve führt die Route spärlich markiert in den Wald hinein, an einer Hütte vorbei und zurück nach **Bissingen (1)**.

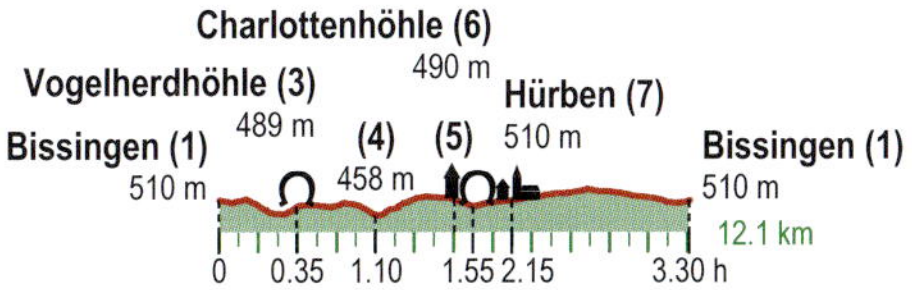

TOP **42**

Herbrechtingen – Buigen – Spitzbubenhöhle – Anhausen

3.00 Std.

Erlebnisreiche Brenzschleife

Man nimmt an, dass die Brenz mit ihrem deutlichen Wasserverlust im Naturschutzgebiet der Eselsburger Schleife die Hürbe speist. Mehrere verfallene Burggemäuer, Schanzen und keltische Wälle sowie eine Vielzahl an Höhlen und Felsengärten machen diese abwechslungsreiche Ecke zwischen der Heidenheimer Alb und dem Härtsfeld zu einem beliebten Wandergebiet.

Ausgangspunkt: Herbrechtingen, Bahnhof (Bahn von Heidenheim), 470 m.
Höhenunterschied: 100 m.
Anforderungen: Meist gut markierte Wander-, Wirtschafts- und Forstwege, Rückweg auf Fußgängerweg, nur kurze Anstiege.
Einkehr: In Herbrechtingen, Eselsburg und Anhausen.

In **Herbrechtingen (1)** spazieren wir von der Bahnhofstraße Richtung Buigenhütte die Einbahnstraße bergab und durch die Unterführung (*roter Dreiblock*). Rechts am Bach entlang verläuft dann ein Fußweg zur Brunnenstraße. Der Baumschulenweg führt zum Hallenbad. Dort leitet eine Wiesenspur

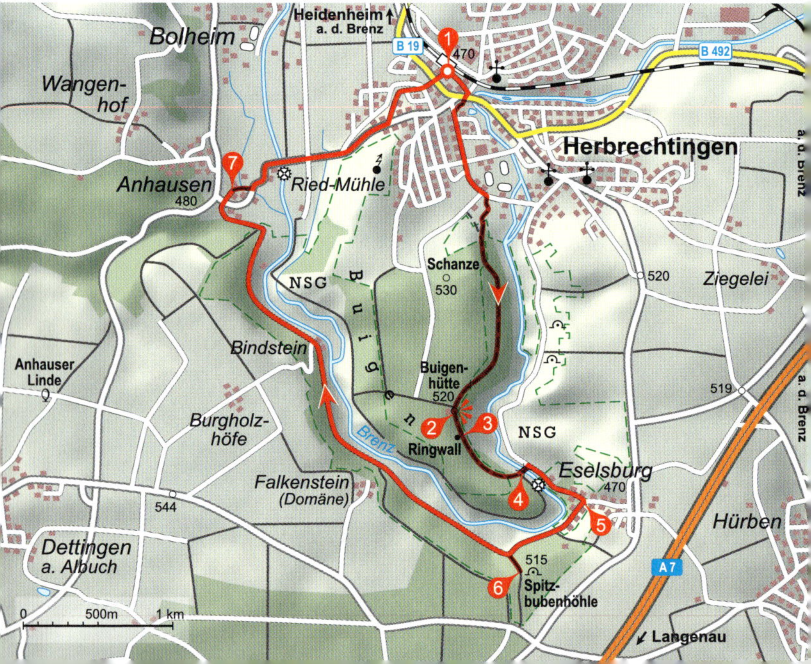

zum Wald hinauf, durch den wir auf einem abwechslungsreichen Wanderweg am Abhang entlang, stets den Markierungen folgend, die **Buigenhütte (2)** erreichen. Von dem Felsvorsprung genießt man einen schönen Tiefblick zur Brenz, die sich hier träge durchs Tal mit den versteppten Hanglagen windet. Weiter geht es am **Buigen (3)** vorbei, einem ehemaligen Ringwall aus der Hallstadtzeit.

Unten im Tal wandern wir über die **Brenzbrücke (4)** und auf dem Wirtschaftsweg flussaufwärts nach **Eselsburg (5)**. In Richtung Sallenbüchle spazierend, wartet nach knapp 1 km die **Spitzbubenhöhle (6)**, 515 m, in einem abgeschiedenen Seitental auf unseren Besuch – nicht zu verwechseln mit der südlich von Anhausen gelegenen Klemmerhöhle, die auf der topografischen Karte ebenfalls den Namen Spitzbubenhöhle trägt. Zurück auf dem Äußeren Talweg, einem Wirtschaftsweg, bummeln wir gemütlich brenzaufwärts nach **Anhausen (7)**. In den Steilhängen über uns schlummern noch weitere versteckte Höhlen, wie bereits oben bei der Ruine Eselsburg. Auch auf der anderen Seite des Tals gäbe es so manche Natursehenswürdigkeit zu entdecken. Den Westhang des Buigen ziert zudem eine prächtige Wacholderheide. Vom ehemaligen Kloster bringt uns ein Fußgängerweg zurück nach **Herbrechtingen (1)**.

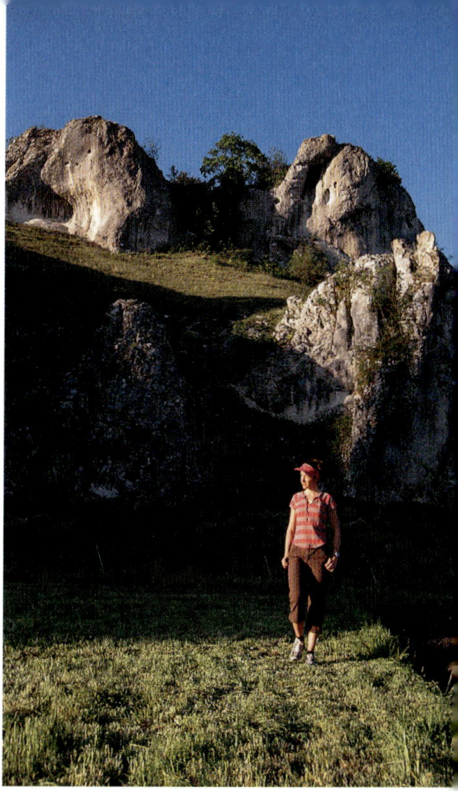

Eselsburger Felsszenerie.

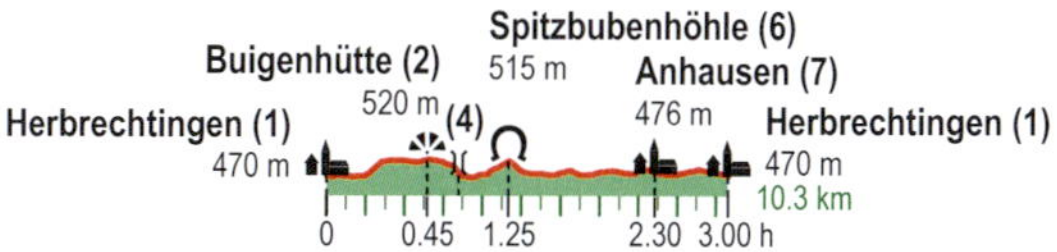

43 Unterkochen – Kocherursprung – Braunenberg, 700 m

5.30 Std.

Waldesruh' über dem Kochertal

Unter kraftstrotzendem Rauschen und wildem Aufschäumen bahnen sich die Wassermassen des jungen Weißen Kochers, die aus mehreren Quellen entspringen, zwischen bemoosten Felsblöcken und verkeilten Baumstämmen einen Weg durch das einzwängende Bachbett hinaus in die breitere Talsohle des großen Bruders, des Schwarzen Kochers.

Ausgangspunkt: Unterkochen, Bahnhof (Bahn von Aalen), 470 m.
Höhenunterschied: 410 m.
Anforderungen: Gut markierte Wander- und Forstwege sowie Wirtschaftssträßchen, bis auf einen kurzen Steilaufschwung sanfte Anstiege.
Einkehr: Unterkochen, kurze Abstecher vor dem Braunenberg zum Wanderheim oder vor Röthardt zum Erzhäusle.

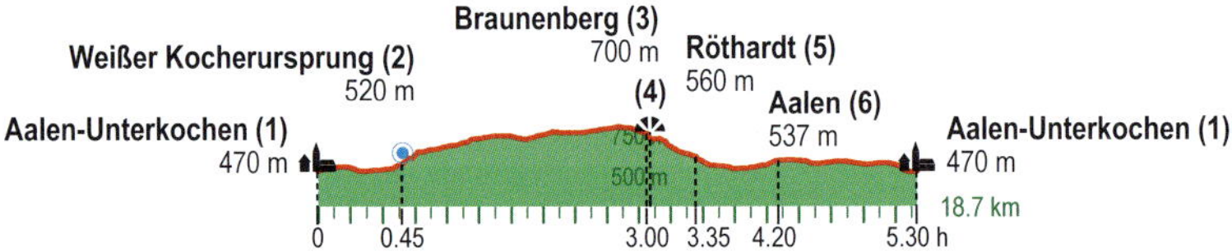

Vom Bahnhof **Unterkochen (1)** nehmen wir gegenüber den Kollmannweg bergan. Danach geht es, stets mit *roten Dreiecken* markiert, Richtung Kocherursprung. Nach der Sporthalle schlängelt sich ein Wanderpfad an dem lebhaften Wildbach entlang, hinein in den abenteuerlichen Talschluss, umrahmt von steilen Waldhängen. Vom Quelltopf des **Kocherursprungs (2)** mühen wir uns in Serpentinen empor zur Kreisstraßenquerung.

Nun geht es ein Stück auf einem Fußweg bergab und links auf dem Hauptwanderweg 4, einem Forstweg, abermals bergan zur Querung der gleichen Kreisstraße. Weiterhin dem *roten Balken* folgend, kreuzen wir die Landstraße und schwenken gleich wieder links (Durchlass) in einen Forstweg, der uns im Auf und Ab, im weiteren Verlauf mit »Goldshöfe« beschildert, durch den ausgedehnten Wald führt. Erst am Wegkreuz Flexner Braunenberg, wo der Wanderweg nach Kapfenburg rechts abzweigt, nehmen wir den mit *blauem Dreieck* markierten Weg am Sendeturm vorbei. In der Rechtskurve biegen wir links auf den steinigen Waldpfad zum **Braunenberg (3)** ab und wandern über den Bergsporn talwärts. Der kurze Abstecher zum **Aussichtspunkt »Steinbruch« (4)** bietet einen informativen Talblick. Am Bergfuß halten wir uns kurz rechts und biegen außerhalb des Waldes links in die Straße ein.

In **Röthardt (5)** folgen wir dem Grabenweg und dann dem Wirtschaftssträßchen steil bergab und am Hirschbach entlang weiter talwärts. An der Kreu-

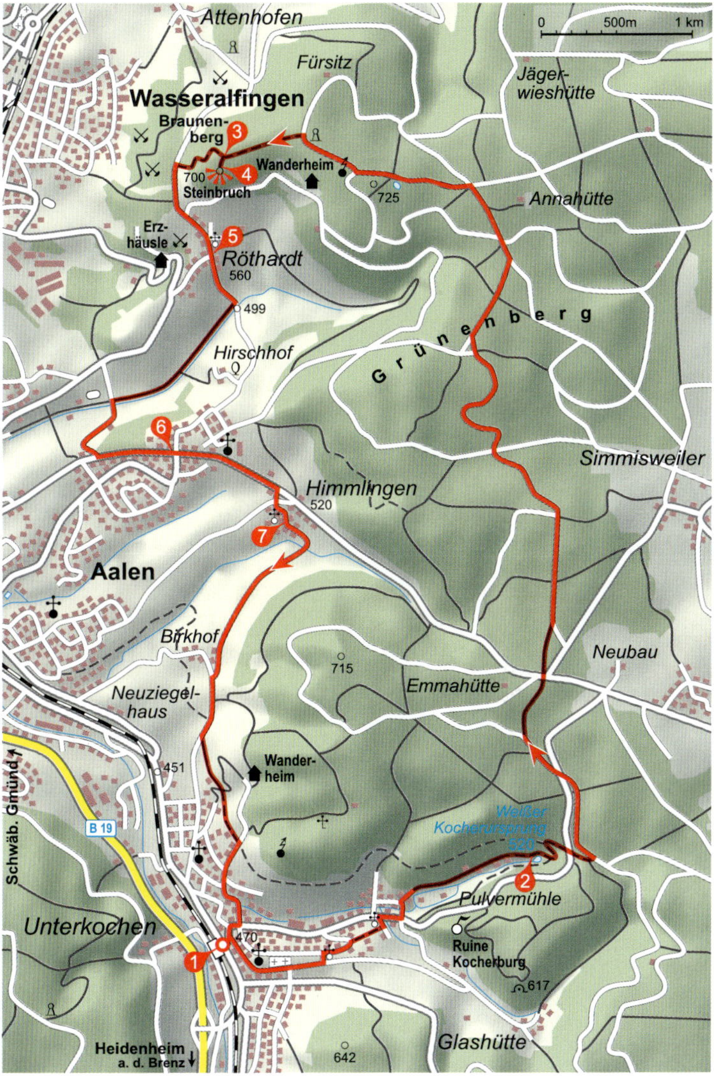
Attenhofen
Fürsitz
Wasseralfingen
Braunen-
berg
Wanderheim
700
Steinbruch
725
Jäger-
wieshütte
Annahütte
Erz-
häusle
Röthardt
560
499
Hirschhof
Grünenberg
Simmisweiler
Himmlingen
520
Aalen
Birkhof
715
Neuzeigel-
haus
Emmahütte
Neubau
451
Wander-
heim
Schwäb. Gmünd
B 19
Weißer
Kocherursprung
520
Pulvermühle
Unterkochen
470
Ruine
Kocherburg
617
Glashütte
642
Heidenheim
a. d. Brenz
0
500m
1 km

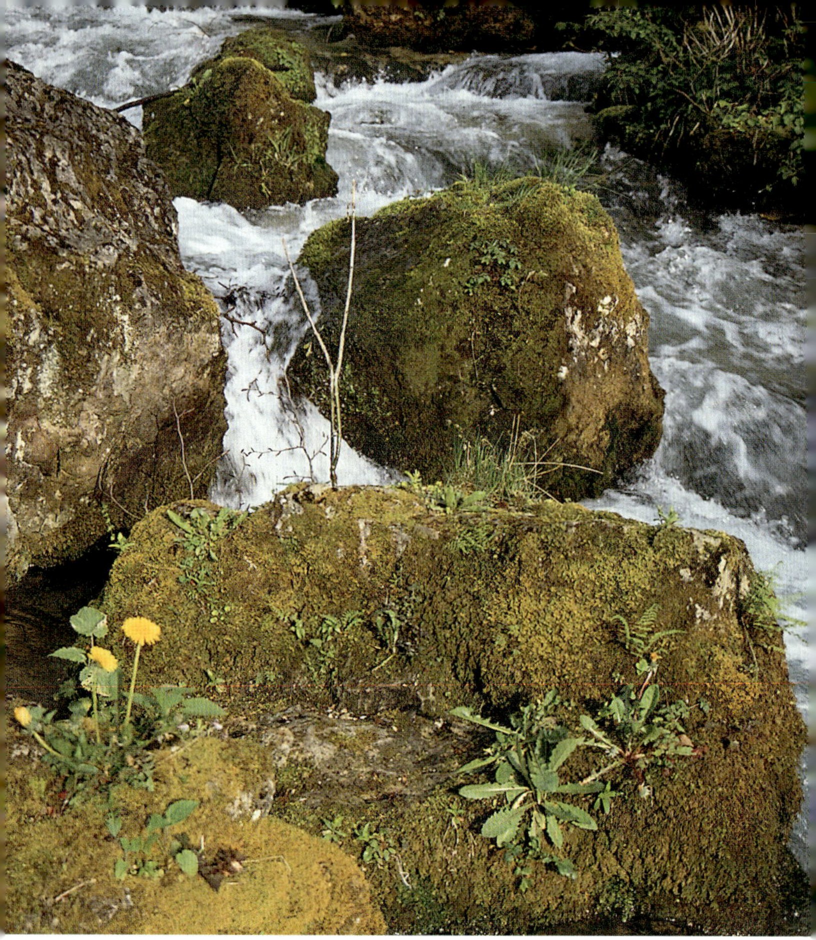

Felskloben versperren den Wildwassern des Weißen Kochers den Weg.

zung spazieren wir links über die Kuppe und biegen links in die Straße (Gehsteig) ein, die uns bergan zur **Aalen-Siedlung (6)**, 520 m, trägt. Geradeaus kommen wir nach **Himmlingen (7)**, wo wir den Wegweiser »AA-Unterkochen« beachten und das Sträßchen am Hang entlang nehmen. Zuletzt leitet uns der Spazierweg links auf der ehemaligen Bahntrasse zurück zum Bahnhof **Unterkochen (1)**.

4.00 Std.

Nattheim – Täsch – Birkelhöhle – Käsbrunnen

44

Wanderspaß beiderseits des Lindletals

In einem weltabgeschiedenen Waldwinkel südlich des Lindletals, am Westrand des Härtsfeldes, versteckt sich die 36 m lange Birkelhöhle. Ihr Zickzackgang endet in einem hohen Spalt. Unweit davon finden Freunde geheimnisvoller Gänge noch eine zweite, kleinere Höhle mit dem gleichen Namen.

Ausgangspunkt: Nattheim, Martinskirche (Bus von Heidenheim), 558 m.
Höhenunterschied: 240 m.
Anforderungen: In der Regel gut markierte Forst- und Wirtschaftswege sowie Wanderpfade, bis auf einen Steilaufschwung leichte Anstiege.
Einkehr: Nur in Nattheim.

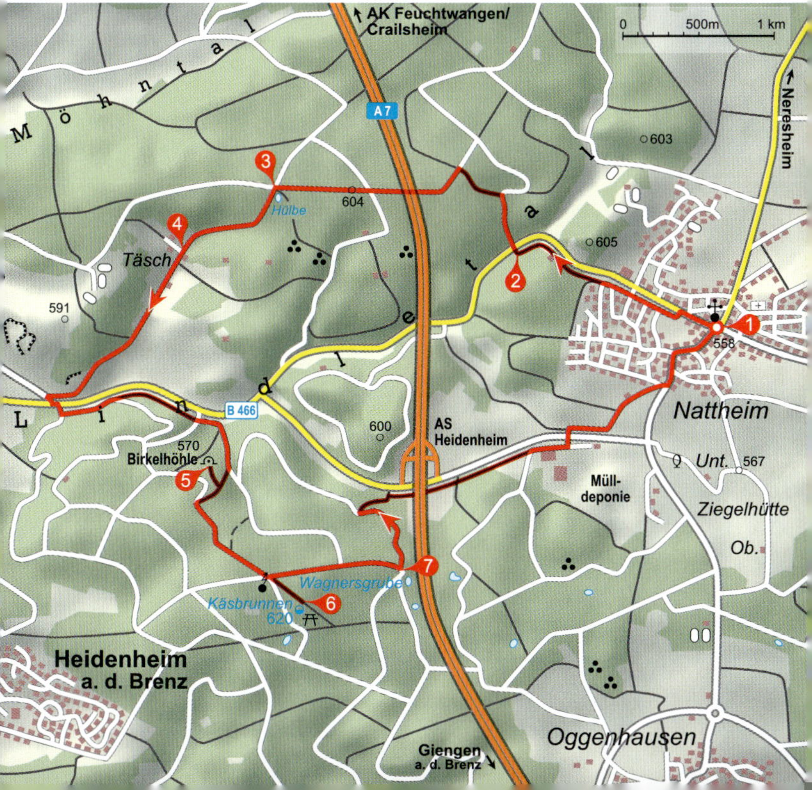

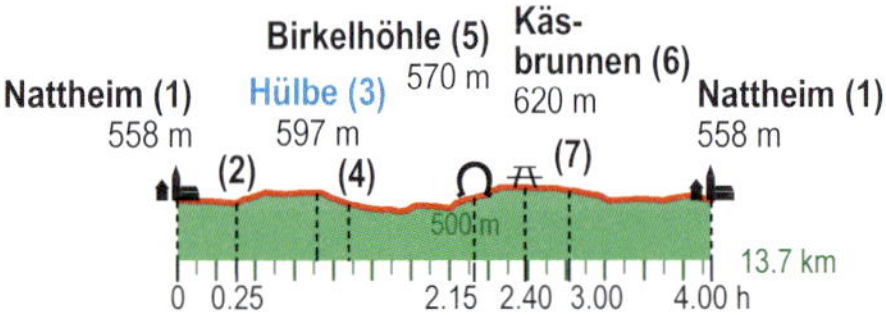

Der Gehweg parallel zur Heidenheimer Straße führt uns von **Nattheim (1)** hinunter ins **Lindletal (2)**. Wir beachten dort den Wanderwegweiser »Schnaitheim« und gehen auf einem Forststräßchen bergwärts bis zur ersten Kehre. Dort zweigt der mit *roter Raute* markierte Albschäferweg ab, ein weiterhin ansteigender Pfad. Wir schwenken links in ein Forststräßchen ein, das über die A 7, 604 m, leitet, und finden geradeaus eine **Hülbe (3)**. Anschließend geht es Richtung Täschental zum Anwesen von **Täsch (4)** und auf einem Sträßchen am Staudamm Nattheimer Tal vorbei zur B 466, 501 m, hinunter. Nach deren Querung folgen wir dem parallel zur Bundesstraße verlaufenden, meist flachen Forstweg Richtung Birkelhöhle. Vom ansteigenden Birkelhöhlenweg nehmen wir den markierten Fußpfad zur **Birkelhöhle (5)**. Nach kurzem Rückweg geht es auf dem nun undeutlichen Pfad durch eine ansteigende Schneise und im weiteren Verlauf auf einem Forstweg am Saumahdbrunnen vorbei (*roter Dreiblock*). Am beschilderten Wegkreuz, 635 m, führt uns ein Pfad bergab zum **Käsbrunnen (6)**, einem verschwiegenen Rastplatz bei einer Quelle.

Wieder oben auf dem Forstweg, halten wir uns stets an die Beschilderung »Nattheim«. Bei der Tümpelansammlung **Wagnersgrube (7)** löst die *rote Raute* den *roten Dreiblock* ab. Diese leitet uns, nach einer Kurve rechts abzweigend, talwärts unter der A 7 hindurch. Beim Gewerbegebiet wechseln wir die Straßenseite und treffen bald darauf wieder in **Nattheim (1)** ein.

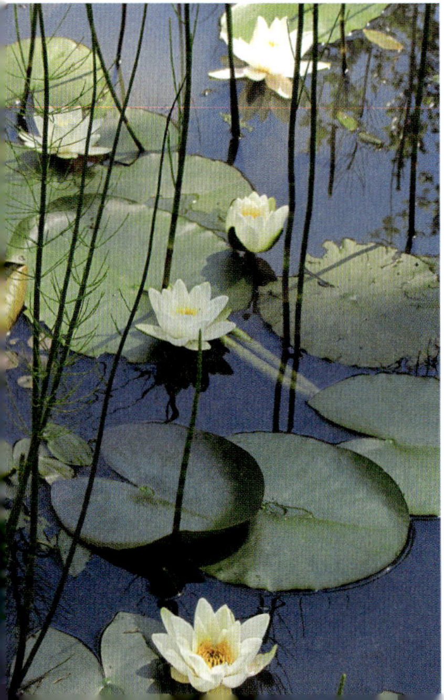

Links: Seerosen zieren die Tümpel der Wagnersgrube.

Rechts: Blühende Mohnfelder säumen den Rückweg nach Nattheim.

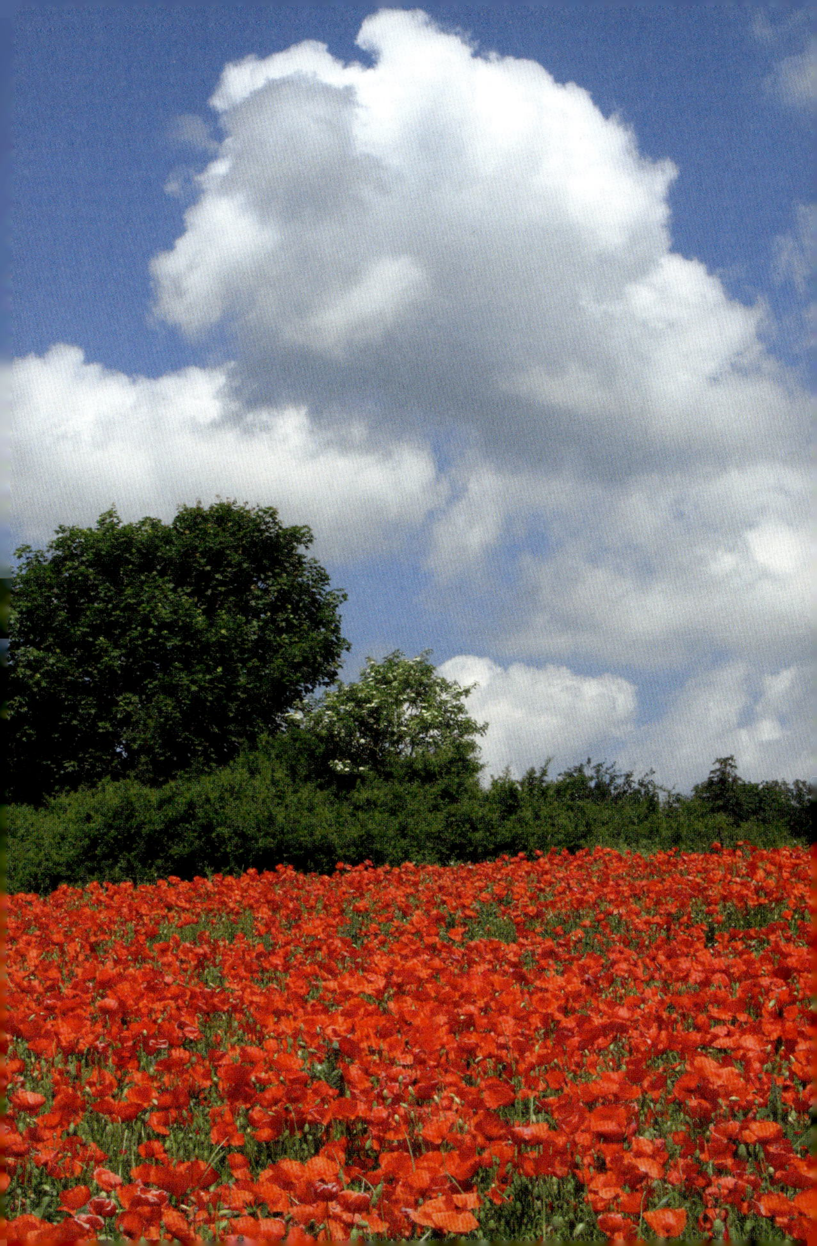

45 Elchingen – Ebnater Tal

4.15 Std.

Leichte Härtsfeldrunde

Eine beschauliche Wanderung über die Felder und Wiesen und durch die Forste der Kulturlandschaft Härtsfeld. Ziel ist das Naturschutzgebiet Dellenhäule mit den seltsam anmutenden Strukturböden der Ameisenstadt, der größten Ameisenpopulation Europas. Der sonnige Wacholderheideflecken im erholsamen Ebnater Tal wird noch vom Weideschäfer besucht.

Ausgangspunkt: Elchingen (Neresheim), Kirche (Bus von Aalen), 611 m. **Höhenunterschied:** 100 m. **Anforderungen:** Ausreichend markierte Wirtschafts- und Forstwege sowie kurze Pfadspuren, sanfter Anstieg. **Einkehr:** Nur in Elchingen, unterwegs keine.

In **Elchingen (1)** halten wir uns Richtung Aalen und wandern beim Kreuz der »Schmerzhaften Mutter Maria« in die Hindenburgstraße. Ein stilles, spärlich mit *roter Raute* markiertes Sträßchen führt stets geradeaus über die weiten Attichäcker. Am Forstwegdreieck im Krätzental, 565 m, spazieren wir rechts und wenden uns an der nächsten Kreuzung ins **Ebnater Tal (2)**.

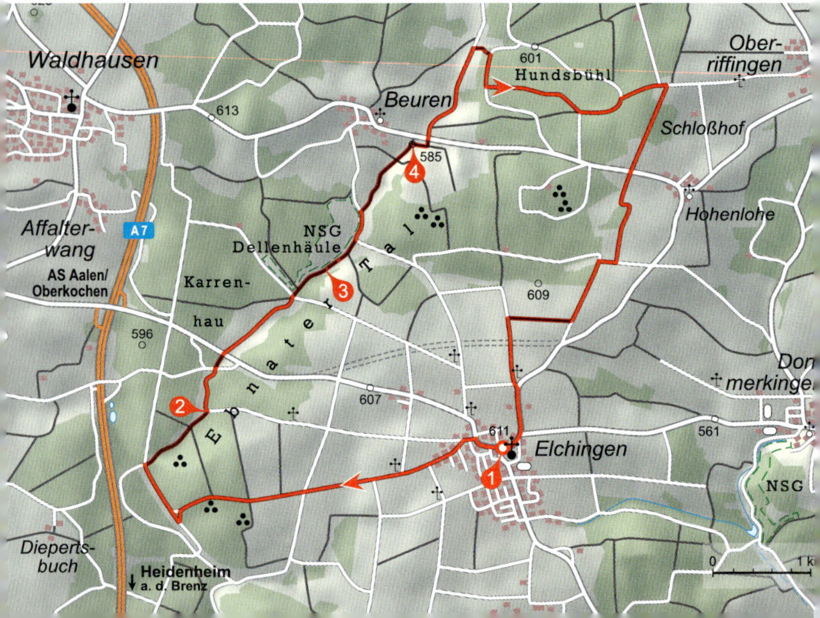

Dort geht es hinter der Straßenquerung auf einer Wiesenspur am Waldrand entlang. Nach dem Kreuzen der Landstraße leitet uns ein mit *rotem Dreiblock* markiertes Wirtschaftssträßchen, und die Markierung beachtend, wiederum eine Wiesenspur am Waldrand zu dem von der Gelben Wiesenameise bevölkerten Naturschutzgebiet **Dellenhäule (3)**.

Nach einem kurzen Stück auf dem Sträßchen Richtung Beuren weist der *Dreiblock* auf einen Wirtschaftsweg. Bei der **Mariengrotte (4)**, 585 m, queren wir die Landstraße und achten nach 1 km auf die abzweigende markierte Fahrspur. Kurz darauf ist ein leicht ansteigender Forstweg (Hundsbühlstraße) erreicht. An der Abzweigung nach dem Wald halten wir uns an den als Radroute ausgewiesenen Wirtschaftsweg. Im Südosten grüßt bald das Kloster Neresheim. Entlang der Kreisstraße wandern wir zurück nach **Elchingen (1)**.

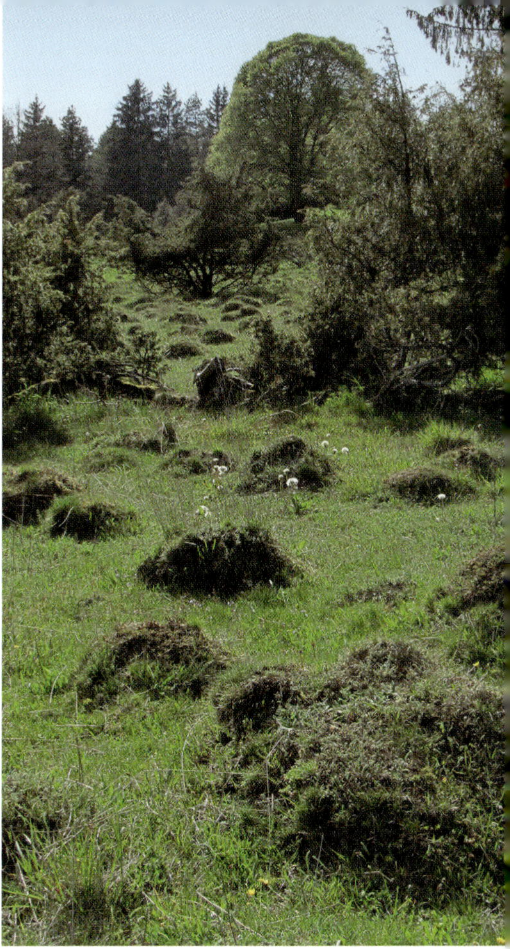

Die Ameisenstadt Dellenhäule.

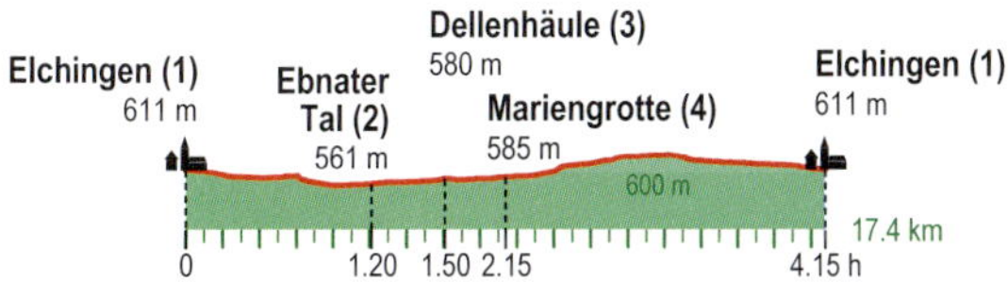

46 Aufhausen – Erzgrubenweiher – Egles-Spielplatz, 664 m

4.00 Std.

Im hohen Norden der Schwäbischen Alb

Bei Bopfingen, unterhalb des Egles-Spielplatzes, zeigt die Alb eine 200 m hohe Stirn zum Riesrand hin. Vor ungefähr 15 Millionen Jahren knallte ein gewaltiger Meteorit mit einer Geschwindigkeit von etwa 100 000 km/Std. hier am Rand des Härtsfeldes auf die Erde, bohrte sich bis in die Urgesteinsdecke und schuf diesen nahezu kreisrunden Krater mit 20 km Durchmesser.

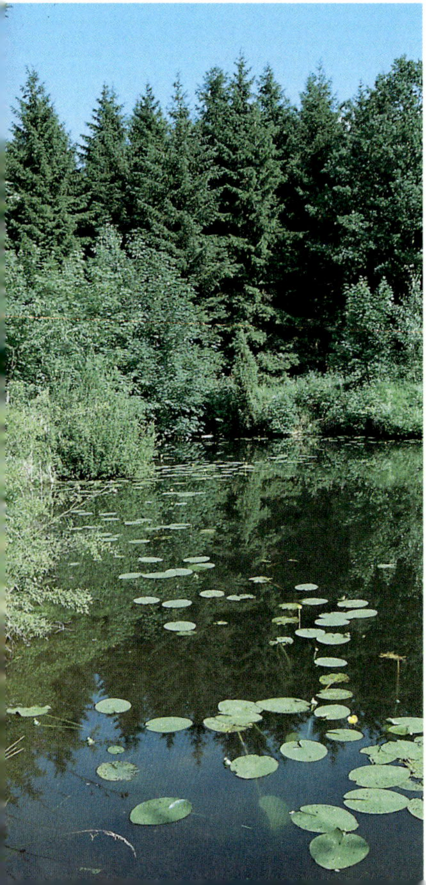

Ausgangspunkt: Aufhausen (Bopfingen), Kirche, nahe des Bahnhofs (Bahn von Aalen), 494 m.
Anforderungen: Meist markierte Forst- und Wirtschaftswege, Wanderwege und Pfade, leichte Anstiege und steiler Abstieg.
Höhenunterschied: 260 m.
Einkehr: Nur in Aufhausen.

In **Aufhausen (1)** führt von der Michelfelder Straße vor den Ladenburger Holzwerken ein Forstweg durch eine finstere Bahn-Tunnelröhre zum **Egerursprung (2)**. Direkt nach der Quelle leitet uns das *rote Dreieck* auf einen Wanderweg. Wir schwenken links in ein Forststräßchen ein. Weiter das *rote Dreieck* beachtend verschmälert sich ein ansteigender Waldweg zum Pfad. Wieder auf einem Forststräßchen folgen wir diesem geradeaus zur **Wernerhütte (3)**, 623 m, des Forstamtes.
Nun geht es an der nächsten Kreuzung links, dann stets geradeaus, bis wir links auf die Grenzhaustraße abzweigen können. Auf der Kuppe **Nonnenbühl (4)** zweigt links ein mit *rotem Dreiblock* markierter Wald-

Bei den Erzgrubenweihern auf dem Härtsfeld, westlich von Bopfingen.

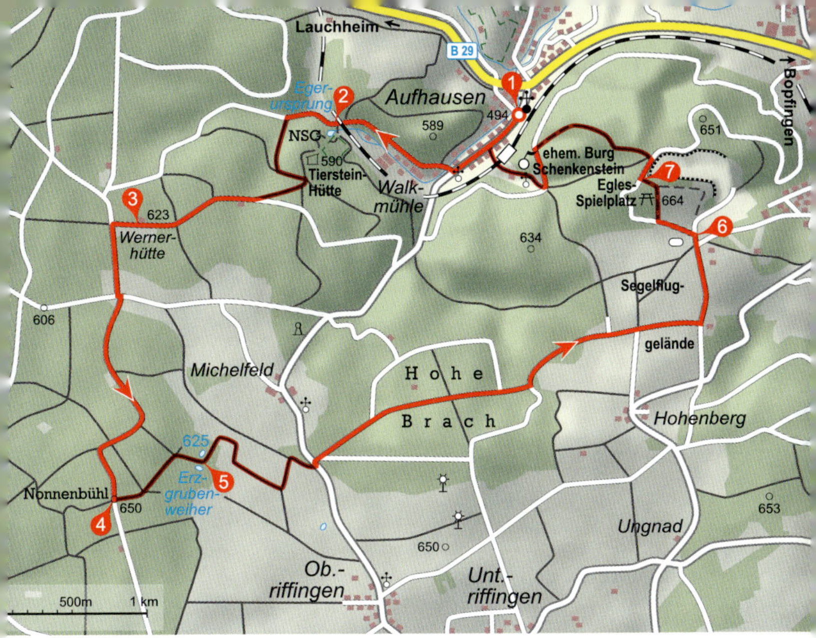

weg ab. Wir folgen immer der gewohnten Bezeichnung an den idyllischen Wasseraugen namens **Erzgrubenweiher (5)** vorbei. Am Waldrand geht es auf einem Wirtschaftssträßchen weiter, das wir auf einem Feldweg verlassen. Nach kurzem Pfadstück und der Kreisstraßenquerung wandern wir, weiterhin entlang des *roten Dreiblocks*, auf dem Forstweg in leichtem Auf und Ab zum Sportflugplatz, 600 m. Eine Straße kreuzt die Einflugschneise zum **Verkehrsübungsplatz (6)**. Mit beeindruckendem Ausblick auf Bopfingen mit dem Ipf spazieren wir auf einer Wiesenspur über einen Trockenrasenhang bergan zum **Egles-Spielplatz (7)**.

Dahinter nehmen wir rechts den Waldweg und folgen gleich wieder dem *roten Dreieck*. Ein Pfad leitet uns über steile Serpentinen talwärts. Auf einem Forstweg wandern wir bei der Burgruine Schenkenstein in Richtung Egerursprung, vorbei am Jüdischen Friedhof, zurück nach **Aufhausen (1)**.

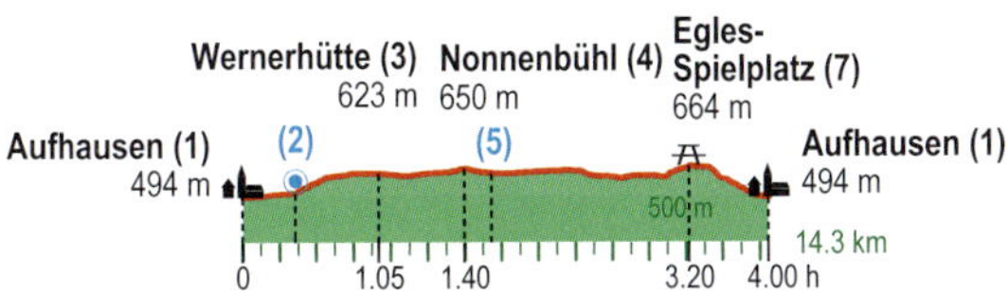

47 Auernheim – Höllbrunnen – Burg

2.30 Std.

Kleiner Zickzackkurs in der Ostalb

Die Burg, eine Viereckschanze aus der Zeit um Christi Geburt mit bis zu 5 m hohem Wall, war einst keltisches Heiligtum. Östlich davon befindet sich ein rund 350 m langer Abschnittwall mit Graben aus der Hallstattzeit.

Ausgangspunkt: Auernheim (Nattheim), Kirche, nahe der Bushaltestelle in der Ortsmitte (Bus von Heidenheim), 599 m. **Höhenunterschied:** 140 m. **Anforderungen:** Meist markierte Forst- und Wirtschaftswege sowie zum Teil verwachsene Waldwege und Pfade, ein kurzes Sträßchen, kleine Anstiege, etwas Orientierungssinn erforderlich. **Einkehr:** Keine.

Von der Kirche in **Auernheim (1)** spazieren wir hinunter ins Dorf, nehmen die Bauernstraße und die Straße »Am Brunnensteig« und folgen nach dem Brunnen dem mit *rotem Dreiblock* markierten Pfad bergauf. Oberhalb des Ortes geht es auf dem Forstweg in Richtung Nattheim weiter. Die *rote Raute* beachtend zweigen wir gleich wieder auf den nach Fleinheim beschilderten Pfad ab, der einen Forstweg quert und etwas verwachsen talwärts leitet. Noch vor der Talsohle stoßen wir auf einen unmarkierten Forstweg, dem wir an der

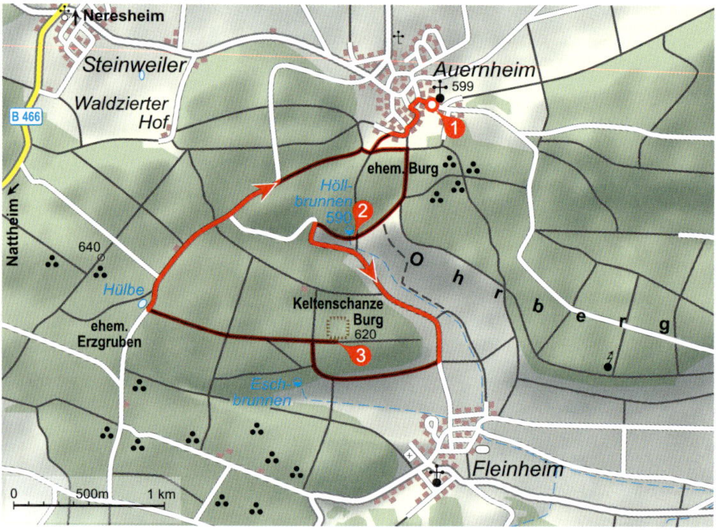

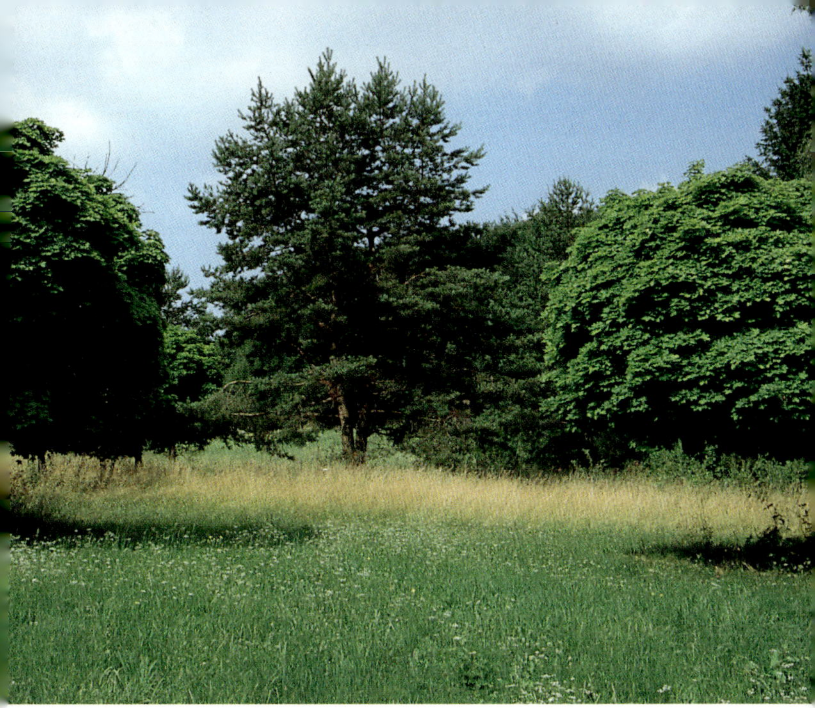

Unterwegs von Auernheim zum Höllbrunnen.

Waldquelle **Höllbrunnen (2)**, einem Naturdenkmal, vorbei folgen. Nun nehmen wir das Sträßchen durch den einsamen Talgrund. Kurz vor Fleinheim folgen wir rechts dem Albschäferweg, 540 m, einem schwächer werdenden Feldweg am Waldsaum entlang. Wo der Weg vor dem nahen Eschbrunnen (Naturdenkmal) ins Tal leitet, steigen wir auf einer verwilderten Pfadspur oberhalb einer schönen Anpflanzung mit verschiedenen Baumarten schräg bergauf und queren einen Waldweg. Wenig später schlagen wir an der Wegkreuzung rechts den Forstweg zur **Keltenschanze Burg (3)** ein.

Zurück an der Wegkreuzung halten wir uns in Richtung Nattheim weiter an den Albschäferweg, der bald einem verwachsenen Waldweg folgt. Der *rote Dreiblock* führt uns auf Forststräßchen zurück ins Dorf **Auernheim (1)**.

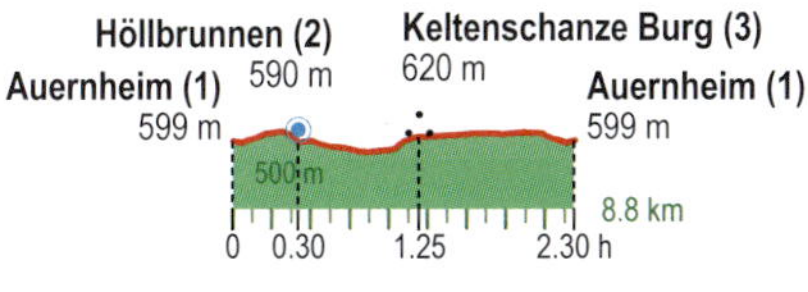

48 Neresheim – Tiefental

2.00 Std.

Neresheimer Waldspaziergang

Die gesamte Runde verläuft durch ein geschlossenes, einsames Waldgebiet, in dem man Ruhe und Erholung findet. Wem nach beendeter Tour noch Zeit bleibt, der sollte sich einen Besuch der barocken Klosterkirche nicht entgehen lassen. Die großartige Raum- und Kuppelarchitektur, die prachtvollen Stuckarbeiten sowie die beachtenswerten Deckenmalereien von Martin Knoller lohnen eine eingehendere Betrachtung. Unten im Städtchen fällt gleich am Ortseingang der eigenwillige Fachwerk-Miniaturbahnhof ins Auge. Die uralten Fahrzeuge der Härtsfeld-Museumsbahn sind begehrte Blickfänge für Groß und Klein.

Ausgangspunkt: Neresheim, Parkplatz am Kloster, nahe der Bushaltestelle Post (Bus von Heidenheim), 560 m.
Höhenunterschied: 150 m.

Anforderungen: Durchwegs bestens markierte Forstwege und Pfade, kleine Anstiege.
Einkehr: Nur in der Stadt Neresheim.

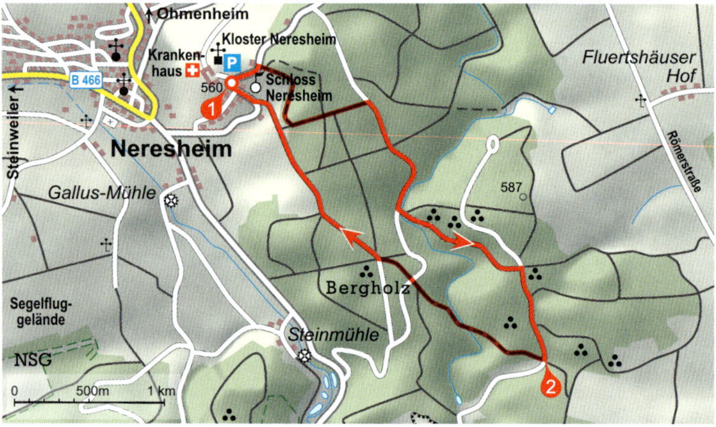

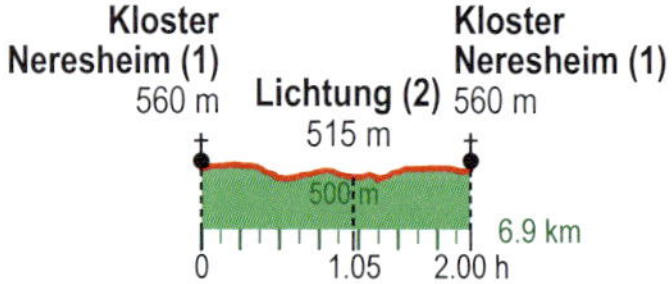

Oberhalb des **Klosters Neresheim (1)**, der berühmten Abteikirche von Balthasar Neumann, leitet ein mit *rotem Dreiblock* bezeichneter Pfad durch den ansprechenden Mischwald. Wir schwenken in den

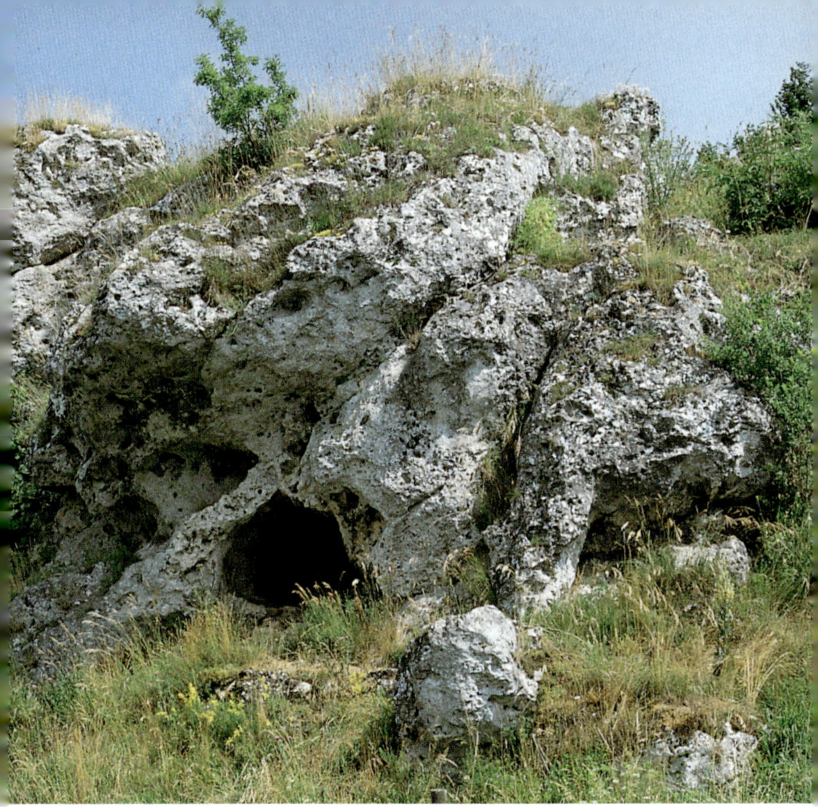

Karsthöhle südöstlich von Neresheim.

bergwärts führenden Forstweg in Richtung Kösingen ein, beachten auf der anschließenden Talroute den Wegweiser »Katzenstein« und folgen aus dem **Tiefental**, 515 m, dem sanft ansteigenden, einsamen Hängesträßle.
An einer Forstweggabelung, 550 m, orientieren wir uns abermals an der Beschilderung »Katzenstein« und nehmen an der Wegverzweigung auf einer **Lichtung (2)** den Albschäferweg bergan, einen reizvollen Pfad. Dieser führt uns durch einen noch einsameren Waldabschnitt. Wir kommen nochmals durchs Tiefental, 500 m, und mühen uns, weiterhin auf dem Albschäferweg, kurz steiler bergauf.
Auf dem Forststräßchen zurück zum **Kloster Neresheim (1)** eröffnet sich ein weiter Ausblick übers Härtsfeld.

49

Dischingen – Schloss Taxis – Katzenstein – Härtsfeldsee

3.15 Std.

Typische Härtsfeldtour über dem Egautal

Auf dem Härtsfeld befanden sich einst die größten Bohnerzlagerstätten der Ostalb. Die Menschen machten sich bereits in vorgeschichtlicher Zeit dieses Material zunutze. Abgebaut wurde es ab dem 14. Jahrhundert. Zwischen Iggenhausen und Neresheim stehen heute noch die alten Härtsfeldwerke. Seit rund 100 Jahren sind die Lager erschöpft.

Ausgangspunkt: Dischingen, Kirche (Bus vom Bahnhof Heidenheim), 463 m.
Höhenunterschied: 160 m.
Anforderungen: Nur teilweise markierte Wirtschafts- und Kreissträßchen sowie Wanderwege, sanfte Anstiege.
Einkehr: In Dischingen, der Schlossgaststätte Taxis, Katzenstein und Iggenhausen.

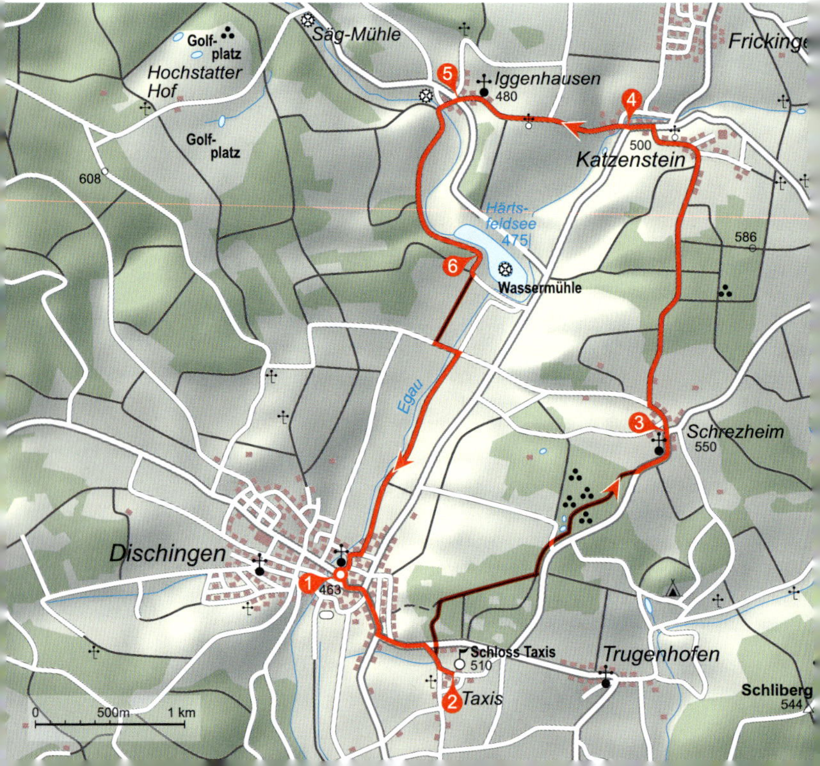

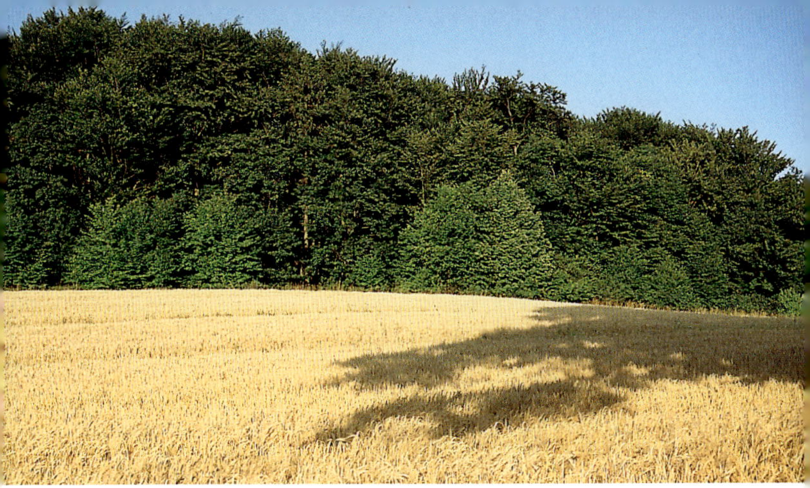

Typische Ostalblandschaft auf dem Härtsfeld bei Dischingen.

In **Dischingen (1)** nehmen wir die Hauptstraße Richtung Dillingen und die Schlossstraße Richtung Trugenhofen. Ein kurzer Abstecher führt uns zum viel besuchten **Schloss Taxis (2)** mit dem Jagdkundemuseum. Zurück auf der Hauptroute folgen wir einem Wanderweg (*rotes Dreieck*) leicht bergan durch den Wald und später der Kreisstraße nach **Schrezheim (3)**.
Wir wählen die Straße »Zum Fliegenberg« und folgen dem stillen Sträßchen, zwischendurch als Naturfahrbahn, über eine sanfte Waldkuppe nach **Katzenstein (4)**. Dort spazieren wir hinunter zum Schloss und nehmen, erst links haltend, die Straße »Unterer Weiler«. Dieser bleiben wir treu, halten uns an einer Gabelung links und genießen von der Kuppe einen ausgezeichneten Tiefblick zum Härtsfeldsee und auf das eigenwillig modellierte Hügelland.
Nach einem steilen Abstieg geht es in **Iggenhausen (5)**, 480 m, die Landstraße querend, auf den Mühlweg, kurz ein Wirtschaftssträßchen bergan und an der Gabelung links bergab zum **Härtsfeldsee (6)**. Am Parkplatz wandern wir geradeaus, wenden uns an der Abzweigung nach links und schlendern, nach der Egaubrücke rechts abzweigend, am Bach entlang wieder zurück ins Dorf **Dischingen (1)**.

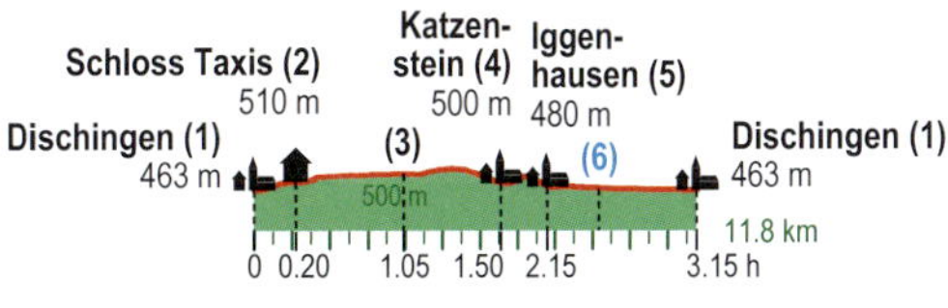

50 Schweindorf – Christgarten – Karthäusertal

3.15 Std.

Auf der bayerischen Seite der Schwäbischen Alb

Die Schwäbische Alb streckt in ihrem östlichen Teil einen Lappen über die bayerische Grenze bis zur Wörnitz bei Harburg. Der landschaftliche Charakter verliert jenseits des Härtsfeldes allerdings deutlich an Dramatik. Im Norden werden nur noch Höhen um 600 m erreicht, im Südteil sogar nur noch um 500 m. Der Trauf verkümmert nun allmählich ebenso wie die Klifflinie des Tertiärmeeres auf der Donauseite, Wanderwege werden rar.

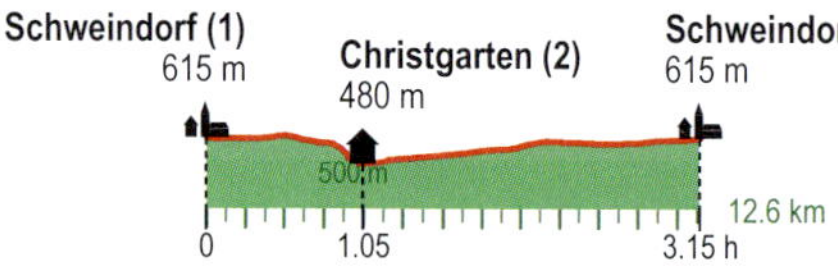

Ausgangspunkt: Schweindorf (Neresheim), Kirche (Bus von Heidenheim), 615 m.
Höhenunterschied: 140 m.

Anforderungen: Teils markierte Forst- und Wirtschaftswege, kurze Abschnitte auf ruhigen Sträßchen, sanfter Anstieg.
Einkehr: In Schweindorf und Christgarten.

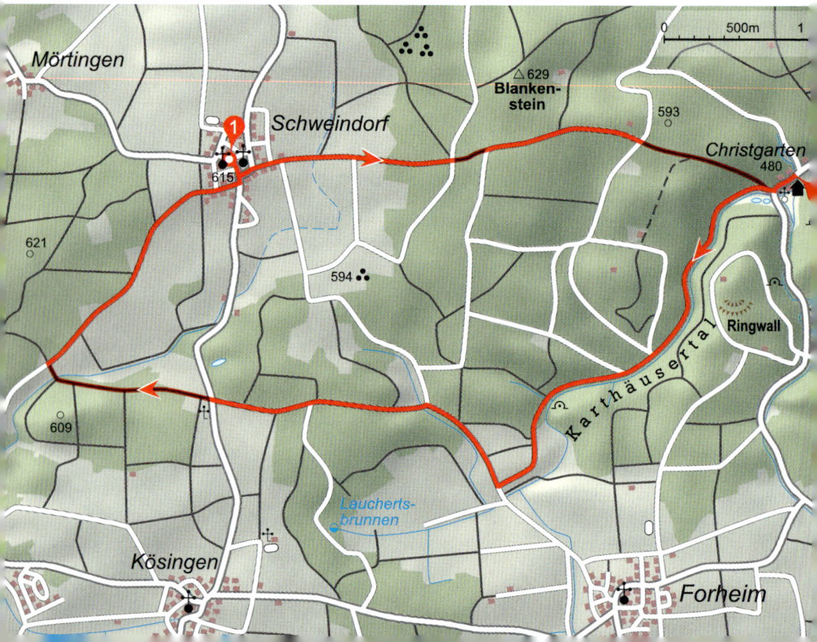

In **Schweindorf (1)**, einem Ortsteil von Neresheim, passieren wir die Bushaltestelle und folgen links kurz der Riesstraße. Der Mühlweg leitet in ein Wirtschaftssträßchen, dem wir über die Felder zum Waldrand folgen. Auf dem mit rotem Dreieck markierten Forststräßchen wandern wir hinüber in das benachbarte Bundesland, den Freistaat Bayern, und durch den Fürstlich Oettingen-Wallerstein'schen Wildpark (v. a. Dam- und Schwarzwild) talwärts nach **Christgarten (2)**. Die Grafen von Oettingen waren auch im 14. Jahrhundert die Bauherren des heute längst verfallenen Karthäuserklosters.
Nach einer gemütlichen Einkehr geht es zurück durchs Wildgatter und dem *roten Dreiblock* folgend auf einem Forststräßchen in Richtung Neresheim, stets geradeaus, durch das gemütlich ansteigende **Karthäusertal**. Nach der Wiesenkuppe biegen wir rechts in eine Teerstraße ein und entscheiden uns an der Gabelung nach dem Wäldchen für den links abzweigenden Forstweg. Auf diesem steigen wir leicht bergan, zurück ins Schwabenländle.
Wir queren die Straße Kösingen – Schweindorf, halten uns an einer Gabelung rechts und biegen abermals rechts in das Wirtschaftssträßchen ein, auf dem wir wieder zurück zu unserem Ausgangspunkt, nach **Schweindorf (1)**, kommen.

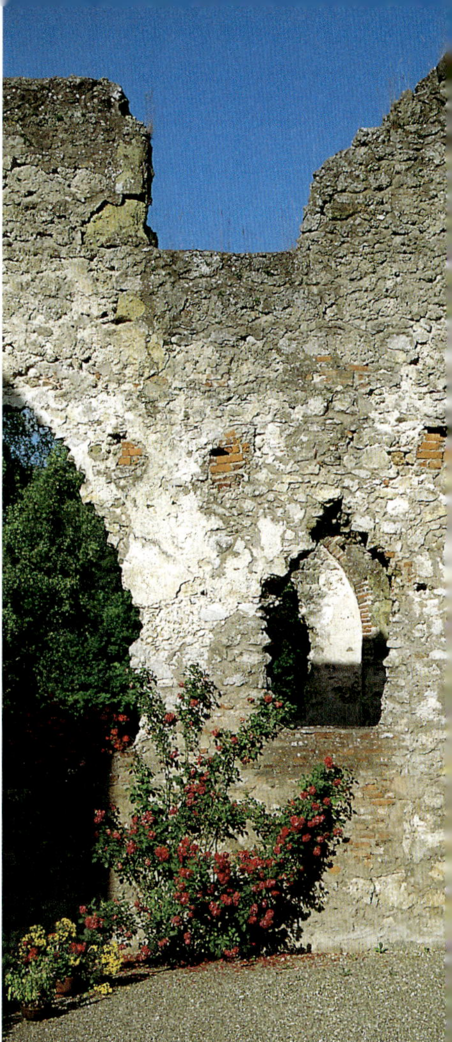

Das historische Gemäuer des Karthäuserklosters von Christgarten, auf der bayerischen Seite der Alb.

Stichwortverzeichnis

Noch mehr Wanderglück ...

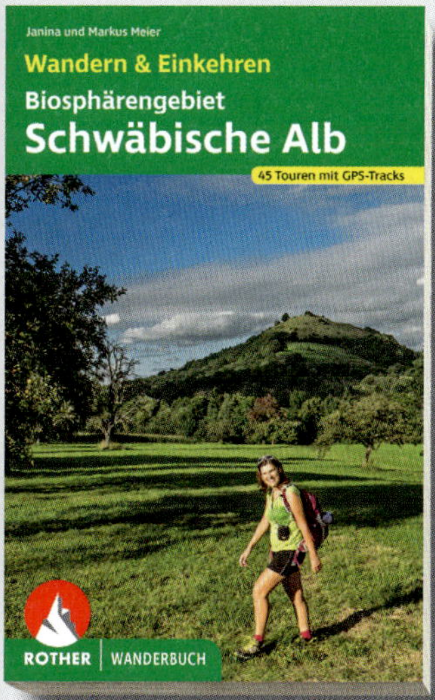

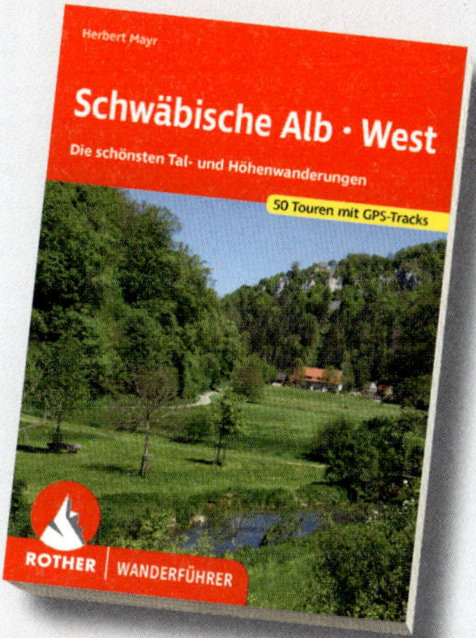

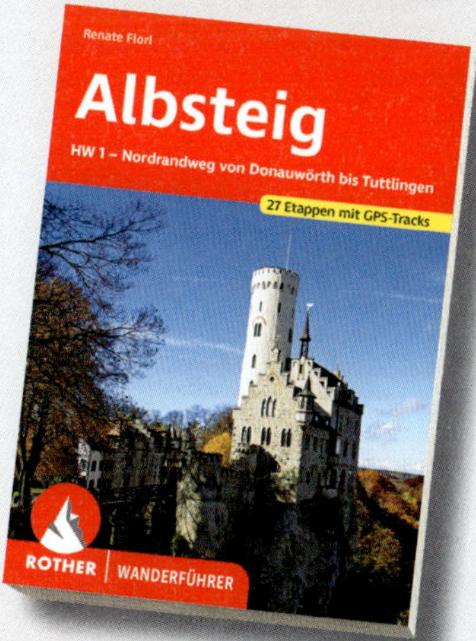

ROTHER | WWW.ROTHER.DE

Umschlagbild:
Die Ruine Reußenstein zwischen Weilheim und Wiesensteig (Tour 14).

Bild im Innentitel:
»Goißatäle« nennen die Einheimischen das weit in den Albkörper hineingreifende Tal der oberen Fils (Tour 23).

Alle 84 Fotos von Herbert Mayr.

Kartografie:
47 Wanderkärtchen im Maßstab 1:50.000, drei im Maßstab 1:75.000
© Bergverlag Rother GmbH, München
(gezeichnet von Barbara Häring und Martina Rieger, Gröbenzell);
Übersichtskarten im Maßstab 1:500.000 und 1:1.000.000
© Freytag & Berndt, Wien.

Werk-Nr.:
4117

8., aktualisierte Auflage 2023

ISBN 978-3-7633-4719-3

FSC www.fsc.org
MIX
Papier | Fördert gute Waldnutzung
FSC® C147178

Wir freuen uns über jeden Korrekturhinweis zu diesem Wanderführer!
Bitte per E-Mail an: leserzuschrift@rother.de

ROTHER BERGVERLAG · München
D-82041 Oberhaching · Keltenring 17 · Tel. +49 89 608669-0 · rother.de